Andor Foldes
Erinnerungen

ANDOR FOLDES

ERINNERUNGEN

LIMES

Bildnachweis

Rosemarie Clausen (7), Erwin Döring (22, 23), Theo Grone (21), Java Salon (9), Carmen-Litta Magnus (24), Werner Neumeister (12), News Portrait Studio (3), Dr. Rathschlag Industriefoto (6), Tages-Anzeiger Zürich (13), Felicitas Timpe (16), Toshiba (Umschlag)

Trotz intensiven Recherchen konnten für einige Abbildungen die Fotografen nicht ermittelt werden. Berechtigte Ansprüche werden selbstverständlich abgegolten.

Die Deutsche Bibliothek – CIP-Einheitsaufnahme

Foldes, Andor:
Erinnerungen / Andor Foldes. Berlin : Limes, 1993
ISBN 3 8090 2328 0

Satz: R. Benens & Co., Berlin
Druck und Verarbeitung: Ebner Ulm
Printed in Germany
ISBN 3 8090 2328 0

INHALT

Dieses Buch gehört meiner Frau

die mir seit über fünf Jahrzehnten zur Seite steht, mich in jeder Hinsicht unterstützte und mir in jeder Lage meines Lebens selbstlos geholfen hat, die mein Leben vergoldet und deren Lächeln sich in jedem langsamen Satz, den ich von Mozart oder Beethoven spiele, widerspiegelt.

Ouvertüre

Im Anfang hat der Mensch eine Menge Ansichten, über dies und jenes, Ansichten, die ziemlich handfest und, so glaubt man, gut fundiert sind.

Später, mit zunehmendem Alter, fängt man an, einige dieser Ansichten, die sich oft Überzeugungen nennen, zu modifizieren und zu korrigieren. Man gewinnt (wenn man glücklich war und in ein Alter vorrückt, in dem man schon auf etwas Weisheit hoffen darf) Einsicht ins Leben, Einsicht in die Dinge, wie sie wirklich sind, nicht wie man sie gern sehen möchte. Mit anderen Worten, die Ansichten ändern sich, passen sich an, manche sogar, die einem ein Leben lang viel Scherereien verursachten, lösen sich plötzlich in nichts auf.

Man wird einsichtsvoller – voller Einsicht.

Es sind dies die Zinsen eines langen Lebenskapitals – in vielen Jahren Leben mühsam erworben.

Ich erzähle hier aus meinem Leben. Und wenn im Lauf meiner langen Berufsjahre aus Ansichten Einsichten geworden sind, bin ich glücklich, falls dieser oder jener Leser aus meinen Einsichten ein wenig eigenes Denken gewinnt.

Es regnet hier in Flims, wo ich diese Zeilen schreibe. Die Welt außerhalb des kleinen Chalets, das wir allsommerlich beziehen, sieht unfreundlich aus. Dies ist eine gute Zeit, um einen langvergessenen alten Freund anzurufen, im Kamin ein Feuer zu entfachen, der Vergangenheit einmal richtig in die Augen zu schauen – ohne Furcht und ohne Selbstmitleid.

Ich habe den Markstein Siebzig überschritten – vielleicht wäre es jetzt an der Zeit, mir selbst und der Welt, in der ich lebe Rechenschaft zu geben, alter Freunde und Feinde zu gedenken, die Ereignisse meines Lebens einzuordnen. Und dann bequem mich in einen Fauteuil zurückzulehnen und gelassen abzuwarten, was die Zukunft noch bringt.

Die heimlichen Fächer der Seele aufzublättern, damit jeder sie sieht, ist ein großes, ein schwieriges Unterfangen. Auch bleibt ein Buch unbeweglich wie ein Monolith, ein einmal auf Papier geworfenes Leben ist nicht mehr zu korrigieren, die Eindrücke, die es enthält, werden fixiert, unantastbar, im schärfsten Gegensatz zum Leben selbst, das immerfort weiterfließt, in Bewegung ist, eben lebendig bleibt.

Ich bin vor kurzem zu der Einsicht gelangt, daß, je mehr ich mein Herz zu Orten und Menschen hinausgehen lasse, desto mehr Herz für mich bleibt. Seit dieser Entdeckung bereue ich es nicht, daß kleine Teile meines Herzens an so verschiedenen Orten geblieben sind – sicherlich in Obuda, dem Stadtteil von Budapest, in dem ich die ersten fünfundzwanzig Jahre meines Lebens verbrachte, in New Yorks Tavern on the Green im Central Park, wo ich meiner späteren Lebenspartnerin an schönen Sommerabenden den Hof machte, im zweistöckigen, nicht mehr existierenden Fifth-Avenue-Bus, mit dem wir in den Anfängen unseres Zusammenseins für fünf Cents auf und ab fuhren, in Bonns Beethovenhalle, die auch ein Teil meines Lebens wurde, und schließlich auf den idyllischen kleinen Wegen in Herrliberg bei Zürich, auf denen wir, wenn wir zu Hause sind, tagtäglich seit Jahrzehnten spazieren, ebenso wie in den Wäldern von Flims im Kanton Graubünden, wo wir, auch seit Jahrzehnten, unsere Ferien verbringen, aber auch an der Nordsee, auf der herrlichen Insel Norderney.

Auch schäme ich mich nicht mehr, wenn meine Tränen fließen, wenn ich bei einer besonders schönen Aufführung von *Tristan und Isolde* die alle menschlichen Maße überwindende große, opferbereite Liebe der beiden miterlebe –

oder bei den schicksalhaften Erlebnissen von *Parsifal*, einem meiner Lieblingshelden, dem »durch Unschuld wissenden, reinen Tor«.

Die Anfänge und was danach kam

Kurz vor der Jahrhundertwende, in den Zeiten, in denen alles Gewordene und Erreichte in den bürgerlichen Haushalten unzerstörbar schien, lebte eine bescheidene Familie in Ujvidék, einer Kleinstadt im südlichen Ungarn, nach seit vielen Jahren festgelegten Regeln, wie es sich eben so schickte, ohne sich selbst und den Gang der Dinge in Frage zu stellen. Aber ihre kleine, rundliche Tochter, die mit großen, leuchtenden Augen ausgestattet war, träumte von einem ganz anderen Leben. Und dieses Leben verkörperte sich in der Gestalt eines hageren, in sich gekehrten Musikers, der sie schüchtern oft stundenlang an Straßenecken erwartete, bis sie von der Schule kam.

Nach langer Zeit kam es endlich zu einem direkten Gespräch zwischen den beiden und der verträumte junge Mann öffnete ihr die wundervolle Welt der Musik. Aus unerforschlichen Quellen, die in einer kleinen Stadt immer reichlich sprudeln, erfuhren die Eltern die Hiobsnachricht, daß ihre kleine Tochter sich insgeheim mit einem schlechtgekleideten, wahrscheinlich mittellosen Musiker traf. Im Einklang mit den damaligen Gepflogenheiten fanden die Eltern blitzschnell einen passenden jungen Mann für ihre Tochter und verlobten sie mit einem recht sympathischen, anständigen, fleißigen, wohlerzogenen Lehrer. Es wurde keine unglückliche Ehe. Sie lernte ihn schätzen, ja sogar lieben, und der junge Lehrer umgab seine schöne Frau mit viel Liebe und Zärtlichkeit. Die Kinder kamen in rascher Folge:

drei Buben und zwei Mädchen. Die junge Frau sah den Musiker nie wieder. Aber die Musik, die durch ihn in sie eingepflanzt worden war, lebte und blühte in ihrem Herzen weiter. Sie hatte nie Noten lesen gelernt, aber keines ihrer Kinder hat sie je anders als summend oder ein Lied singend erlebt. Außer dem ältesten Sohn Béla, den nur Malerei interessierte, waren alle Kinder ausschließlich von Musik erfüllt. Valerie spielte Klavier, wurde dann auch eine in ganz Ungarn konzertierende, erfolgreiche Pianistin, bis zu ihrer frühen Heirat mit dem Chefbuchhalter einer Fabrik, Emil Foldes, und der Geburt ihres einzigen Kindes Andor. Die jüngere Tochter hatte einen schönen, warmen Mezzosopran und hätte sie nicht an außerordentlich großem Übergewicht gelitten, hätte man sie sofort für die Oper engagiert. So aber wurde sie Ungarns begehrteste Gesangslehrerin. Stefan entwickelte eine große Technik auf seinem gewählten Instrument, der Bratsche, und gründete mit seinen Musikerfreunden ein Streichquartett, das weltberühmt wurde: das Budapester Streichquartett, das erste Quartett in den ersten Jahrzehnten unseres Jahrhunderts, das die ganze Welt bereiste, das siebzig Quartette in seinem Repertoire hatte – und das erste, das durch das damals ganz neue Medium Schallplatte für His Master's Voice beinahe sein ganzes Repertoire verewigte. Das begabteste Kind von allen aber war der kleine, im Jahre 1900 geborene Laci (Kosename für Ladislaus). Er griff schon als Fünfjähriger zur Geige und ließ sie nie wieder los.

»So ein Wunder gibt es nur einmal in hundert Jahren«, meinte sein Geigenlehrer und beschwor die Eltern, das Kind sobald wie möglich nach Berlin zur Weiterbildung zu bringen. Die lebensfrohe, energische, tatkräftige Mutter, die das außerordentliche Talent ihres Kindes im Herzen gespürt hatte, war sofort einverstanden und überredete ihren Mann, seinen Lehrerposten vorläufig aufzugeben und Laci nach

Berlin zu bringen. Dies geschah im Jahr 1907. Berlin war damals die unbestrittene Weltkapitale der Musik, und alles war vorbereitet für Laci, um von dem derzeit größten Geigenlehrer der Welt, dem Brahms-Freund Joseph Joachim, unterrichtet zu werden. Der große Geiger starb aber unerwartet kurz nach Ankunft der Familie in Berlin, und so wurde Laci eben vom zweitbesten Geigenlehrer, dem Italiener Arrigo Serato, unterrichtet. Das Kind entwickelte sich großartig, und so wagte es sein Lehrer, den Dreizehnjährigen der Öffentlichkeit mit drei Violinkonzerten, begleitet von den Berliner Philharmonikern, vorzustellen. Der Erfolg war überwältigend, die Weltkarriere des Kindes gesichert. Dann erreichte eine Diphtheriewelle Berlin, und Laci fiel ihr zum Opfer. Damals war diese furchtbare Krankheit noch nicht heilbar. Laci starb im April 1914, und das Leben der ganzen Familie stand still in unerträglicher Trauer.
Ich war vier Monate alt, als Laci starb. Und ich war das einzige Kind in der Ipolyi-Foldes-Familie. Jolan hat nie geheiratet, und Stefan war zwar verheiratet, doch hatte er keine Kinder. So „beschloß" meine Großmutter, daß es meine Aufgabe sei, dort weiterzumachen, wo Laci wegen seines frühen, tragischen Todes aufgehört hatte. Man sollte mich als seine Inkarnation betrachten, und ich sollte der »Thronfolger« sein. Natürlich ahnte ich nichts von diesen Ambitionen, als ich mich, vielleicht vierjährig, dem riesengroßen schwarzen Kasten in unserem Wohnzimmer näherte. Meine Mutter spielte oft auf diesem Kasten, und mir gefielen die Töne, die sie aus ihm hervorzauberte. Wenn niemand im Zimmer war, versuchte ich stehend, mit ausgestreckten Händen, hoch über meinem Kopf einige Tasten anzuschlagen. Doch begnügte ich mich nicht mit ziellosem Klimpern. Langsam versuchte ich, die Töne irgendwie zu »organisieren«, aus dem Chaos eine Ordnung zu schaffen. Nach einiger Zeit gelang es mir, eine kleine, winzige Melo-

die aus der Tastatur herauszuhämmern, das bekannte Kinderlied »Boci boci Tarka, se füle, se farka«. Es war ein himmlisches Erlebnis. Ein aufregendes Spiel, Spiel mit Tasten und Tönen. Von diesem Augenblick an war ich verloren. Spiel über die Grenzen der Kindheit hinaus, Spiel des Spieles wegen, der Anfang einer verspielten Kindheit – der Beginn einer Klavierspielerlaufbahn. Die Sache, das merkte ich bald, machte mir Spaß. Ja, ich hatte geradezu Heidenspaß mit Musik.

Meine Mutter erteilte Klavierunterricht, Hausunterricht für Kinder, und so war sie die meiste Zeit unterwegs zu ihren unzähligen Schülern. Vom ersten Tag des Krieges (August 1914) an war mein Vater an der Front. Bis zu meinem fünften Lebensjahr habe ich ihn kaum gekannt. Hin und wieder kam er als ein fremder Mann ins Haus. Er trug einen kleinen, stechenden Schnurrbart, der, wenn er mich küßte, an den Wangen kitzelte. Schon bald holte er sich in Montenegro eine üble Malaria und behielt den Schnurrbart für den Rest seines Lebens, wahrscheinlich um den etwas schief gewordenen Mund, den die Krankheit hinterließ, zu verbergen. Mutter sah ich eigentlich nur in der Frühe und am Abend, abgesehen von der kurzen Verschnaufpause, wenn sie gegen Mittag auf eine Stunde nach Hause kam, um mit mir und meinen Großeltern zu Mittag zu essen. Ich wurde als Kleinkind praktisch von meiner Großmutter mütterlicherseits erzogen, einer energischen, lebensfrohen Frau, die, obzwar sie keinen Ton Musik lesen konnte, von früh bis spät sang und ganz von Musik besessen war. Sie erzog fünf talentierte Kinder und mußte dabei zwei schwere Tragödien erleben und mit ihnen fertigwerden. Denn nachdem sie schon das Wunderkind Laci verloren hatte, nahm sich der älteste Sohn aus Liebeskummer mit einundzwanzig Jahren das Leben.

Von all dem wußte ich natürlich als Kleinkind nichts. Ich war vollauf und freudig damit beschäftigt, die Tasten über meinem Kopf zu erreichen, herunterzudrücken, in irgendeine Ordnung einzureihen, damit mein schönes Lied wunderartig erklang. Ich habe mich nicht viel um den Sinn dieses Liedes gekümmert. Es scheint mir jetzt, daß ich nie nach dem *Sinn* der Musik, der Töne, der Klänge gefragt habe. Es faszinierte mich, Musik zu machen, wenn das, was ich stehend, mit den Händen über meinen Kopf greifend, an Tasten erreichte, überhaupt etwas ergab, das man Musik nennen konnte.

Tante Jolan sang oft am Abend zur Klavierbegleitung meiner Mutter Lieder von Brahms, Schubert oder Schumann, manchmal auch von Hugo Wolf, Mahler oder Reger, Onkel Stefan spielte ab und zu Sonaten mit Mutter, die Großmutter sang den ganzen Tag Melodien aus Opern und Operetten. Das kam mir zugute. Ohne sie wäre ich nie Musiker geworden. Seit meiner Geburt war ich von Musik umgeben, in Klänge getaucht, von Melodien umflutet – ich hätte schon ein rechter Idiot sein müssen, wenn nicht etwas von all dem an mir haften geblieben wäre. Die große Qual der Berufswahl hatte ich nie gekannt. Bevor ich lesen und schreiben gelernt hatte, stand es unwiderruflich fest: Der Knabe wird Musiker.

Vor einiger Zeit unterhielt ich mich auf einer Party mit einem Herrn über Musik. Der Betreffende, ein intelligenter Laie, eifriger Konzertbesucher und Musikfreund, benutzte die Gelegenheit, sich bei mir nach den Messen von Schubert zu erkundigen, die wenig bekannt sind. Ich gab ihm die gewünschte Auskunft. Später wandte sich die Konversation den Jugendopern Verdis zu: *Nabucco* und *Attila*. Auch hier konnte ich ihm Bescheid geben. Zum Schluß hatte er noch einige Fragen zu den letzten Streichquartetten Beethovens. Wir unterhielten uns im Laufe des Abends über verschiedenste Segmente der Musikliteratur. Bevor er sich verabschiedete, machte er mir ein etwas skurriles Kompliment.

»Ich glaube Sie sind in der falschen Sparte«, meinte er, »Sie hätten Musiker werden sollen, nicht Pianist ...« Dies machte mich nachdenklich. Vielleicht *bin* ich Musiker geworden und spiele nur durch Zufall Klavier. Ich fing an darüber nachzudenken, wie es dazu gekommen war, daß ich Klavier studierte und nicht beispielsweise Geige. War es wirklich nur Zufall oder Fügung des Schicksals? Nach den ersten Versuchen am Klavier begann meine Mutter, mich etwas ernster zu nehmen. Da ich nicht lockerließ, erhielt ich von ihr die ersten Klavierlektionen meines Lebens. Die Sache war jedoch gar nicht so einfach. Mutter erteilte Unterricht von frühmorgens bis spätabends in Privathäusern und verbrachte nur sehr wenig Zeit zu Hause. Es fiel ihr nicht immer leicht, die »private« Klavierstunde für den eigenen Sohn zeitlich unterzubringen. Da das Wunderkind Laci, der Mutter viel zu früh verstorbener kleiner Bruder, Violonist gewesen war, lag der Gedanke nahe, daß ich es auch vielleicht mit der Geige versuchen sollte.
Onkel Stefan opferte sich. Er erklärte sich dazu bereit, zweimal wöchentlich nach Altofen (Obuda), wohin wir, als ich vier Jahre alt wurde, in ein eigenes Haus am Rande der Hügel übersiedelt waren, zu kommen, um mich in die Geheimnisse der Violine einzuweihen. Am Anfang ging alles wie geschmiert. Ich erhielt eine Viertelgeige (eine winzig kleine Holzschachtel) und versuchte mein Bestes damit. Das Resultat war ein furchtbares Wimmern und Jaulen. Ich hatte meine liebe Mühe, auch nur einen einzigen richtigen Ton herauszukriegen. Meine verzweifelte Beschäftigung mit der Geige war unermeßlich weit von der Freude entfernt, am Klavier Tasten niederzudrücken und Töne, schöne, reine Töne zu erzeugen. Töne, die fix und fertig waren.

Ich hatte immer schon etwas zur Faulheit geneigt. Aber dies allein wäre nicht Grund genug gewesen. Der Zufall (das

Schicksal?) kam mir zu Hilfe. Es war Kriegszeit, und die öffentlichen Verkehrsmittel der Stadt litten arg unter diesem Zustand. Onkel Stefan wohnte weit entfernt, am anderen Ende der Stadt, in Pest – und wir in Buda. Es war Winterzeit. Die Straßenbahnen waren nicht oder nur selten geheizt. Manchmal dauerte es beinahe eine Stunde, bis der Onkel von zu Hause aus bei uns eintraf. Genauso mußte er mit einer langen Heimfahrt rechnen. Bereits nach sechs Wochen riß ihm die Geduld. »Das ist mir zu strapaziös«, sagte er meiner Mutter und fügte hinzu: »Du bist dort, das Klavier ist dort. Wäre es nicht einfacher, du würdest den Bengel selbst unterrichten?« Das war ein äußerst legitimer Vorschlag, und er wurde auch nach einigem Zögern positiv aufgenommen. Dabei blieb es. Mutter besann sich, nahm sich irgendwie Zeit, und das wurde endgültig der Anfang meiner Laufbahn als Pianist. Ich wurde Musiker und Pianist – in dieser Reihenfolge. Klavierspielen ist Kunst, aber zugleich auch Arbeit, Lebensaufgabe, es ist Zeitvertreib, Beruf, Berufung und Hobby, außerdem eines der schönsten Mittel, seinen Lebensunterhalt zu verdienen – und noch vieles, vieles, vieles andere. Daß es allerdings nicht immer gar so leicht war, wie ich es mir in meiner Kindheit vorgestellt hatte, mußte ich aber alsbald am eigenen Leib erfahren.

Das Notenlesen selbst verursachte mir, soweit mein Gedächtnis reicht, keine besonderen Schwierigkeiten. Daß ich jedoch mit zwei Händen auf einmal spielen sollte (das heißt, zwei Notenzeilen gleichzeitig lesen mußte), das machte mir anfänglich schon einiges Kopfzerbrechen. Diese Hürde wurde jedoch genommen. Die Augen blitzschnell von der linken Seite unten auf die gegenüberliegende rechte Notenseite oben zu bewegen und sofort weiterzulesen, beziehungsweise weiterzuspielen – damit wurde ich langsam fertig.

Bedeutend größeres Kopfzerbrechen verursachte mir (merkwürdig, wie man sich nach sechzig Jahren noch an solche Details erinnert) das Blättern. Es machte mir anfangs große Schwierigkeiten, das Blatt ohne zuviel Zeitverlust zu wenden und sofort, ohne Pause, links oben weiterzuspielen.

All dies klingt heute töricht und beinahe etwas unglaubwürdig. Das waren für mich jedoch die allerersten Probleme in der Musik, die ich als Fünfjähriger nicht so leicht bewältigte. Die Liebe zu den Tönen war groß, allumfassend. Ich sagte es bereits, es machte mir richtig Spaß, durch das Berühren einer Taste einen Ton zu erzeugen. Ich erinnere mich, als Kind manchmal lange Zeit ins Innere des Flügels gestarrt zu haben, um zu erkunden, was in aller Welt denn eigentlich stattfand, wenn ich durch das Niederdrücken einer Taste den Hammer dazu bewegte, eine Saite zu berühren, und dadurch ein Laut entstand. Das kindliche In-den-Flügel-Gucken habe ich mir jedoch im Laufe der vielen Jahre, die ich mit dem Klavier verbrachte, gründlich abgewöhnt. Schon seit vielen, vielen Jahren, sowohl in Konzerten als auch beim Üben zu Hause, behalte ich das aufgestellte Notenpult als mein Vis-à-vis – im Gegensatz zu allen Kollegen, die das Pult stolz vor dem Konzert entfernen lassen. Angeblich klingt der Flügel besser – so sagt man. Ich konnte dies nie feststellen. Meines Erachtens wollen sie auf allgemeinverständliche Weise jedem kundtun, daß sie ohne Noten, ohne jedwelche visuellen Hilfsmittel das schwierige Pensum eines Soloabends – in der Regel etwa neunzig Minuten reine Musik – auswendig spielend bewältigen. Meine Gründe für das aufgestellte Pult (obwohl ich selbstverständlich auch ohne Noten spiele) sind sehr einfach: Ich will während meines Spiels nicht die achtundachtzig Hämmerchen des Flügels vor meinen Augen haben. Im Gegenteil, je weniger ich vom Innern des Flügels, dem eigentlichen Mechanismus des Klaviers, wahrnehme, desto glücklicher bin ich, desto eher kann ich, alles vergessend, mich in die himmlische Musik eines Mozart oder Beethoven vertiefen.

Es würde mich wahnsinnig stören und von meiner eigentlichen Aufgabe ablenken, wenn ich mir in jedem Moment meines Spieles dessen bewußt sein müßte, was sich, rein mechanisch, vor meinen Augen vollzieht. Bereits seit Jahrzehnten spiele ich immer ohne Noten, aber mit dem hochgeklappten Notenpult vor mir. Da ich während des Spiels meine Augen nicht immer schließen möchte, muß ich dafür sorgen, daß nichts in meinem Blickfeld liegt, was mich von meiner Aufgabe ablenken könnte.

Wie jeder andere Sterbliche mußte ich mich durch eine »Klavierschule« hindurcharbeiten (hindurchkneten wäre vielleicht der eher angebrachte Ausdruck), aber schon bald, ziemlich bald, gab es kleine Lichtstrahlen am Himmel.

Das allererste Stück, das für mich ein solcher kleiner Lichtstrahl war, war das *Solfeggio* von Carl Philipp Emanuel Bach, und bald danach durfte ich mich an ein kleines *Menuett* des Vaters Johann Sebastian heranwagen, ein reizendes kleines Schmuckstück in *g-moll.* Als drittes gesellte sich die *Musette* in *D-Dur* (die wie das Menuett aus dem herrlichen *Notenbüchlein für Anna Magdalena Bach* stammt) zu den beiden ersten. Leider blieb auch die Bekanntschaft mit Herrn Czerny nicht aus – sicherlich keine besonders freudvolle, aber sie war unvermeidlich. Schon lange bevor ich reif für die erste Klasse der Elementarschule war, war ich bereits tief in der Musik verwurzelt und hatte mein Studium ernsthaft betrieben. Was nun die Schule anbelangt, war ich zeitlebens immer Privatschüler. Es kam ein Privatlehrer ins Haus, der mir in allen Fächern Unterricht erteilte.

Mein allererster Lehrer war eine Lehrerin, die mich durch die vier Jahre der Elementarschule bis zur ersten Gymnasialklasse führte. Fräulein Georgi war eine hochaufgeschossene, eher stille Dame mittleren Alters. Ich glaube, sie muß eine Spätzwanzigerin gewesen sein; für mich, den sechsjährigen Knaben, fing das mittlere Alter mit etwa achtzehn an.

Mit viel Geduld, Einfühlungsvermögen und Verständnis für meine knospende Seele führte mich Fräulein Georgi durch die schwierigen Mysterien des Alphabets und des großen Einmaleins. Als ich ihr 1948 bei meiner ersten Visite in der Heimatstadt nach dem Krieg und nach acht Jahren Aufenthalt in den USA zum ersten Male wieder begegnete, sagte ich ihr, daß von allen meinen (»nicht-musikalischen«) Lehrern, mit denen ich es im Leben zu tun gehabt hatte, ich von ihr das meiste und Wichtigste gelernt hätte. Dies ist sicher kein leeres Kompliment. Ich betrachte Lesen und Schreiben als das Fundament meines Verständnisses der Welt. (Ob ich je rechnen gelernt habe, das wollen wir jetzt ganz außer Acht lassen). Daß ich später im Leben mich nicht mit seichten Unterhaltungsromanen begnügt habe und meinen Weg über Shakespeare, Goethe, Schiller, über Balzac und Flaubert bis zu Thomas Mann, Proust, Joyce und Beckett gefunden habe – das war nicht mehr die Sache des Lehrers. Aber ohne das Fundament Lesen und Schreiben hätte ich diesen Weg nicht beschreiten können.

Als Einzelgänger-Privatschüler habe ich nicht nur die vier Elementarklassen, sondern auch die acht Klassen des klassischen Gymnasiums (mit Latein, ohne Griechisch, zu meinem ewigen Leidwesen, dafür aber mit Deutsch und Englisch als Pflichtfächern) mit abschließender Reifeprüfung (sprich Abitur) hinter mich gebracht. Das bedeutet, daß ich nie im Leben regelmäßig eine öffentliche Schule besucht habe. Ein- bis zweimal im Jahr ging ich in eine »richtige« Klasse hospitieren, um zu sehen und zu erfahren, wie der Rest der Menschheit seine Jugendjahre verbringt. Ich ging nicht, ich wurde von den Eltern mitgenommen, hingeführt und nach dem Ende der letzten Stunde wieder schleunigst in das heimelige Elternhaus zurückbefördert – bevor meine Seele an der großen Welt Schaden nehmen konnte ...

Das Elternhaus war während all dieser Jahre ein Refugium vor dieser bösen, großen Welt, in der sich alle anderen Kinder zurechtfinden mußten, sich gegen andere größere, stärkere, vielleicht sogar bösartige Kinder schützen und behaupten lernten. All dies wurde mir erspart. War es eine echte Ersparnis oder ein wohlwollender Irrtum seitens meiner Eltern? Ich weiß es nicht. Als einziges Kind einer normalen Mittelklassefamilie wuchs ich in einer vor dem Schlimmsten sorgfältig behüteten, heilen Welt auf – inmitten eines Weltkrieges, der mir meinen Vater vom ersten bis zum letzten Tag raubte. Meine einzige Sorge, wenn ich das überhaupt so nennen darf, bestand darin, von einer Lektion mit meiner Mutter bis zur anderen das jeweils aufgegebene Stück einigermaßen zu erlernen und wenn möglich am Klavier einen winzigen Fortschritt zu zeigen. Wenn dies als Klage klingt, so sicherlich nur als nachträgliche. Das Getrenntsein von allen Gleichaltrigen seit frühester Kindheit, diese beinahe absolute Geborgenheit, empfand ich nicht als Verlust.

Wie bereits erwähnt, bewohnten wir seit meinem vierten Lebensjahr ein schönes Einfamilienhaus im ältesten Teil Budapests, in einer Gegend, wo die Wohnhäuser und die Natur noch eng miteinander verbunden waren. Kaum fünf Minuten von uns entfernt begann eine richtige Hügellandschaft. Beinahe täglich kam es zu einem Spaziergang, manchmal mit Großmutter, des öfteren mit einer Bediensteten, zu deren Aufgaben es gehörte, mich spazierenzuführen. Ich liebte die Natur, sie war mir ein willkommener Ausgleich zur fehlenden Gesellschaft von Spielgefährten. Als Kleinkind habe ich die Tatsache, daß ich immer unter Erwachsenen war und keine richtigen Kameraden hatte, nie als ein Manko empfunden. Später, erst viel später fing ich an, es zu bedauern. Es tut mir heute noch immer ein wenig leid, daß durch die intensive Beschäftigung mit Musik ich in meinen jungen Jahren viel an menschlicher Gemeinschaft mit Gleichaltrigen entbehren mußte. Ich hatte bezüglich meines Berufes keine Wahl – auch in der Gestaltung meiner Kindheit wurde ich nie vor zwei Möglichkeiten gestellt. Es war sicher richtig, daß ich in und mit Musik aufgewachsen bin. Ich mußte eben früh lernen, daß man im Leben nicht immer alles haben kann. Wäre ich in eine »richtige« (d. h. öffentliche) Schule gegangen, wie alle »normalen« Kinder, hätte ich – mit meinen Voraussetzungen – nie Klavierkünstler werden können.

Als nichts anderes, nicht als Arzt, Rechtsanwalt oder Ingenieur, nicht als Kaufmann oder Wissenschaftler wäre ich je glücklich gewesen. Es war schon richtig, wie es geschah. Es ist vielleicht ein zu großes, zu brutales Wort – mit der mir frühzeitig »geraubten« Kindheit konnte und mußte ich selbst zurecht kommen. Vielleicht aus diesem Grunde blieb ich ein ganzes Leben lang ein etwas verspielter Mensch – der im Erwachsenenalter etwas von seiner Kindheit zurückholte.

Ich konnte den Ernst des Lebens nicht immer im richtigen Moment erfassen. Mein Leben wurde dadurch manchmal schwieriger als dasjenige von vielen meiner Mitmenschen. Ich hatte einen spielenden Beruf, ich habe nie gearbeitet wie die »anderen«. – Diese unleugbare Tatsache hat mir während meines ganzen Lebens teils viel Freude, teils aber auch Kummer bereitet. Auch hier hatte ich keine Wahl. Die wichtigsten Entscheidungen wurden mir seit der Wiege abgenommen, aus dem Weg geräumt; eine höhere Gewalt traf sie für mich. Mich dagegen zu sträuben, zu revoltieren, wäre mir nie in den Sinn gekommen. Ich habe einfach nie über die Möglichkeit eines anderen Berufes nachgedacht. Es war eine ausgemachte Sache zwischen Gott und mir, zwischen dem Schicksal und A. F. – ich mußte Musiker werden, ich wurde als Musiker geboren, es war das Beste, was mir im Leben zustoßen konnte. Musik war und blieb für mich ein Heiligtum, um so köstlicher, wenn es zugleich Spielzeug und blutiger Ernst war – der allerschönste Zeitvertreib, den der Allmächtige der Menschheit, und insbesondere mir, geschenkt hat.

Ich wollte nie reich werden. Ebensowenig wollte ich je ein Auto besitzen oder ein Haus mein eigen nennen. Auch diesen »Wunsch« hat mir das Schicksal gewährt. Vielleicht sollte ich mich hier berichtigen. Das mit dem eigenen Haus ist eine etwas merkwürdige Sache. Meine Eltern besaßen seit 1917 ein recht schönes Einfamilienhaus, das meine Mutter während der kriegsbedingten Abwesenheit meines Vaters durch unendliche Sparsamkeit, einen Heller zum anderen reihend, im Schweiße ihres Angesichts erworben hatte. Als mein Vater eines Tages aus dem Krieg in den Urlaub kam, waren wir von der Wohnung in Pest ins eigene Heim übergesiedelt. Wie meine Mutter dies ganz allein geschafft hat, ist mir heute noch ein Rätsel. Das Haus an der Föld ucca (Erd-Gasse), welcher Name an meinen eigenen anklingt (ursprünglich Földes, auf ungarisch erdhaft, der Erde verbunden), war mehr als ein Wohnsitz für mich. Es war die Urheimat, unser Stammhaus, eine feste Burg, ein Refugium vor der bösen Welt (ich kannte die Welt nicht, daher meinte ich, sie könnte böse sein) – mit einem Wort, *der* Ort, wo ich Kind war, wo ich mich austobte, lachte, weinte, wo ich aufwuchs, ein Erwachsener wurde, wo aus einer Larve langsam, sehr langsam ein Schmetterling, ein Mensch sich entpuppte. Ich hing an diesem Haus – es war für mich ein verzaubertes Schloß, dessen Tücken und Geheimnisse nur ich kannte, es bedeutete mir viel, sehr viel, beinahe alles …

Als ich nach meinen ersten Reisen ins Ausland – nach Holland 1934 – und nach den ersten sehr erfolgreichen Tourneen mit fünfundzwanzig Jahren im schicksalträchtigen Jahr 1939 auszog, endgültig auszog, um die Welt und das Fürchten kennenzulernen, erst nach Westeuropa, dann nach Übersee, um dem sich am Horizont auftürmenden bevorstehenden Zweiten Weltkrieg zu entfliehen (nein, ich wollte nicht Soldat werden, ich wollte auf niemanden mit dem Gewehr in der Hand losgehen, ich haßte niemanden, ich wollte nicht töten, nie töten, nie und niemals), da wurde mir die tiefe, eingefleischte Wurzel, die das Haus an der Föld ucca für mich bedeutete, jäh entrissen.

Vater starb innerhalb von drei Monaten im Frühjahr 1940 an Krebs, während ich bereits in den USA war. Mutter blieb allein, harrte während des langen Krieges allein im Haus aus, wo sie während den allerschlimmsten Zeiten, als Russen und Deutsche sich gegenseitig beschossen und unsere Straße Kriegsschauplatz war, von guten Nachbarn mit Lebensmitteln versorgt wurde.

Ich blieb neun Jahre in der Ferne, und als ich im Frühjahr 1948 als verheirateter Bürger der USA (wo ich die ganze Zeit von Ende 1939 bis 1948 zubrachte) wieder nach Ungarn kam, da war das Haus, mein Haus, unser Haus von Eindringlingen besetzt. In der für alle Länder so schwierigen Nachkriegszeit mußte meine Mutter von den sechs Zimmern des Einfamilienhauses fünf abgeben. Eine große Familie mit unzähligen Kleinkindern wurde bei uns einquartiert. Ich mußte froh sein, daß ich mit meiner jungen Frau, die ich 1940 in New York kennen und lieben gelernt und geheiratet hatte und die ich mitbrachte, um sie meiner Mutter nach acht langen Jahren endlich vorzustellen, überhaupt noch in einem der für uns zeitweilig zur Verfügung gestellten Zimmer zwei Wochen verbringen durfte.

Als ich dann in den USA nach etwa drei bis vier weiteren Jahren von den Obrigkeiten in Budapest einen Brief erhielt mit der Mitteilung, daß das Haus, mittlerweile mein Eigentum, in dem ich seit meinem vierten Jahr »daheim« gewesen war, mir enteignet sei, mit dem Zugeständnis, daß ich, falls ich zurückkehren wolle, wenigstens einen Teil, eines, bestenfalls zwei Zimmer bewohnen dürfe, aber ansonsten mit dem Haus nichts mehr zu schaffen habe, da faßte ich den unausgesprochenen, unwiderruflichen Entschluß, nie wieder ein Haus zu besitzen. Nirgends, nirgendwo, an keinem Ort dieses Planeten.

Von diesem Augenblick an waren meine Frau und ich unser Haus, meine Bleibe auf Erden; meine Heimat war die Musik, mein Wohnort die Stadt, in der wir beide, meine Frau und ich, uns eben gerade aufhielten – mal in Amerika, mal im alten Europa, sehr viel in Deutschland, Skandinavien, England, Holland, Belgien, Italien, Spanien, Frankreich; gelegentlich Japan, Südafrika, Südamerika, Australien, ja sogar in Rotchina (zehn Tage im Jahre 1978). Ich fühlte mich nirgends fremd, wo man gute Musik liebte. Ich schuf mir durch meine Arbeit meine eigene Heimat, jeden Tag aufs neue.

Doch haben wir uns entschieden, ein echtes Heim für uns zu schaffen, und so haben wir uns 1961 in einem reizenden Ort am Zürichsee, in Herrliberg, niedergelassen. Von lieben Nachbarn und einer bezaubernden Landschaft umgeben, fühlen wir uns hier sehr wohl. Ich brauche kein Haus, wie meine Kollegen es haben. Unsere Fünf-Zimmer-Wohnung reicht mir. Hier kann ich leben, arbeiten, träumen und schaffen, von hier aus in die Welt fahren, um die Botschaft der Musik, die mir seit Kindheit anvertraut ist, zu verkünden – solange der Herr mit dem langen, weißen Bart und dem gütigen Blick es für richtig und angemessen hält.

Damit dieser paradiesische Zustand recht lange erhalten bleibt, mußte ich natürlich auch gesundheitlich einiges dazutun, und das versuchte ich, soweit es ging. Viele überflüssige Kilos sind teilweise schon abgehungert. Man versucht es auch mit etwas Sport, Laufen, Schwimmen und dergleichen, was eben einem Pianisten noch übrigbleibt. Ansonsten gebe ich nicht mehr achtzig bis neunzig Konzerte jährlich, wie es früher meine Freude und Gewohnheit war. Ich bemühe mich, die langsam dahinschwindende Jugend ein wenig aufzuhalten, damit die Zeit nicht so unsinnig rasch vorüberhuscht. Es tut mir nicht weh, ich bin nicht der einzige, der dieses Schicksal ertragen muß, das wäre arg und ungerecht, das könnte ich nicht aushalten. Dem Alter kann man nicht entfliehen, es sei denn, man stirbt jung – auch keine wünschenswerte Lösung, aber die Einstellung zum Alter ändert sich mit dem Alter selbst; das ist schon viel. Ein Leben lang hatte ich Angst vor dem Altwerden. Jetzt, wo es nicht nur vor der Tür steht, sondern bereits in die gute Stube eingetreten ist, nicht als unwillkommener Eindringling, sondern als freundliche Stütze, die uns das Leben in der späteren Periode ertragen hilft, „schmackhaft" macht, jetzt heiße ich mein Alter „willkommen". Kommt, meine siebziger Jahre, seid meine Gäste, bleibt hier mit mir, wir wollen die Zukunft gemeinsam beschreiten, ohne Angst und Hast ihr entgegenblicken, sie genüßlich auskosten ...

Das Haus, das ich einst zu besitzen hoffte, wurde mir auf unelegante Weise abgenommen. Doch die meisten anderen mußten noch viel mehr über sich ergehen lassen während der furchtbaren Jahre vor, während und nach dem Krieg. Ich hatte Glück, großes Glück, ich fand eine Frau, die ihr Leben mit mir zu teilen gewillt war, in Armut und Wohlergehen, in Sorge und Freude, jetzt und immer. Und ich habe einen Beruf wie es keinen zweiten auf Erden gibt.

Ja, reich wollte ich nie werden. Statt Reichtum wollte ich schon immer die Großen meiner Zeit, meines Zeitalters kennenlernen, so viele von ihnen wie nur menschenmöglich, ich war und bin menschenhungrig geblieben, ich wollte mit den großen Musikern, Schriftstellern, Künstlern, Politikern und anderen Zeitgenossen, mit denen ich unsere schöne Erde teile, in Berührung kommen. Während eines langen Lebens, das nur einmal da ist und nie wieder kommt, wollte ich viele herausragende Persönlichkeiten kennenlernen und wenn möglich einige von ihnen meine Freunde nennen dürfen. Diesen Wunsch hegte ich von frühester Jugend an.

Auch dieser Wunsch wurde mir gewährt. Was mehr kann man vom Leben erwarten? An schönen Frühlingstagen, aber noch öfter in sich langsam abkühlenden Herbstnächten, wenn die Natur uns sachte aber unwiderruflich neuen Ansporn zu neuer Arbeit schenkt, denke ich oft, wie schön es ist, zu leben. Solange ich dieses Gefühl habe und haben werde, glaube ich, daß ich noch irgendwie jung geblieben bin.

Vielleicht hätte ich vorausschicken sollen, daß bei mir, wie bei jedem reproduzierenden Musiker, der Herbst nicht nur eine der vier Jahreszeiten ist, sondern der Anfang einer neuen Saison, der Beginn eines neuen Zeitabschnittes. Trotz Sommerfestivals und trotz allem, was der Sommer sonst an Künstlerischem beschert, ist und bleibt für mich und viele meiner Kollegen der Herbst: Arbeitsanfang, ein neuer Aufschwung in ein neues Jahr – voll von Überraschungen, vielen Freuden und manchen Enttäuschungen. Ich freue mich heute genauso, nein, eigentlich noch viel mehr, wenn der September herankommt, als es vor dreißig bis vierzig Jahren der Fall war.

Nein, es ist noch nicht alles verloren. Die bereits gelebte Zeit kommt zwar nicht wieder – davor behütet uns ein gütiges Schicksal. Aber das, was uns noch bevorsteht, das sollten wir mit gutem Gewissen genießen. Als ich Wilhelm Backhaus etwa fünf Jahre vor seinem Tod einmal traf (er war damals achtzig), sagte er mir mit voller Überzeugung: »Wissen Sie, jeder Tag ist jetzt ein Wunder, ein echtes Wunder.« Ich sah ihn an, tief gerührt, ohne jedoch zu verstehen, worüber er sprach. Natürlich wußte ich, was er sagte, nur verstanden habe ich es nicht – damals noch nicht.

Unter den ererbten Gaben, die mir in die Wiege gelegt wurden, möchte ich außer der Musik noch eine besonders hervorheben. Ich meine ein vorzügliches, einmalig funktionierendes Gedächtnis, das weit in die Kindheitsjahre zurückreicht und bis heute intakt blieb. Ich kann mich an alles erinnern, was mir je in meinem bisherigen langen Leben geschah. Oft war mir dieses Gedächtns im Leben lästig – manchmal wünschte ich mir, ich könnte diese oder jene als unangenehm empfundene Episode vergessen. Das war nicht möglich. Ich habe mich schließlich damit abgefunden – ich mußte mich damit abfinden, es blieb mir nichts anderes übrig.

Heute bin ich endlich bei dem Standpunkt angelangt, daß dieses Langzeitgedächtnis auch seine durchaus positiven Seiten haben kann. Ihm verdanke ich unter anderem, daß ich mich an alle Konzerte, die ich seit frühester Kindheit besuchte, erinnern kann, als ob es gestern gewesen wäre. Und daß ich alle Stücke, die ich vor vierzig bis fünfzig Jahren auswendig gelernt habe, »Auf Abruf« heute fehlerlos auswendig spielen kann.

Wenn ich in der Nacht aufwache, kann ich manchmal nicht weiterschlafen. Plötzlich höre ich dann ein Musikstück. Dabei muß es sich nicht unbedingt um ein Klavierstück handeln, es kann ebensogut eine Sinfonie Beethovens sein. Ich kenne ungefähr zweihundertfünfzig Musikstücke Ich denke jedenfalls, daß es ungefähr so viele sind. Es fängt einfach an, ohne daß ich es eigentlich will. Das Problem dabei ist: Wie stellt man dieses Werk im Kopf wieder ab? Ist der erste Satz zu Ende, folgt der zweite. Dann, irgendwann kommt ein Punkt, an dem die Musik langsam leiser wird, fortschwimmt. Das ist dann wie eine Erleichterung, nach der ich weiterschlafen kann, besser, als wenn dies Erleben nicht dagewesen wäre. Ich spüre dann eine große Genugtuung, eine innere Ruhe.

Natürlich ist es angenehm, oder besser gesagt praktisch, wenn man in einer Sekunde im Kopf ein ganzes Orchester

»einschalten« kann, besonders, wenn man gern das Stück, das man am nächsten Tag im Konzert spielen muß, nochmals »durchspielen« möchte. Ich tue dasselbe im Zug, im Flugzeug – oder wenn eine Gesellschaft, in der ich mich befinde, über lauter Dinge spricht, die mich nicht interessieren. So kann ich dann wahrhaftig ungestört innerlich üben. Nur meine Frau merkt es sofort an meinem Gesicht – sonst niemand ...

Mr. Salter

Ich weiß nicht mehr genau, wie alt ich war, aber ich kann kaum mehr als zehn gewesen sein, als ein Besuch aus Amerika unsere häusliche Ruhe plötzlich und gründlich durcheinanderbrachte.

Es handelte sich um die Visite eines kleinen, dicklichen Herrn. Er trug einen teuren Anzug, rauchte unentwegt an einer großen Zigarre und kam zu uns, nachdem bereits alle Zeitungen in Budapest über seine Reise und ihr Ziel ausführlich berichtet hatten. Sein Beruf: Konzertagent und Musikmanager. Er lebte in den USA, war sicherlich reich, wie sonst hätte er unentwegt Zigarren rauchen können, und sein Besuch hatte einen einzigen Zweck, nämlich im alten Europa musikalische Talente aufzustöbern, Talente, die er in der Neuen Welt präsentieren wollte.

Offenbar erfuhr er irgendwie, daß im alten Stadtteil von Budapest, in Obuda, ein solches Talent vorhanden war, und er kam zu uns, um mich zu besichtigen. Beschnüffeln wäre vielleicht das richtigere Wort.

Er wurde königlich empfangen, Kaffee wurde serviert, mit Kuchen und reichem Gebäck, das silberne Besteck wurde hervorgeholt, und nachdem er sich genügend gelabt hatte, wurde ich vorgeführt. Er untersuchte mich von allen Seiten – wahrscheinlich geht es beim Viehkauf ähnlich; ich hatte so etwas noch nie erlebt – und schließlich wurde ich aufgefordert, etwas vorzuspielen. Ich tat dies, und es geschah, was erwartet wurde. Der Herr, er hieß Mr. Salter, machte meinen Eltern einen Vorschlag: einen Kontrakt für jährlich dreißig Konzerte, pro Abend fünfundsiebzig oder hundert Dollar, sowie Reisespesen für zwei Personen, vermutlich für Mutter oder Vater als Begleitung. Der Vertrag galt vorerst für ein Jahr, konnte aber im Falle eines großen Erfolges (und wer zweifelte schon daran?) auf zwei oder drei Iahre verlängert werden.

Einhundert Dollar waren vor sechzig Jahren in Budapest ein Vermögen.

Nun lag es an meinen Eltern, auf eine äußerst schwierige Frage eine Antwort zu geben, eine Antwort, die für mein ganzes zukünftiges Leben ausschlaggebend sein würde.

Es wurde um eine Bedenkzeit von vierundzwanzig Stunden gebeten, die dann noch um einen Tag verlängert wurde. Die ganze Familie saß bis in die späten Nachtstunden beisammen, um diesen heiklen Beschluß zu fassen. Soweit ich mich erinnern kann, wurde ich nicht direkt befragt, höchstens darüber, ob ich gern auf eine lange Reise gehen würde und eine große Zahl von Konzerten geben möchte. Ich antwortete auf beide Fragen mit einem klaren Ja, doch wurde meine Antwort dank einem gütigen Schicksal nicht ernsthaft in Erwägung gezogen.

Es war wahrhaftig nicht einfach, diesen »sensationellen« Vertrag auszuschlagen. Budapest war in diesen Nachkriegsjahren in einer wenig beneidenswerten Lage. Alles, was aus Amerika kam, auch wenn es nur ein Päckchen Kaugummi war, wurde bewundert, bestaunt, von Hand zu Hand gereicht und mit unsagbarem Genuß verzehrt. Es war eben ein Hauch der großen Welt.

Meine Eltern waren keinesfalls reich oder wohlhabend. Einen Vertrag für Konzerte in Amerika für ein Jahr, mit genügend Geld, das man auf die Seite hätte legen können, ein Kapital, das meine ganze Ausbildung finanzieren sollte, so etwas mußte man sich gut und gründlich überlegen. Andererseits wußten meine Eltem nur zu gut, daß gerade in diesem Alter während eines Jahres vielleicht mein ganzes Leben in die Brüche gehen konnte, wenn ich wie ein Zirkustier von Stadt zu Stadt geschleppt würde, herumgereicht und dann weiterverfrachtet. Was sollte nach Ablauf eines solchen Jahres aus mir werden, und wie würde ich dann wieder in die »normale« Existenz eines Elfjährigen zurückschlüpfen können?

Diese und ähnliche Erwägungen haben schließlich nach viel Kopfzerbrechen die Oberhand gewonnen und dazu geführt, daß meine Eltern sehr weise doch Nein sagten.

Mr. Salter konnte seinen Ohren kaum trauen. »Was«, sagte er, »Sie wollen Ihrem Kind diese phantastische Chance nicht geben?« sagte er ungläubig. Er versuchte es noch einen ganzen Tag lang und bot etwas mehr pro Konzert an, um die Sache schmackhafter zu machen, doch blieben meine Eltern hart, und ich konnte in Obuda bleiben. Zum Glück.

Mr. Salter zog weiter auf der Suche nach »Sensationen«, während ich bis zum Ausbruch des Zweiten Weltkrieges warten mußte, um Amerika kennenzulernen.

Die göttliche Vorsehung war wieder einmal gnädig mit mir gewesen. Ich war dem, was ich mit meinem heutigen Verstand als das Ärgste bezeichnen würde, glücklich entronnen und durfte mich und mein Talent, wie groß oder klein es auch gewesen sein mag, entfalten. In der Familie blieb Mr. Salter für immer eine Legende; manchmal stand er für das große Los, das wir verpaßt hatten, doch manchmal auch für die mahnende Erinnerung, daß wir etwas Bösem, das mir hätte zustoßen können, aus dem Weg gegangen waren.

Musikalische Kindheitserinnerungen

Ich würde viel, sehr viel darum geben, wenn ich eine Schallplatte von meinen Anfängen, von meinem Klavierspiel während meiner frühen Jahre hören könnte. Leider ist dies nur ein Wunschtraum geblieben. Sicherlich müssen noch einige Elemente des damaligen kleinen A. F. irgendwo in meinem heutigen Spiel vorhanden sein, Spurenelemente, wie man in der Chemie sagt, aber es ist nichts, was ich rekonstruieren könnte, nichts Faßbares, nichts Definitives. Es gibt noch einige Fotos, auf denen ein kleines Kind sich ans Klavier lehnt, nachdenklich in die Welt guckt – aber das ist auch alles. Es gibt auch ein Bild, wo ich mich nach durchgestandener Schlacht inmitten einer Schar von anderen Kindern auf meinen Lorbeeren ausruhe. Ja, dieses Bild verdanke ich einem Konzert, in dem ich als Zehnjähriger ein kleines, eigens für diesen Zweck zusammengestelltes Kinderorchester mit Chor dirigierte. Den Fünfjährigen schon hatte es fasziniert, daß jemand andere zum Spielen brachte, ohne selbst einen Ton zu spielen, andere bewegte, animierte, daß die Musik sozusagen aus den Fingerspitzen floß, ohne körperliches Dazutun des Betreffenden. So kam es, daß eine Freundin, selbst Klavierlehrerin, diesem – wahrscheinlich in jedem Musiker latent vorhandenen Wunsch – des Knaben entgegenkam und mir ein kleines Kinderorchester organisierte, mit dem ich ein ganzes kleines Programm aufführte. Es begann mit der Kindersinfonie von Haydn – mit all ihren Kinderinstrumenten eine echte Freude und ein Miniaturmeisterwerk des großen Meisters. Ich selbst steuerte eine Ouvertüre bei, die (Gott sei Dank) nicht erhalten ist. Ich erinnere mich vage an die Anfangstakte, eine mehr oder minder gelungene Nachahmung von Haydns oder Mozarts Harmonie mit einer bescheidenen Melodie, die dem kindlichen Geist entsprungen war. Auf dem Programm standen noch eine Streichersuite irgendeines alten italienischen Meisters (hätte Vivaldi sein können) und schließlich ein, zwei Kinderchöre von Brahms, die ich seitdem suche, aber noch nicht wiedergefunden habe.

Nein, ein Klavier war nicht mit von der Partie. Damit blieb dieses Konzert denn auch das einzige in meiner ganzen Laufbahn, bei dem ich ein ganzes Konzert dirigieren durfte, ohne dabei auch am Flügel sitzen zu müssen. Offenbar hatten die Veranstalter damals mehr Vertrauen in mich als Orchesterleiter. Nun ja, ich dirigierte also bereits mit zehn Jahren. Das ist auch meine Antwort an alle, die mich immer wieder mit der Frage plagen: »Warum haben Sie zu dirigieren begonnen?« Heute dirigiert beinahe die Hälfte aller Pianisten, Geiger, ja Sänger. Sie alle scheinen sich an einem gewissen Punkt ihrer Karriere nicht länger mit ihrem eigentlichen Betätigungsgebiet zufrieden geben zu wollen. Ist es ein Mankogefühl, das all diese Künstler zum Taktstock greifen läßt? Es wäre interessant, dieser Frage einmal nachzugehen. Was die meisten Leute vergessen, ist, daß es in früheren Jahrhunderten keine Pianisten, Violinisten und dergleichen gab. Jeder Musiker, der etwas auf sich hielt, war Kapellmeister, Instrumentalist, Chorleiter, Komponist, Pädagoge zugleich, und tat alles im größeren Bereich der Musik, was es nur zu tun gab. Unser Jahrhundert ist auf Spezialistentum ausgerichtet und vielleicht – nein, sicherlich – deshalb spüren so manche, daß sie sich wieder in der ganzen Musik verlieren möchten, statt immer nur einen Zweig, von ihr zu kultivieren. Ich sprach über dieses Problem vor vielen Jahren mit einem lieben Freund, dem großen Dirigenten Rafael Kubelik, anläßlich eines gemeinsamen Aufenthaltes in Kopenhagen. Nie werde ich seine letzten Worte bei diesem Gespräch vergessen: »Machen Sie alles, alles in der Musik – Spielen, Dirigieren, Unterrichten, Komponieren!« Ich habe den Rat befolgt, weil ich selbst auch genauso gedacht habe.

Abgesehen vom Komponieren, wozu ich leider kein Talent hatte. (Außer einigen Werken, die zu sehr an zweit- oder drittrangigen Bartók oder Prokofieff erinnerten, habe ich nichts hervorgebracht, nichts verbrochen.) Ich habe mich als Lehrer und Dirigent betätigt und bin sehr froh, daß ich damit meinen Aktionsradius etwas vergrößern konnte. Nun, als Kind dirigierte ich nicht nur, ich komponierte auch, schrieb eine eigene Kadenz zum G-Dur-Konzert von Beethoven, die ich im Februar 1925 »uraufführte« – und die seitdem verschollen ist.

Hätte ich nicht mit acht Jahren ein Mozartkonzert öffentlich gespielt und im nächsten Jahr mich nicht an das erste Beethovenkonzert herangemacht, wäre ich vielleicht ein mehr oder minder guter Klavierlehrer geworden, vielleicht sogar nur ein guter und begeisterter Amateur (übrigens auch keine schlechte Sache, alles nur Freude und Plaisir, keine Verantwortung; es muß schon herrlich sein), aber sicherlich kein lebenslang konzertierender Klaviervirtuose. Das Vertrackte am ganzen ist, daß es keinen reifen Künstler gibt, der nicht in jungen Jahren ein Wunderkind war. Eine gewisse, gar nicht ungefährliche Frühreife gehört eben dazu, obwohl sie die Sache verdammt schwierig macht.

Auf jeden großen Künstler, der seine Laufbahn als Kind begann und sich dann erfolgreich durch das Leben kämpfte, kommen mindestens ein halbes Dutzend andere, die mit zehn oder zwölf Jahren auf der Geige bereits ein Paganinikonzert schnell, sogar rein spielen konnten, die aber dann doch nie ihr Ziel erreichten. Manchmal schenkt die Natur einem nichtsahnenden Kind unsagbare Schätze. Die Eltern, auch das Kind selbst, nehmen die Geschenke als ganz natürlich an, um dann, etwa um das fünfzehnte oder sechzehnte Lebensjahr, an eine Klippe zu gelangen, die sich oft, allzuoft, als unüberwindbar erweist. Zurück bleibt ein wunderbares Andenken an eine begnadete Kindheit – vielleicht auch ein lebenslanger Schaden an der Seele des Kindes. Mit etwa zwölf Jahren beginnt das Wunderkind nachzudenken. »Was mach ich denn da überhaupt? – Wie komme ich dazu, dies so und nicht anders zu spielen? Was sind die Regeln des Spielens? Wer hat sie aufgestellt und muß ich mich wirklich an sie halten?« Über Nacht wurde aus dem Spiel Arbeit. Und mit der Arbeit fangen auch die Sorgen an, die Verantwortung gegenüber sich selbst und gegenüber den Zuhörern. Es fällt dem Kinde ein, daß vielleicht möglicherweise alles, was ihm so zugeflogen war, so leicht erschien, viel hintergründiger, viel komplizierter, viel vielschichtiger ist, als es anfänglich aussah. Hier ist der Wendepunkt: Es beginnt das große Grübeln, das den Vortragskünstler von nun an sein Leben lang nicht mehr verlassen wird.

Von nun an hört das Spiel auf, die mühsame, harte, manchmal heillos schwierige Arbeit beginnt. Die ewige Arbeit, sich das, was man scheinbar geschenkt bekommen hatte, richtig mühsam anzueignen. Alles auf Erden muß erarbeitet werden – insbesondere das, wovon man glaubt, daß man es umsonst bekommen hätte. Talent ist Glück, Verpflichtung und in erster Linie Ausdauer, Sitzfleisch, Charakter und vieles andere mehr. Vor allem harte Arbeit, nie endende, bis zum Tod anhaltende Fürsorge um das Talent. Das erfordert viele Opfer – wie ein Kleinod muß das Talent beschützt werden, wie eine junge Pflanze muß es gegossen werden, es muß Sonne bekommen, man muß es vor schädlichen Umweltbedrohungen bewahren, damit das kleine, unschuldige Gewächs – der göttliche Funke – ohne den nichts gedeiht, zur vollen Reife, zur vollen Entfaltung kommen kann.

Alban Berg

Meine Mutter und ich verbrachten unsere Sommerferien jeweils in Ischl oder Trauhütten in Österreich – an den zwei Orten, an denen die großen Musiker der Habsburg-Monarchie sich damals ihr Stelldichein gaben. Franz Lehar, dieser großartige, integre Mensch, dirigierte hier die Kurkapelle in den Stunden, in denen er von seiner Prachtvilla und dem Komponieren seiner unsterblichen Operetten Abstand nehmen wollte. Meine Mutter sorgte dafür, daß ich ihn kennenlernte, und er lud uns eines Nachmittags ein, damit ich ihm vorspielen konnte. Er schenkte mir ein Bild von sich mit einer Widmung in Ungarisch, das er nur unvollkommen, aber leidenschaftlich gern sprach. Die Übersetzung hieß so etwas wie »Lieber Foldes, Sie sind ein großes Talent«. Einmal bat er mich sogar in seiner Kurkapelle mitzuspielen, als er eine seiner Kompositionen darbot, in der auch ein kleines Klaviersolo vorgesehen war. Nicht viele können von sich sagen, daß sie einmal unter dem Stab von Lehar gespielt haben...

Meine Mutter und ich spazierten eines Morgens im Wald, als uns ein hochaufgeschossener, schöner Mann mit einem traurigen Gesicht entgegenkam. Er hielt eine Notenrolle unter dem Arm – also war er Musiker, dachte ich. Mit der Unbefangenheit des Dreizehnjährigen trat ich auf ihn zu und fragte ihn unverblümt: »Sie sind Musiker?« Er lächelte und nickte. »Ich spiele Klavier«, sagte ich – »und Sie?« »Ich komponiere«, antwortete er, »und ich heiße Alban Berg«. Der Name bedeutete mir damals gar nichts, aber als er mich fragte, ob ich je von seiner Oper *Wozzeck* gehört hätte, erinnerte ich mich, daß ich von einem Werk dieses Titels gelesen hatte. Das sagte ich ihm auch und stellte noch einige Fragen zu seiner Musik. »Es wird noch eine Weile dauern, bis du diese Musik verstehst«, meinte er. Aber es war offensichtlich, daß er sich über ein Kind aus Budapest, das von *Wozzeck* wenigstens gehört hatte, freute.

Er lud uns in seine Villa in Trauhütten ein und bat mich, ihm etwas vorzuspielen. Zu dieser Zeit hatte ich ein ziemlich beschränktes Repertoire, und so spielte ich die einzige Beethovensonate, die ich damals »drauf« hatte, wie man so unschön sagt, nämlich die *As-Dur Sonate op. 26* mit dem Trauermarsch. Als ich das Stück beendet hatte, fragte er: »Spielst du manchmal auch etwas Modernes?« »Natürlich,« sagte ich stolz, und intonierte Albeniz' *Triana*, ein Werk, das in unserem ultrakonservativen Haus als äußerst zeitgenössisch betrachtet wurde. Ein breites Lächeln ging über Bergs etwas trauriges Gesicht. »Später wirst du ganz bestimmt einmal etwas wirklich Modernes spielen«, meinte er nachsichtig. Dann bat er mich, ihm meinen Namen zu buchstabieren, und verschwand in einem anderen Zimmer.

Als er wiederkam, überreichte er mir einige eigens für mich handgeschriebene erste Takte des *Kammerkonzerts für 13 Instrumente* mit der Widmung: »Für Bandi Földes zu freundlicher Erinnerung an Alban Berg Sommer 1927«. Bandi war mein Kosename, und als Kind nannte mich jeder so.

Mit eigenem Vortrag

Aus meiner Kindheit blieben mir nur wenige Sätze oder Sinnsprüche im Gedächtnis haften. Eine von diesen Redewendungen ist: »Mit eigenem Vortrag«. Was steckt wohl dahinter? Als ich anfing, klavierspielen zu lernen, mußte ich notgedrungen davon Kenntnis nehmen, daß außer den verschiedenen Tönen, die ich zu spielen hatte, auch noch gewisse Passagen laut, andere leise zu spielen waren. Ja, wenn's nur damit getan gewesen wäre ... Bald mußte ich sogar langsam, sachte mein Spiel von leise bis laut steigern, oder aber ich bekam umgekehrt die Weisung, von laut auf leise zurückzugehen. Ich mußte also außer mit Tonhöhe auch mit Tonstärke rechnen, was für mein kindliches Gemüt nicht ganz so leicht war. Es kam noch die komplexe Frage hinzu, ob ich ein gewisses Stück langsam spielen oder aber die Töne etwas schneller rollen lassen sollte – all dies war, wenn ich so zurückdenke, eher etwas zu viel für einen Knirps von fünf oder sechs Jahren.

Daß ich dagegen aufmuckte, war nur selbstverständlich. Daß ich immer wieder in meine Schranken gewiesen wurde, war genauso natürlich. Wir beide hatten recht: meine Lehrerin (in diesem Fall Mutter), die mir die Elementarregeln des Musizierens beibringen wollte, und ich, der ich mich in meiner ganzen Höhe von einem Meter oder weniger gegen diese diktatorischen Ermahnungen wehrte. Für mich war Musik damals ein großes Schwelgen, Schwelgen in Wohllaut, in tonaler Weichheit und in der Freude, daß ich mit meinen kleinen Fingern all dies hervorbringen konnte. Ich war etwa acht Jahre alt und spielte bereits das *B-Dur-Konzert KV 450* von Mozart – wie man gerade auf dieses unschuldige Stück kam, ist mir heute noch ein großes Rätsel – als ich plötzlich eine große Erfindung machte. Blitzartig kam mir der Gedanke, daß ich ja eigentlich auch allein bestimmen könnte, ob ich ein Stück leise oder laut, schnell oder langsam beginnen sollte. Oder ob ich es dann im späteren Verlauf der Dinge auch weiterhin mit derselben Dynamik oder im selben Tempo weiterspielen oder ob ich etwa eine Änderung vornehmen sollte, die vielleicht gar nicht in den Noten stand. Dieses Verfahren, das ich nur anwandte, wenn ich besonders schön spielen wollte, benannte ich dann »mit eigenem Vortrag«. Das sollte heißen, ich übernahm für die ganze Aufführung die Alleinverantwortung. Meistens blieb ich bei den gedruckten Zeichen in den Noten, nur spielte ich sie dann ganz besonders gefühlvoll, ganz besonders schön – eben mit all dem, was ein »eigener Vortrag« repräsentierte. Genau erinnere ich mich noch an unseren ersten Besuch bei Ernst von Dohnányi, der später mein Lehrer werden sollte. Meine damalige Lehrerin, das ältere Fräulein Irene Senn, eine alte Freundin der Familie von Dohnányi, nahm meine Mutter und mich an einem Sonntagnachmittag mit zu Dohnányis.

Bei dieser ersten Gelegenheit spielte ich Mendelssohns *Rondo Capriccioso* und die *Fis-Dur-Sonate op. 78* von Beethoven. Er fragte mich allen Ernstes, ob ich denn das Finale der Beethovensonate nicht zu langsam gespielt hätte. Worauf ich es natürlich beim zweiten mal noch schneller versuchte. Bei dem allgemeinen Gelächter stellte es sich heraus, daß Dohnányi mich bloß hatte prüfen wollen, ob ich nicht selbst darauf käme, daß das Tempo, das ich in meiner kindlichen Hast nahm, doch wohl etwas zu ungezügelt war. Um diesen groben Fehler ein wenig auszugleichen, offerierte ich nun, die Einleitung von Mendelssohns Stück nochmals zu spielen, und zwar diesmal »mit eigenem Vortrag«. Lächelnd fragte Dohnányi meine Mutter, was dies wohl zu bedeuten habe. Meine Mutter versuchte leise, damit ich es nicht hörte, diesen Terminus technicus zu erörtern. Doch schon saß ich am Flügel und spielte drauflos, daß die Funken flogen. Mit aller Wärme meines Herzens und mit allem, was ich damals an Leidenschaft aufbringen konnte, spielte ich diese langsame Einleitung, und als ich zu Ende war, fragte mich Dohnányi, warum ich wohl nicht gleich beim erstenmal es so schön gespielt hätte. Ich versuchte, ihm ganz seriös die Bedeutung der Worte »eigener Vortrag« zu erklären. Er hörte ruhig zu, seine Miene wurde ernst, und er sagte zu mir, ich solle auch in Zukunft alles so spielen, nur müßte ich mich an die Zeichen halten, die in den

Noten stünden. Aus der Kombination der beiden, dem vorgeschriebenen Notenbild und dem, was ich als »eigener Vortrag« verstehen wollte, würde dann die Interpretation resultieren. Ich dankte ihm für den guten Rat.

Seitdem sind viele Jahre vergangen – ich versuche noch immer, die beiden Komponenten zu vereinbaren. Manchmal gelingt es mir. Das sind dann die schönsten Konzerte meiner Saison ...

Mein Lehrer Szatmari

Wunderkinder haben es nie leicht gehabt, und ich war keine Ausnahme. Eine der unzähligen Begleiterscheinungen, die mich schmerzten, war, daß die Nachbarkinder glaubten, sie müßten mich als einen »Sonderfall« betrachten.

Die zweite und größere Schwierigkeit war die Wahl des richtigen Lehrers. Bei mir kam es zur ersten Krise, nachdem die Dame, die meine Mutter als meine erste Lehrerin abgelöst hatte, nicht mehr imstande war, mich weiterzubilden. So kam ich zu einem sehr intelligenten, sehr guten Musiker, selber Pianist, namens Tibor Szatmari. Ich habe sehr viel von ihm gelernt. In der Tat war er es, der mich ins *Metier* selbst einführte: mich lehrte, professionell zu denken, die richtige Einstellung zu finden, die Stücke mit maximaler Wirkung vorzutragen. Dafür war ich ihm ein Leben lang dankbar, obwohl er auch einige Fehler machte. Ich denke insbesondere an die Werke, die er für mein erstes öffentliches Auftreten unter seiner Führung auswählte. Es war das erste abendfüllende Recital meines Lebens. Ich war vierzehn Jahre alt – das Konzert fand am 5. März 1927 in Budapest statt.

Mein Programm, das ich mit großer Begeisterung übte, bestand aus Bachs *Chromatischer Phantasie und Fuge,*

Beethovens sogenannter Trauermarschsonate in *As-Dur op. 26,* Schumanns *Papillons* und, nach der Pause, einigen kurzen, in Budapest nie gespielten Werken des Spaniers Isaac Albeniz, dann zum Schluß Schuberts berühmte *Marche Militaire* in der virtuosen Transkription von Tausig. Alles ging traumhaft gut – ich hatte ja auch sehr viel dafür gearbeitet. Nur das letzte Stück hatte ich nicht genügend geübt und beherrschte es einfach noch nicht.

Wenn ich jetzt so zurückdenke, weiß ich, daß ich den technischen Anforderungen dieses Stückes noch nicht gewachsen war. Ich blieb mittendrin stecken und verließ das Podium, ohne den Versuch zu machen, es zu Ende zu spielen. Es war ein traumatisches Erlebnis, das ich lange Zeit nicht verkraften konnte. Auch steckte ich damals mitten in der Pubertät und war mit diesem schweren Problem ganz auf mich selbst gestellt. Da war niemand, überhaupt niemand, mit dem ich über meine Probleme hätte sprechen können. Mein Vater war viel zu scheu, um darüber reden zu können, ich hatte keine Geschwister, keine älteren Vettern oder sonst jemanden, dem ich meine Fragen hätte stellen können. Es war eine sehr schwere Zeit. Es hat mich noch zusätzlich betrübt, daß Szatmari nicht bei meinem Konzert zugegen war, weil er selber ein Konzert in Wien geben mußte.

Die Gerüchte, die er über das, was geschehen war, hörte, waren schlimmer als die Wirklichkeit. Er war außer sich, und als ich ihn nach diesem Konzert zum erstenmal sah, fragte er schlicht und einfach, ob ich nun mein Vorhaben, Klavierkünstler zu werden, aufgegeben hätte.

Die Frage traf mich wie ein Blitzschlag. Minutenlang war ich sprachlos, bevor ich dann antwortete: »Ich denke nicht daran.« Szatmaris Gesicht verwandelte sich in eine strahlende Sonne. »*Das* ist es, was ich von dir hören wollte«, sagte er.

Zu meinem Glück konnte ich wenige Monate später meine »Schande« mit einer außerordentlich gut gelungenen Aufführung löschen. Die Gelegenheit dazu bot der fünfundzwanzigste Jahrestag der Fodor-Musikschule, an der Szatmari unterrichtete. Ich wurde auserwählt, bei der Jubiläumsfeier Liszts *Es Dur-Konzert* mit der Budapester Philharmonie unter Ernst von Dohnányi zu spielen.

Nie im Leben vorher oder nachher habe ich so viel geübt wie für dieses Konzert. Noch Jahre später erwachte ich manchmal schweißgebadet mitten in der Nacht, weil ich im Traum die schweren Läufe, deren es in diesem Konzert so manche gibt, wieder und wieder durchexerzierte. Aber die Arbeit hat sich gelohnt. Ich habe wirklich gut gespielt und großen Erfolg gehabt. Der Albtraum von meinem Steckenbleiben war vergessen – sowohl meinerseits als auch seitens des oft gnadenlos urteilenden Budapester Publikums.

Erinnerungen an große Pianisten

Ich hatte das große Glück, beinahe alle bedeutenden Pianisten, die in den zwanziger Jahren Budapest besuchten, zu hören. Dies verdanke ich meiner Mutter, die sorgfältig darauf achtete, daß ich alle großen Meister des Klaviers so bald wie möglich selbst erlebte.

Meine erste Begegnung mit dem vielleicht berühmtesten Pianisten dieser Jahre, Eugen d' Albert, fand 1924 statt. Der damals sechzigjährige gab im größten Theater Budapests einen kombinierten Solo- und Orchesterabend – auf dem Programm standen ausschließlich Werke von Beethoven.

Zum Anfang kam das *Es-Dur-Konzert*. Dies war die einzige Nummer vor der Pause, während der dann das Podium geräumt wurde, so daß der kleine, dickliche Mann mit dem Schnurrbart und den feurigen Augen als Alleinherrscher die zweite Hälfte des Programms bestreiten konnte. Es folgten die *Appassionata* sowie etliche kürzere Werke, an die ich mich nicht mehr genau erinnern kann. Als Zugaben kamen dann das Scherzo aus der *Es-Dur-Sonate op. 31, No. 3* und ganz zum Schluß, mit einem verschmitzten Lächeln, das Rondo *Die Wut über den verlorenen Groschen.*

Ich besuchte regelmäßig die wichtigsten Konzerte Budapests, jedoch blieb mir gerade dieser Abend d'Alberts stärker im Gedächtnis als manche anderen Erlebnisse aus der frühen Kindheit. Vielleicht waren es die Wahl des Programms und die Kombination von Solo- und Orchesterwerken, die auf mich einen solch besonderen Eindruck machten.

Wie dem auch sei, manchmal glaube ich heute noch den Anfang des letzten Satzes des *Es-Dur-Konzerts* im Ohr zu haben, das ich bei dieser Gelegenheit zum ersten Male öffentlich hörte. Ich betrachte es als ein besonderes Geschenk des Schicksals, daß ich gerade dieses Werk in einer solch unvergeßlichen Aufführung kennenlernen durfte.

Eugen d'Albert, der heutigen Generation eher als Komponist der Oper *Tiefland* bekannt, war ein echter Titan des Flügels, ein ungebändigter Löwe, der die volle Potenz seiner urwüchsigen Kraft auf die Tasten losließ – es war, in einem Wort, ein für mich einmaliges Erlebnis, dessen Wucht und Größe die inzwischen vergangenen Jahrzehnte kaum beeinflußt haben.

Beinahe ebenso bedeutungsvoll, wenn auch von gänzlich anderer Art, war die erste Begegnung mit Sergej Rachmaninow, dem einsamen, auf dem Konzertpodium etwas menschenscheu wirkenden, hageren, dünnen, hochgewachsenen Russen, der immer langsam, mit einer ein wenig verbissenen Miene zum Flügel schritt, ohne das Publikum auch nur eines einzigen Blickes zu würdigen. Bei einem seiner Klavierabende im Budapester Redouten-Saal spielte er unter anderem die *D-Dur-*(»Jagd«-)*Sonate* von Mozart, die *Trauermarschsonate* von Chopin und zum Abschluß den *Karneval* von Schumann.

Die Mozartsonate wirkte befremdend auf mich, da sie, soweit ich es damals beurteilen konnte, etwas zu virtuos aufgefaßt war. Die stupenden Läufe des ersten Satzes, die kristallklar und hell glitzerten, verfehlten ihren Eindruck auf mich nicht. Es war jedoch die Chopinsonate, die mich an diesem Abend am meisten fesselte, denn Rachmaninow gestaltete sie wahrhaft dämonisch. Schon die einleitenden Takte des ersten Satzes ließen ahnen, daß etwas ganz Besonderes bevorstand, und wie er dann das gehetzte Hauptthema anlegte und, diesem gegenüberstellend, die ruhige Schönheit des Seitensatzes aufblühen ließ – das war Klavierspiel, wie ich es bis dahin nie gehört hatte. Der zweite Satz prasselte mit allergrößter Leichtigkeit vorüber – alles war blitzsauber und von absoluter Klarheit. Man meinte den Klang eines ganzen Orchesters zu vernehmen. Der Tausendkünstler Rachmaninow »orchestrierte« wahrhaftig den Klaviersatz Chopins: Man konnte es kaum glauben, daß es »nur« ein Flügel war, aus dem er diese prachtvollen Klänge hervorzauberte. Ergreifend war der Trauermarsch, den dieser Pianist allerdings sehr eigenwillig, mit einer gänzlich anderen Dynamik vortrug, als Chopin sie vorgeschrieben hat. Anstatt beide Male leise anzufangen (wie es in den Noten steht), gab Rachmaninow dem Hörer die Illusion eines sich nähernden Trauerzuges, der aus der weiten Ferne kam, bis man kurz vor dem überirdischen Trio geradezu den Tritt der Pferde vernehmen konnte. Nach dem Trio wurde wieder mit voller Wucht begonnen, und dann entfernte sich der Cortège langsamen Schrittes, bis er am Ende in einem unwahrscheinlich leisen Pianissimo gänzlich verschwand. Chopin hatte sich diesen Satz sicherlich nicht so vorgestellt, er war aber in der Wiedergabe Rachmaninows damals absolut überzeugend. Ja es war so überwältigend, daß einem nichts anderes übrigblieb, als begeistert zu applaudieren, was ich auch (mit dem Rest des Publikums) mit größtem Enthusiasmus tat.

Die Macht der Persönlichkeit Rachmaninows war so groß, daß man erst später, viel später erkannte, wie sehr er sich in diesem Satz über die Intentionen des Komponisten hinwegsetzte. Es störte mich damals nicht, denn ich war viel zu jung und stand zu sehr unter dem Eindruck des persönlichen Erlebnisses, um Stilkritik zu üben.

Im Rückblick ist für mich das interessanteste der drei an diesem Abend gehörten Werke Schumanns *Karneval*, da diese Wiedergabe auch heute noch auf einer Schallplatte von Rachmaninow vorhanden ist. So konnte ich dieses Werk auch als Erwachsener noch hören und war dabei sehr erstaunt, daß mir dieses Spiel vor so vielen Jahren so vorbehaltlos gefallen hatte. Heute finde ich es ziemlich eigenwillig und reichlich manieriert: Dennoch bewundere ich nach wie vor den großen, überragenden Pianisten Sergej Rachmaninow.

Der dritte Pianist, wenn vielleicht auch nicht von demselben Format wie die beiden zuvor genannten, war der Russe Josef Lhevinne, einer der größten Klaviertechniker, die ich je gehört habe. Über ihn schrieb Walther Niemann in seinem berühmten Buch *Meister des Klaviers* (erschienen 1921), daß »Schwierigkeiten, wie die der *Paganini-Variationen* von Brahms oder der *h-moll-Sonate* von Liszt für ihn ein Kinderspiel waren«.

Noch heute erinnere ich mich genau an das Gemurmel des Staunens im Publikum, als Lhevinne die *Toccata* von Schumann in einem rasenden Tempo begann. Das wirklich Schöne an der Sache war, daß er das schier unglaubliche Tempo nicht nur durchzuhalten vermochte, sondern es gegen Ende des Stückes, wenn die meisten Spieler bereits halbtot vor Müdigkeit sind, noch um einige Grade zu beschleunigen wußte. Lhevinnes Stärke lag in den großen, ausladenden virtuosen Werken, wie sie eben Brahms, Liszt und Chopin für das Klavier geschaffen haben. Nur ein einziges Mal hörte ich ihn in einer Beethovensonate – ich glaube, es war die in *E-Dur op. 109* –, die mir dann auch wesentlich weniger gefiel, denn er konnte sie musikalisch nicht richtig erfüllen. Aber die *As-Dur-Polonaise* von Chopin, die *Oktavenetüde* oder aber einige der *Etudes d'execution transcendantes* von Liszt bleiben unvergeßlich für jeden, der sie damals von Lhevinne spielen gehört hat.

Josef Lhevinne gehörte zu den großen »Arbeitstieren« des Klaviers. Tagtäglich übte er, im Sommer wie im Winter, ob Schnee, ob Regen, seine sechs bis sieben Stunden. Mein Lehrer, Ernst von Dohnányi, der dem regelmäßigen Üben nicht sonderlich ergeben war, erzählte uns einmal in einer Klassenstunde, wie er Lhevinne, der mit der Philharmonie in Budapest (unter Leitung Dohnányis) das *b-moll-Konzert* von Tschaikowskij spielte, zumindest an diesem Tag vom Üben hatte abhalten können. Er lud ihn nach der Orchesterprobe zum Mittagessen ein und unterhielt sich mit ihm beinahe den ganzen Nachmittag. Der arme Lhevinne machte verzweifelte Versuche, sich aus dem Staub zu machen – vergeblich. Es half nichts. Dohnányi ließ nicht locker. Ganz außer sich kam Lhevinne zum Konzert, und siehe da – Dohnányi war ganz glücklich, denn dieser Fall bestätigte seine »Theorie vom Nutzen des Wenig-Übens« – das Konzert ging genauso gut, oder sogar besser als an den Tagen, an denen Lhevinne sein gewohntes Arbeitspensum absolvierte. Eine Geschichte ganz ohne Moral, da die Wahrheit, wie so oft, glaube ich, irgendwo in der Mitte liegt.

Auch Alfred Cortot habe ich des öfteren gehört, und zwar in seiner wirklich großen Glanzperiode. Besonders in Erinnerung blieb mir einer seiner Chopinabende in Budapest, wo er unter anderem die *25 Préludes* gespielt hat – in einer Art und Weise, wie ich sie nie zuvor und nie seitdem erlebt habe. Obwohl er eigentlich zu keinem Zeitpunkt über eine im heutigen Sinne des Wortes überragende Technik verfügte, beherrschte er in solch hohem Maße die edle Kunst des Klaviertons, daß man dafür vieles, ja alles in Kauf nahm und sich an dem sinnlich-herrlichen Ton, den der schmächtige, durchgeistigte Franzose aus dem Flügel herauszulokken vermochte, begeisterte. Unvergeßlich blieb für mich vor allem das *Prélude No. 17* mit den geheimnisvollen dreizehn Schlägen des tiefen As in der linken Hand – dieses kurze, aber herrliche kleine »chef d'œuvre«, für mich einer der vielen Gipfel von Chopins Kunst.

Emil von Sauer

Ich war etwas über fünfzehn Jahre alt, als ich zum erstenmal den letzten Schüler Franz Liszts, Emil von Sauer, persönlich traf. Gehört hatte ich ihn bereits oft – er spielte alljährlich in Budapest und war einer der großen Publikumslieblinge der ungarischen Hauptstadt. Die Musikliebhaber wurden geradezu wild, wenn seine hagere Gestalt mit ihrem verschmitzten Lächeln auf dem Gesicht das Podium betrat. Er hatte verschiedene »Mätzchen«, zum Beispiel war der Klavierstuhl für ihn nie auf die richtige Höhe geschraubt. Einmal ließ er sich ein einziges Blatt Papier zur Korrektur des Sitzniveaus bringen, setzte sich drauf und lächelte fröhlich – jetzt war er startbereit. Aber wenn er dann zu spielen begann, vergaß man alle kleinen theatralischen Äußerlichkeiten. Sein Chopin (ich denke an die *Berçeuse*, die ich mindestens fünfmal von ihm gehört habe) blieb für mich unvergeßlich. Sein

Spiel hatte einen silbernen, ritterlichen Schein, Eleganz und die echte Romantik des neunzehnten Jahrhunderts.

Diesmal durfte ich ihn nicht nur von der Ferne bewundern. Ich war von einer Musikliebhaberfamilie in Budapest, bei welcher der große Meister zu Gast war, zum Tee eingeladen. Ich sollte vorspielen. Natürlich war ich sehr aufgeregt und konnte kaum ein Wort sprechen, als ich ihm vorgestellt wurde.

Die Sache schien sich in die Länge zu ziehen. Im stillen hoffte ich, daß es am Ende nicht zu meinem Vorspiel kommen würde. Aber plötzlich schaute mich Sauer von der Seite an und fragte, was ich ihm vorzutragen gedächte. Ich setzte mich also doch an den Flügel und spielte *C-Dur-Toccata, Arie* und *Fuge* von Bach in der Busoni-Transkription. Dies war ein kleines Wagnis, da sowohl Sauer wie Busoni einige Orgelwerke Bachs für das Klavier transkribiert haben, so beispielsweise die *Chromatische Phantasie und Fuge,* und ich nicht wissen konnte, ob möglicherweise der Meister die Zumutung, ein Werk in einer Transkription anzuhören, die nicht von ihm, sondern von einem Kollegen, ja sogar Konkurrenten stammte, als Majestätsbeleidigung empfinden würde.

Nichts dergleichen geschah. Sauer hörte das Werk, das etwa eine Viertelstunde dauert, aufmerksam an, ja er kam sogar bei der Fuge nahe ans Klavier und setzte sich neben mich, während ich spielte.

Als ich das Stück beendet hatte, fragte er mich, was ich noch so im Repertoire hätte. Es folgte der erste Satz aus der herrlichen *a-moll-Sonate* von Schubert. Sauers Miene wurde immer ernster. Er wollte noch etwas hören – da wurde ich einfach frech. »Ich spiele auch Bartók«, erklärte ich, obwohl ich wußte, daß zwischen ihm und Bartók eine ganze Welt lag. Sauer schien die Sache mit Humor zu nehmen. »Ich habe viel von Bartók gehört, kenne aber seine

Werke nicht«, sagte er. Kurz entschlossen setzte ich mich wieder ans Klavier und ließ die *Sonatine* (ein reizendes Werkchen von weniger als vier Minuten Spieldauer) los.

Nun hatte der alte Herr genug gehört. Er stand auf, näherte sich mir und küßte mich auf die Stirn.

»Mein Sohn«, sagte er, »als ich sechzehn Jahre alt war, kam ich zu Liszt, der mich als seinen Schüler aufnahm und mich bei der ersten Begegnung küßte. Dann erzählte er mir, daß er 1822, als Elfjähriger, Beethoven vorgespielt und von ihm einen Kuß erhalten hatte. Diesen Kuß habe ich dir nun weitergegeben, und falls du, wenn du so alt sein wirst wie ich, einen jungen Pianisten findest, den du für sehr talentiert hältst, dann gib ihm diesen Kuß weiter.« Ja, ich bin jetzt in dem Alter, in dem ich ernsthaft darüber nachdenken könnte, an welchen jungen Pianisten ich den Beethoven-Liszt-Sauer-Kuß weitergeben sollte ...

Die Sauer-Geschichte endete nicht an jenem denkwürdigen Nachmittag.

Zwei Tage später erhielt ich einen wunderbaren Brief des alten Meisters. Er gehört noch heute zu den schönsten Andenken meiner Kindheit:

»Während meines diesjährigen Aufenthaltes in Budapest wartete meiner eine freudige Überraschung: Ich hörte den fünfzehnjährigen Pianisten Andor Foldes spielen, ein Name, den man sich für die Zukunft wird merken müssen. Denn seine Leistungen sind in der Tat heute schon außergewöhnliche. Ich spreche nicht von seiner reizvollen, blitzsauberen, superben Technik, die einem Erwachsenen zur Ehre gereichen würde. Das faszinierende Moment ist vielmehr die künstlerische Reife und das tiefe Empfinden, welches seinem Spiel den Stempel des Ungewöhnlichen aufdrückt. Dieser, Großes verheißende Jüngling scheint mit Musikalität geladen zu sein! Seit langem ist mir kein Talent vorgekommen, welches mein Inneres so bewegt, mich auf den

ersten Anblick derartig gefesselt hätte, wie Andor Foldes. Es gereicht mir zu besonderem Vergnügen, die Aufmerksamkeit aller maßgebenden Kreise auf diesen nun aufgehenden Stern am Pianistenhimmel hinzulenken.«
Emil von Sauer, Budapest am 10. November 1929.

Es gab noch einen Epilog, von dem ich berichten möchte.

Ein Jahr nach unserem Treffen kam Sauer wieder nach Budapest und spielte die Busonische Transkription des Bach-Werkes. Ich ging ins Künstlerzimmer, um ihn zu beglückwünschen und nahm mir den Mut zu fragen, ob er dieses Werk oft gespielt habe.

Er schaute mich lächelnd an. »Seitdem ich Sie es spielen hörte, bekam ich wieder Lust dazu«, sagte er und fuhr fort: »Es ist ein herrliches Stück, und Sie haben es sehr schön gespielt.« Eine schönere Antwort hätte ich gewiß nicht bekommen können.

Ernst von Dohnányi

Für meinen pianistischen Werdegang waren zwei Meister des Flügels bestimmend: Ernst von Dohnányi und Wilhelm Backhaus.

Ernst von Dohnányi war mein Lehrer an der Franz-Liszt-Hochschule fur Musik in Budapest – Wilhelm Backhaus, den ich des öfteren in Konzerten hörte, war seit frühester Kindheit mein Ideal, mein Leitstern, dem ich außerordentlich viel zu verdanken habe.

Wollte ich die Frage, von wem ich am meisten gelernt habe, präzis beantworten, müßte ich sagen: von Wilhelm Backhaus, obwohl ich keine einzige Klavierstunde bei ihm genommen habe. Mein »offizieller« Professor war Ernst von Dohnányi, dessen Meisterklasse ich drei Jahre lang besucht habe (zwischen 1929 und 1932). Ich war sechzehn Jahre alt, als ich zum erstenmal – zusammen mit vier anderen jungen angehenden Klavierkünstlern – als Mitglied der Klasse in die schöne, auf den Hügeln Budas gelegene Villa des Meisters gehen durfte. Die Klasse traf sich einmal in der Woche an einem Nachmittag zur Arbeit, und jedes Mal mußte jeder ein neues Werk bringen, da sich Dohnányi einunddasselbe Stück recht ungern zweimal anhörte. Dohnányi war nicht nur Leiter der Klavier-Meisterklasse sondern auch Direktor der Musikakademie und Chefdirigent des Ungarischen Philharmonischen Orchesters. Außerdem fuhr er viel auf Konzertreisen ins Ausland, so kam es oft vor, daß die Klassenstunden im letzten Moment abgesagt wurden. Im Durchschnitt gingen wir von September bis Mai etwa zweimal im Monat für einige Stunden zu Dohnányi – die Sommerferien waren lang und wurden strengstens eingehalten.

Dohnányi war zweiundfünfzig Jahre alt, als ich bei ihm zu studieren begann – ein Mann von wahrer Genialität, der sicherlich noch viel mehr erreicht hätte, wäre er nicht ein wenig – sagen wir mal betont bequem gewesen.

Man erzählte viele Legenden über ihn. Die interessanteste Geschichte, an deren Wahrheit zu zweifeln ich keinen Grund habe, war vielleicht die seiner ersten Begegnung mit Brahms.

Als Dohnányi sechzehn Jahre alt war, fuhr er nach Bad Ischl, wo Brahms jährlich Sommerferien machte, um ihm sein Erstlingswerk, das *Quintett für Klavier und Streicher,* vorzuspielen. Brahms hörte sich den Jüngling und seine Komposition in aller Ruhe an und soll sich dann wie folgt geäußert haben: »Mein Junge, ich glaube, ich hätt's auch nicht besser geschafft ...«

Dieses hohe Lob hatte den jugendlichen Komponisten offenbar zutiefst beeindruckt. Vielleicht sogar zu sehr, denn

Dohnányi konnte sich sein Leben lang nicht von dem postromantischen Stil seines Klavierquintetts loslösen. Er blieb zeitlebens ein treuer Anhänger von Johannes Brahms und obwohl er und Bartók sich gut verstanden (sie waren beide Schüler desselben Lehrers an der Hochschule für Musik, des Liszt-Schülers Stephan Thoman), konnte Dohnányi für die Bemühungen Bartóks und Kodálys um die Erweiterung der musikalischen Sprache nur wenig Verständnis aufbringen.

Es ist vielleicht interessant, in diesem Zusammenhang die drei Werke zu untersuchen, welche die drei führenden Tondichter Ungarns, Bartók, Kodály und Dohnányi, 1923 anläßlich der Fünfzigjahrfeier der Vereinigung der beiden Städte Buda und Pest zur Großstadt Budapest komponiert hatten. Bartók schrieb seine seitdem weltberühmt gewordene *Tanzsuite*, Kodály sein populärstes Werk, den *Psalmus Hungaricus*, während Dohnányi seinerseits die Suite *Ruralia Hungarica* schuf, ein liebliches, etwas belangloses Opus, das heute beinahe ganz aus dem Repertoire verschwunden ist, obwohl die damalige Budapester Kritik auch das Werk von Dohnányi hoch gelobt hat. Von allen Werken Dohnányis sind es heute immer noch das jugendliche *Klavierquintett*, das sich das Lob von Brahms verdient hatte, sowie die *Ballettmusik zu Pierettes Schleier*, die sich im Repertoire halten.

Wie ich bereits erwähnte, sah es Dohnányi nicht gern, wenn Schüler dasselbe Werk mehrmals vortrugen. So mußten wir jedesmal ein neues Stück vorbereiten. Diese Methode hatte sowohl gute als auch weniger gute Auswirkungen. Selbstverständlich konnten wir auf diese Weise in den zwei, drei Jahren, die wir als Schüler der Meisterklasse mit Dohnányi verbrachten, einen großen Teil der Klavierliteratur durchnehmen. Auf der anderen Seite war es unausweichlich, daß der Lernende nicht immer alles, was Dohnányi auszusetzen hatte, in einer einzigen Unterrichtsstunde mitbekam. Es schien uns, daß Dohnányi nicht allzuviel daran lag, die Entwicklung eines Werkes unter den Fingern des Schülers didaktisch zu verfolgen. So war es mehr oder weniger Glückssache, wieviel Nutzen der Schüler aus den Bemerkungen und dem Vorspiel des Meisters zog. Auch war die allgemein bekannte Tatsache, daß Dohnányi dem Üben gegenüber eher feindlich eingestellt war, uns nicht besonders hilfreich. Es war mehr oder weniger bekannt, daß der Meister nicht allzuviel von systematischer Arbeit hielt und sich zeitlebens auf seine, in ihrer Form wohl einmalige, Genialität verließ, die ihm meist über technische Schwierigkeiten hinweghalf. Ein Spruch Dohnányis, der für den Sarkasmus seines Unterrichts charakteristisch war und den ich des öfteren aus seinem Munde gehört habe: »Wo Gefahr am größten, dort Pedal am nächsten ...«

Seitdem sind Jahrzehnte verstrichen. Heute, im Zeitalter des Hi-Fi und des Stereos, könnte man mit derartigen Grundsätzen nicht allzuweit kommen. Vielleicht erklärt sich daraus auch Dohnányis vorsichtige Einstellung zur Schallplatte. Die wenigen Grammophonplatten, die von Dohnányi heute noch erhältlich sind, vermitteln kein wahres Bild von der Größe dieses Pianisten. Er verfügte über einen hauchzarten Anschlag, und sein Spiel hatte etwas Improvisatorisches, etwas, das eben das eine Mal den Hörer total verzaubern, ein andermal jedoch nicht über die technischen Unzulänglichkeiten hinwegtäuschen konnte. Auf jeden Fall war er ein ausgesprochener Exponent der romantischen Schule, und obwohl er besonders für sein Beethoven-Spiel bekannt war, glaube ich doch, daß seine ureigenste Domäne Schumann, Schubert und Brahms waren, die er an guten Tagen unvergeßlich schön spielte.

Da er selbst also nicht viel vom Üben hielt, kann es nicht verwundern, daß er auch bei seinen Schülern das »Zuviel Arbeiten« nicht eben förderte. Ich kann mich noch genau erinnern, wie ich zum erstenmal das erste Heft der Brahms-Paganini-Variationen in der Klasse vorgetragen hatte. Viele Monate harter Arbeit lagen hinter meinem Spiel dieses Werkes, und wie hätte ich mich gefreut, wenn Dohnányi dies auch nur mit einem Wort zur Kenntnis genommen hätte. Statt dessen hörte er aufmerksam zu und sagte am Ende nur: »Du mußt aber tüchtig gearbeitet haben...«, eine etwas magere Anerkennung, nicht nur meiner Arbeit, sondern auch ihres Resultats.

Bei einer anderen Gelegenheit spielte das einzige weibliche Mitglied der Klasse, eine reizende Blondine von siebzehn Jahren, zum erstenmal die *c-moll-Sonate op. 111* von Beethoven in der Klasse – und wir alle hielten den Atem an und warteten gespannt, was der Meister diesmal zu sagen haben würde. Dohnányi hörte sich beide Sätze mit größter Aufmerksamkeit an. Nachdem die Schülerin geendet hatte, ging er zum Flügel und blätterte in den Noten, als ob er die »111« zum erstenmal sähe. Die Spannung im Raum wuchs, wurde beinahe unerträglich. Langsam, langsam, legte Dohnányi die Noten zur Seite und sprach folgenden Satz: »Meine Liebe, das Unerklärliche kann auch ich Ihnen nicht erklären.« Und gab der verlegenen Pianistin die Noten wieder zurück. Die Lektion über *Opus 111* war damit zu Ende – es ergab sich, daß dies zugleich das Ende dieses Nachmittagsunterrichts war. Beklommenen Herzens verließen wir das Haus – die Mystik des späten Beethoven schien uns in noch unerreichbarere Ferne gerückt ...

Dohnányi konnte manchmal schön sarkastisch werden, für gewöhnlich aber beschränkte er sich während langer Perioden des Unterrichts auf monosyllabische Kommentare. Wir gewöhnten uns bald so sehr an sein leise gebrummtes »Hmm«, daß eines Tages der Mutigste unter uns es auf sich nahm, folgende Bemerkung anzubringen: »Meister, heute scheinen Sie guter Laune zu sein«. »Wieso?« fragte Dohnányi erstaunt. »Sie sagten öfters ,Hmm' während der Stunde. Das bedeutet, daß Sie gut aufgelegt sind. Wären Sie es nicht, dann würden Sie nicht einmal ,Hmm' sagen.«

Mit einem Lächeln quittierte Dohnányi diese etwas freche Bemerkung, sprach aber trotzdem an diesem Nachmittag nicht mehr als üblich.

Es wäre vielleicht nicht ganz fair, würde ich diese Erinnerungen an meinen Lehrer auf dieser anekdotischen Fermate schließen. Wenn ein Schüler genügend aufgeschlossen und fähig war, zu beobachten und in sich aufzunehmen, konnte er sehr viel von dem lyrisch-gelösten, fließend-perlenden Spiel von Dohnányis profitieren. Er war einer der letzten Prototypen des romantischen Klavierspiels des neunzehnten Jahrhunderts, und wenn man mit dieser Richtung des Musizierens einverstanden war, konnten die Nachmittage, an denen wir seinem Spiel und seiner Persönlichkeit nahe waren, erfüllend und nutzreich sein.

Dohnányis Haus war für seine Schüler und Freunde jeden Sonntagnachmittag, wenn er in der ungarischen Hauptstadt weilte, offen, und als Jüngling bekam ich hier manche interessanten, musikalischen Eindrücke, auch schon bevor ich bei ihm zu studieren begann. An diesen Nachmittagen musizierte er im engsten Familienkreis mit Freunden und Kollegen die Violinsonaten von Mozart, Beethoven und Brahms, sowie Trios, Klavierquartette und Quintette der romantischen Meister. Der improvisatorische Stil, der ihm eigen war, tat diesen Aufführungen, bei denen es nicht auf technische Präzision ankam, nur gut; ich erinnere mich besonders an eine hinreißende Wiedergabe des *c-moll-Trios* von Brahms, das ich bei dieser Gelegenheit zum erstenmal gehört habe.

Auch war es Ernst von Dohnányi, den ich zum erstenmal ein Klavierkonzert vom Flügel aus dirigieren sah und hörte – eine Begebenheit, die auf mich den allergrößten Eindruck machte. An diesem Abend, der mir heute noch lebhaft im Gedächtnis haftet, spielte er nicht weniger als drei Klavierkonzerte (je eines von Bach, Mozart und Beethoven). Der Eindruck dieses Abends war so stark, daß ich sofort beschloß, als Erwachsener dereinst Ähnliches zu tun. Direkt oder indirekt bekam ich also während der Jahre, die ich als Schüler und Zuhörer in Dohnányis Nähe verbringen durfte) wichtige und unauslöschliche Impulse – sowohl im positiven wie im negativen Sinne. Es war unter dem Einfluß mancher seiner Klavierabende, daß ich mich entschlossen habe, nie ein Werk öffentlich zu spielen, das ich technisch nicht ganz überlegen beherrschte. Dohnányi bot nämlich manchmal ein abschreckendes Beispiel, dem ich auf keinen Fall Folge leisten wollte. Dagegen versuchte ich die natürliche und ungezwungene Poesie, die sein Spiel ausstrahlte, in mich aufzunehmen, was natürlich alles andere als leicht war.

Konzerte in Budapest

Es wäre eine Lüge, wenn ich behaupten würde, daß ich mich noch erinnerte, welche Stücke ich am Anfang meines Klavierstudiums gespielt habe (außer drei an anderer Stelle erwähnten kleinen Werken von Vater und Sohn Bach). Eins steht jedoch fest: Es war am Silvesterabend des Jahres 1919, daß ich mich zum ersten Male vor der Öffentlichkeit als angehender Klavierspieler gezeigt habe, wenn man überhaupt einen sechsjährigen Knirps, der ein Werk Mozarts öffentlich auswendig und, ich hoffe im nachhinein, fehlerlos vorgetragen hat, einen Klavierspieler nennen darf.

Der einzige Bruder meines Vaters war Verlagsdirektor bei einer angesehenen Budapester Zeitung. Er wohnte in Pest, hatte Frau und zwei Söhne (meine einzigen Cousins, beide inzwischen längst gestorben), und er war es, der mir die Gelegenheit bot, mich öffentlich zu produzieren. Die Zeitung veranstaltete jedes Jahr für ihre Angestellten eine Silvesterfeier. Ich erinnere mich an einen kleinen Saal, er dürfte etwa hundert Leute gefaßt haben, wo ich, im Programm nicht angezeigt, als »Überraschungsgast« die *d-moll-Phantasie* von Mozart zum Vortrag brachte. Dies war das allererste Werk, das ich öffentlich spielte, und mit ihm hat meine Karriere, wenn man das so sagen darf, feierlich – oder auch nur ganz einfach angefangen. Nicht viel blieb mir von diesem Abend in Erinnerung. Ich weiß nur, daß wir am Tag vorher nach Budapest fuhren – damals immer eine kleine Expedition, mit mindestens zweimal Umsteigen auf verschiedene Trams, damit ich in aller Ruhe den Flügel probieren konnte. Der Saal war leer und meine Mutter meinte, ich solle mir vorstellen, daß am nächsten Abend viele Leute da sein und mir zuhören würden. Dieser Aspekt der Angelegenheit störte mich überhaupt nicht. Als Kind hatte ich kein Lampenfieber – das kam erst viel später, als mir bewußt wurde, wie schwierig und verantwortungsvoll meine Aufgabe ist, und wie viele Möglichkeiten es gibt, in einem der aufzuführenden Werke etwas falsch zu machen.

In der Anfangszeit meines Studiums störte mich nur eine einzige Sache, nämlich: wenn das Klavier auf dem ich zu spielen hatte, nicht hundertprozentig rein gestimmt war. Ich litt wahnsinnig, wenn der Flügel zum Beispiel um einen Viertelton oder mehr verstimmt war, das heißt, tiefer klang, als es in den Noten stand. Ich hatte das absolute Gehör (d. h. die Fähigkeit, jeden einzelnen Ton sofort unbeirrbar und ohne Zuhilfenahme eines zweiten Bezugstones zu erkennen) vom ersten Tag an und mußte seinetwegen viele Qualen ausstehen. Um auch Nichtmusikern zu erklären, was es bedeutet, wenn man mit dem absoluten Gehör auf einem nicht gut gestimmten Flügel spielen muß, kann ich nur sagen: Es ist, wie wenn eine Schreibmaschine beim Tippen des Buchstabens A ein B auf das eingespannte Blatt setzte. Nur ist es sehr viel schlimmer. Plötzlich stimmte alles nicht mehr, die kleine Welt der Töne geriet außer Rand und Band, nichts war mehr an seinem richtigen Ort, es gab für meine sechsjährigen, unschuldigen Ohren ein riesiges, undurchsichtiges Chaos, das ich mit meinem Kindesverstand nicht bewältigen konnte.

Gerade bei der *d-moll-Phantasie* von Mozart ist die Lage im Mittelsatz bei den chromatischen Sequenzen prekär. Einige Monate früher war ich mit meinem Vater bei seinen Eltern in der kleinen Grenzstadt zwischen Ungarn und der Tschechoslowakei, wo sie wohnten, zu Besuch und wurde dort in ein gastfreundliches Haus mitgenommen, wo ich mich auf einem uralten, seit vielen Jahren nicht mehr gestimmten Klavier produzieren sollte. Ich blieb inmitten der Phantasie stecken, denn was ich am Klavier vorbrachte, stimmte überhaupt nicht mit den mir vertrauten Klängen überein.

Mein kindliches Gemüt wurde verwirrt, ich mußte abbrechen, obwohl ich genau wußte, was folgen sollte, nur konnte ich mich in dem Wirrwarr, in dem alles einen halben Ton tiefer klang, als es sollte, nicht zurechtfinden. Die ganze Welt stand schief, es war eine unheilbare Situation, die mich zur Verzweiflung brachte. Obwohl ich meiner Mutter genau erklärte, worum es ging, war sie trotzdem sehr traurig und meinte, daß dies immer wieder ab und zu vorkommen könne und daß ich trotzdem weiterspielen solle – etwas, wozu ich partout nicht imstande war. Für mich war ein C eben ein C und nicht ein halbes oder ganzes Ces – ich konnte damals meinen Ohren einfach kein X für ein U vormachen. Noch oft im Leben habe ich wegen meines absoluten Gehörs (um das mich viele beneideten) leiden müssen. Später, viel später, ohne es zu wollen oder gar zu merken, habe ich langsam dieses absolute Gehör verloren.

Genau gesagt habe ich mein Gehör nicht verloren, sondern es einfach im Schrank deponiert,wie einen Regenschirm, den man im Sonnenschein nicht mit sich nimmt, da er überflüssig ist.

Nun ja, das erste öffentliche Konzert, in dem ich auftrat, verlief ganz glimpflich. Das allergrößte Problem war nicht musikalischer Natur. Es ging darum, daß ich gegen Mitternacht zum Zuge kam.

Ich hatte bereits mehr als zwei Stunden geschlafen, in einem kleinen Raum, der am großen Saal angrenzte, als meine Eltern mich behutsam und liebevoll weckten. Plötzlich stand ich in meinem kleinen dunkelblauen Anzug mit Matrosenkragen auf der Bühne, verbeugte mich und spielte, ohne größere Fehler, die bereits seit langem einstudierte Phantasie von Mozart von Anfang bis Ende. Daran war an und für sich nichts Erstaunliches, viel erstaunlicher wäre das Gegenteil gewesen. Das hätte vielleicht das Ende meiner Künstlerlaufbahn bedeutet. Nein, das wollte, Gott sei Dank, das Schicksal nicht. Ich freute mich, daß ich etwas, was mir so selbstverständlich war wie Atmen, Essen oder Schlafen, auf Anhieb zu leisten vermochte.

Ich war in meinem Element, ich spielte Klavier. Ich tat, wofür ich geboren wurde. Somit hatte ich das erste echte Erfolgserlebnis meines Lebens. Der Sechsjährige hatte Blut geleckt, und es gab kein Zurück mehr. Ob es Kritiken gab, weiß ich nicht mehr. Aber das war ja auch nicht der Zweck der Übung.

Merkwürdigerweise spielte ich in meinem ganzen Berufsleben die *d-moll-Phantasie* von Mozart nie wieder. Wahrscheinlich mußte ich als Kind das Stück so lange üben, daß es mir später einfach verleidet war.

Bald nach dem ersten »Versuch vor Leuten« bekam ich eine »echte« Klavierprofessorin, bei der ich wöchentlich zweimal Stunden nahm. Sie war eine Schulkollegin meiner Mutter und unterrichtete mich schlecht und recht in Sachen Klavier, wie es eben zu der Zeit in Budapest üblich war.

Ich möchte hier einige Worte über die Musikstadt Budapest einfügen. Neben Wien, Berlin und Prag galt Budapest damals als eine der großen Musikstädte Europas, die Franz-Liszt-Akademie, von Liszt selbst begründet, hatte mit Recht Weltruf. Immerhin gingen aus der Franz-Liszt-Akademie Musiker wie Ormandy, Fritz Reiner, Joseph Szigéti, Antal Dorati, Georg Solti, Sándor Veress und Dutzende andere hervor, deren Namen in der Musikwelt Klang hatten. Nicht minder berühmt waren die Professoren wie Dohnányi, Béla Bartók, Zoltán Kodály, Leo Weiner.
Die Stadt wimmelte nur so von Talenten – von kleinen und großen, von echten und solchen, die es sein wollten, weil ihre Eltern es so gewünscht hatten, um auf ihre Sprößlinge stolz sein zu können. Es gab »Wunderkinder« beinahe in jeder besseren Familie, so daß ich mich nicht sehr als Einzelfall betrachten konnte. Irgendwie war ich es aber doch. Als Achtjähriger spielte ich Mozarts *Klavierkonzert KV 450* mit den Budapester Philharmonikern, mit neun Beethovens *Erstes Klavierkonzert* und mit elf Jahren das *Vierte Klavierkonzert,* sogar mit einer von mir selber komponierten Kadenz.

Wie haben meine Früheinstudierungen meine Einstellung zu diesen drei Werken beeinflußt? In allen drei Fällen ist die Antwort ziemlich einfach: Ich spiele diese Werke seit meiner Kindheit regelmäßig immer noch.

Es steht also fest – Wunderkind muß man gewesen sein, ohne das geht es nicht. (Ich kenne nur eine Ausnahme: Rachmaninow, der verhältnismäßig spät Klavier zu spielen begann und nicht nur als Komponist Weltruhm errang, sondern auch einer der größten Pianisten wurde, die je gelebt haben. Doch Ausnahmen bestätigen die Regel.) Hätte ich mich als Kind nicht an diese Werke gewagt, hätte ich diese ungeheuer schwierigen und anspruchsvollen Stücke nicht öffentlich gespielt, wäre ich mit an Sicherheit grenzender Wahrscheinlichkeit später nie ausübender Klavierkünstler geworden.

Selbstverständlich mußte ich viel üben – zwischen meinem zehnten und achtzehnten Lebensjahr, wenn andere Kinder die acht Klassen des Gymnasiums durchlaufen, saß ich täglich vier, fünf, manchmal auch sechs Stunden am Klavier. In diesen Jahren habe ich mir meine Technik (obwohl ich mit diesem Wort bei weitem nicht alles ausgedrückt haben will, was ich darunter verstehe) angeeignet. Anfangs hätte ich gern von früh bis abends am Klavier gesessen, um ein Werk der großen Meister nach dem anderen zu verschlingen, aber um dahin zu gelangen, mußte ich erst langweilige technische Übungen hinter mich bringen, Passagen, Terzen, Sexten, Oktaven einstudieren, ich mußte mit dem Pedal umgehen lernen, Schattierungen ausprobieren und noch sehr viel anderes, worüber man kaum mit Worten berichten kann. Um eine Beethovensonate zu interpretieren, mußte ich sie erst lupenrein spielen können. Ich mußte also alle in ihr vorkommenden technischen Schwierigkeiten aus dem Weg räumen, sie meistern, und all dies spielend. Es genügte nicht, mit der Sache irgendwie fertig zu werden. Ich mußte über der Materie stehen. Schon ziemlich früh in meinem musikalischen Leben wurde mir der Ausspruch Beethovens: »Was kümmert mich Ihre miserable Geige, wenn der Geist zu mir spricht?« allgegenwärtig.

Daß ich in Budapest geboren bin und in der musikalischen Atmosphäre dieser Stadt aufwuchs, machte mir vieles in meiner Laufbahn leichter. Es war mein besonderes Glück, daß ich in dieser damals so schönen und angenehmen Stadt geboren wurde und hier groß werden konnte. Genau wie in Wien, wo jeder Taxichauffeur weiß, an welchem Abend welche Oper in welcher Besetzung gespielt wird, war Budapest »von Kopf bis Fuß«, wie der Schlager sagt, auf Musik eingestellt. Ich war nicht nur zu Hause von Mutters Seite in Musik gebadet – auch sonst wurde mir alles, was auf dem Gebiet der Musik gut und teuer war, durch ständiges Anhören, Mit-der-Sache-Befassen, Mit-der-wunderbaren-Materie-Leben, mit einem Wort: Mit-der-Musik-auf-du-und-du-Verkehren, vom frühesten Alter an leicht gemacht, in den Schoß gelegt. Musik war ein natürliches Element, wie Erde und Wasser, wie Luft und Feuer – ich schwamm in ihr, ich schwelgte in Tönen, ich war wie ein Fisch im Meer.

Das Musikleben in den zwanziger und dreißiger Jahren stand dem von Wien nicht nach. Gastspiele wie die von Caruso, Schaljapin, Toscanini, Jascha Heifetz und Eugen d'Albert waren die Regel, und jede Saison hatte einige kleinere oder größere musikalische »Sensationen« zu verzeichnen, über die man in den gutbürgerlichen musikliebenden Familien noch lange sprach, wobei sie sich gelegentlich zu Legenden verdichteten.

Vielleicht erklärt eine kleine Geschichte besser, was ich hier angedeutet habe. Es ist eine Geschichte, die ich miterlebte, die ich sozusagen mitgetragen habe. Im Jahr 1927 debütierte ein unbekannter Pianist russischer Abstammung in Budapest. Er spielte nicht in der Musikakademie, wo die meisten Konzerte stattfanden, sondern im Vigado (einem mir nie sehr sympathischen Saal, schon wegen seiner ärgerlich schlechten Akustik), der aber viel mehr Menschen faßte, wohl an die vierzehnhundert statt der kaum tausend, die in der Musikakademie Platz fanden.

Nun, ich war zugegen, als der hochaufgeschossene, magere junge Mann etwas schüchtern das Podium betrat und mit der *Toccata, Arie und Fuge in C Dur* von Bach-Busoni begann. Es war stupend – das war noch nie dagewesen! Er hatte eine Technik, wie man sie in Budapest bis dahin noch nie erlebt hatte. Als zweite Nummer stand die *h-moll-Sonate* von Liszt auf dem Programm. Im Saal befanden sich kaum mehr als hundert Zuhörer, die, alle mit Freikarten, lediglich gekommen waren, um bei dem Debüt eines unbekannten Pianisten gewissermaßen zu assistieren. Kaum daß die Lisztsonate zu Ende war und noch bevor die Pause begann, rannten die Leute wie wild aus dem Saal. Unten im Foyer standen einige Münztelefone, die plötzlich umlagert waren. In aller Eile telefonierten die Anwesenden Familienangehörige, Freunde und Bekannte herbei. Binnen zwanzig Minuten war der Saal halbvoll mit Leuten, die aus allen Ecken und Enden Budapests buchstäblich herbeigerast waren, um die sensationelle Entdeckung mitzuerleben. Als sich am Ende des Konzertes das in Extase geratene Publikum die Zugaben erklatschte, war der Saal beinahe voll. So etwas habe ich weder vorher noch nachher je erlebt.

Musikalische Sensationen, sowohl im positiven wie im negativen Sinne des Wortes, verbreiteten sich wie Lauffeuer. Bei Konzertschluß wurde von der alteingesessenen Konzertdirektion Rozsavölgyi (zugleich die ersten Verleger Bartóks und Kodálys) ein zweiter Abend angekündigt, der schon am nächsten Morgen um zehn Uhr ausverkauft war.

Vladimir Horowitz, so hieß der Pianist, war ein »gemachter« Mann in Budapest – und nicht nur dort. Der Name wurde zum Stichwort, zum Fanal, und so mancher junge ungarische Pianist versuchte ihn, leider völlig erfolglos, nachzuahmen. Ich gehörte nicht zu denen, die so spielen wollten wie er. Ich war zu tief in Wilhelm Backhaus' Welt – die auf einem ganz anderen Planeten liegt – verwurzelt. Aber ich bewunderte seine wirklich phänomenalen Fähigkeiten. Wie alle anderen anwesenden Kollegen bestaunte ich mit offenem Mund die seitdem weltberühmte *Carmen-Paraphrase*, seine eigene Transkription des Zigeunerliedes aus

Bizets *Carmen*, mit der er seitdem siegreich durch die ganze Welt raste. Mit einem Wort: Horowitz brachte seine Zuhörer ins Rasen und konnte einen wortwörtlich vom Stuhl reißen. Im Laufe der Zeit traf und hörte ich Horowitz des öfteren, wo eben unsere Wege sich kreuzten. Einmal spielte er das Tschaikowskij-Konzert mit dem NBC-Sinfonieorchester in New York unter Leitung seines künftigen Schwiegervaters Arturo Toscanini, ein anderes Mal spielte er Rachmaninow in der Hollywood Bowl mit George Szell.

Vor etwa zwanzig Jahren wurde es plötzlich still um den Maestro. Er konzertierte zehn oder sogar mehr Jahre nicht mehr öffentlich. Schöpferische Pause? Niemand wußte es so genau. Dann plötzlich war er wieder da. Im April 1985 spielte er in seinem eigenen Heim in New York eine Programmfolge von einer Stunde Spieldauer, die gleichzeitig als Schallplatte veröffentlicht wurde. Ich sah dieses Konzert im Fernsehen.

Das Wiedersehen und Wiederhören mit dem großen Meister der Tasten hinterließ einige zwiespältige Eindrücke. Die große *As-Dur-Polonaise No. 6 Opus 53* von Chopin donnerte ebenso, oder fast beinahe so wie eh und je über die Klaviatur. Doch Mozarts *Sonate KV 330 in C-Dur* blieb etwas fremd, ja beinahe verfremdet. Sie klang süßlich und parfümiert, blieb weit hinter Mozarts genialer Einfachheit zurück.

Im *Choralvorspiel Nun komm, der Heiden Heiland* von Bach-Busoni konnte der Meister mit den vielen Rubati, die ganz aus dem Stil fielen, wenig überzeugen. Das *As-Dur-Impromptu* von Schubert (D 899, 4) war – auf seine Weise – schön und weich, aber ob es wohl auch auf Schuberts Weise schön war? Trotzdem: Das Klavierspiel dieses zweiundachtzigjährigen ist, wie kürzlich in Moskau, in jedem Fall ein biologisches Wunder, für das man nur dankbar sein kann.

Der größte Pianist unserer Zeit war meines Erachtens Wilhelm Backhaus. Ich verehrte und bewunderte ihn seit meiner frühesten Jugend – erst als Zuhörer in seinen Konzerten in Budapest, später als persönlichen Bekannten, fast könnte ich sagen als »Freund«. Ich habe nie in meinem Leben so viel über die Klaviersonaten Beethovens gelernt wie an den sieben Abenden, an denen er in der Saison 1938/39 in Budapest alle zweiunddreißig gespielt hat. Es war für mich eine echte Offenbarung. Der gigantische Aufschrei der ersten Takte in Beethovens letzter Sonate, *Op. 111*, dem Gipfel der Beethovenschen Klaviermusik, bleibt für mich unvergeßlich. Beethoven fand in Backhaus einen kongenialen Vermittler, der über alles erhaben war und souverän über seiner Aufgabe stand.

Als wir viel später beide in der Schweiz beheimatet waren – Backhaus in Lugano, ich in Herrliberg –, haben wir uns öfters gesehen. Als ich einmal an einen Sonntagvormittag in Radio Zürich das *C-Dur-Konzert* von Beethoven spielte, hörte Backhaus die Sendung an. »Ich hätte es auch nicht anders gespielt«, sagte er mir später. Für mich war das der musikalische Nobelpreis.

Die Ausbildung eines Pianisten ist sehr einseitig, wenn er sich ausschließlich auf sein Instrument konzentriert. Da meine Mutter selbst Pianistin war und jedes Familienmitglied mütterlicherseits ebenfalls Musiker, war bei uns Musik stets die Hauptsache. Zurück zu meiner Budapester Jugend: Schon bald – mit etwa zehn Jahren begann ich bei Leo Weiner, dem großen Theoretiker der damaligen Zeit, der selbst ein guter, wenn auch nicht an Bartók und Kódaly heranreichender Komponist war, Musiktheorie zu studieren. Es galt zuerst Harmonielehre, dann Formen- und Kompositionslehre durchzuarbeiten. Wöchentlich zweimal fuhr ich in Begleitung eines Erwachsenen in die altmodische Wohnung des Professors, wo ich erst alle zweihunderteinundsiebzig Bach-Choräle analysierte und dann zu jeder Stimme selbst einen viersätzigen Satz (Choral) schreiben mußte. Beim Baß und auch beim Sopran war das noch verhältnismäßig einfach. Schon viel schwieriger wurde es, wenn ich zu der Tenor- oder Altstimme die fehlenden anderen drei Stimmen selbst komponieren mußte. Die Unterweisung im »strengen Satz«, wie es heißt, war für mich eine wunderbare Lehre fürs ganze Leben. Genauso lernte ich immens viel, als wir anfingen, die zweiunddreißig Klaviersonaten Beethovens und anschließend die siebzehn Streichquartette auf Form zu untersuchen. Lied, Sonate und Rondoform wurden gründlich studiert, analysiert und »verdaut«. Dann kam das wohl Schwierigste, was ich je im Leben in Musik gelernt habe: Weiner und ich machten uns an den ersten Akt von Wagners »Tristan«, wobei jeder Akkord untersucht, nach seiner musikalischen Struktur und Funktion aufs genaueste untersucht wurde. Das theoretische Fundament für meine Arbeit, das ich durch den Unterricht bei Leo Weiner gewann, hat mir später zweifellos entscheidend geholfen, die schwierige Phase durchzustehen, in der das Wunderkind aufwacht und feststellt, daß es kein Kind mehr ist – und also auch kein Wunderkind mehr.

Debüt und Heirat in den USA

Ich verließ Budapest im März 1939 um nach Paris zu gehen, wo ich mit dem Orchestre Lamoureux das *d-moll-Konzert* von Brahms spielte. Es war das erste Konzert einer europäischen Tournee, die mich anschließend eine Anzahl von Konzerten in Holland bestreiten ließ, dann weiter nach London führte, wo ich mein lange erwartetes Debüt in der damals berühmten Aeolian Hall gab. Von dort ging es zu mehreren

Konzerten in Dänemark und Norwegen. Aber daß ich meine Heimatstadt bis 1948 nicht wiedersehen würde, und dann als amerikanischer Staatsbürger, das ahnte ich während dieser Tournee nicht.

Nach meinem Konzert in Oslo fuhr ich mit dem Zug quer durch das schöne Land Norwegen nach Bergen, um meinen Onkel Stefan zu besuchen. Nachdem er sich vom Budapester Streichquartett zurückgezogen hatte, kaufte er sich ein kleines Häuschen außerhalb von Bergen, gegenüber von Eduard Griegs Haus, und lebte mit seiner österreichischen Frau Hedwig unterrichtend und viel spazierend ein idyllisches Leben. Ich verbrachte mehrere Wochen bei ihm, bevor ich die Einladung seiner besten Freunde, der Familie Ekström, annahm, um weitere Sommerwochen in ihrem großzügigen Haus außerhalb Stockholms in Ahlby zu verbringen. Die Ekströms waren eine außerordentlich liebe und großzügige Familie. Da einer ihrer Söhne mit mir gleichaltrig war und wir gute Freunde wurden, wollten sie mich noch mehrere Wochen als ihren Gast behalten, um so mehr, als meine Eltern in täglichen Briefen mich vor dem Nachhausekommen warnten. Ich würde im Augenblick meiner Rückkehr zum Militär eingezogen, schrieben sie, da Hitlers Einfluß in Ungarn immer stärker werde und der Krieg in der Luft hänge. Ich war nicht für das Schießen geboren. Ich wollte nicht Soldat werden. Ich wollte nur Klavier spielen. So blieb ich bei den Ekströms und erfuhr – zum erstenmal in meinem Leben – was es bedeutet, auf Dauer im Ausland allein zu sein. Nie hatte ich daran gedacht, daß so etwas vorkommen könnte. Wenn jemand an seinem Zuhause, seiner Familie, seiner gewohnten Umgebung, seinem Land hing, dann war es ich. Aber Soldat wollte ich nicht werden – und so blieb ich. Die schwarzen Wolken des drohenden Krieges wuchsen täglich in ganz Europa. Plötzlich erhielt ich eine Einladung nach Helsinki – ich sollte im dortigen Rundfunk

Beethovens *Erstes Klavierkonzert* spielen. Eine große Freude! Ich hatte dadurch einen legitimen Grund, im Ausland zu bleiben und obendrein ein Land kennenzulernen, über das ich so viel Schönes gehört hatte, auch dies, daß die Finnen einen Ungarn immer als einen irgendwie »Verwandten« mit Freude erwarteten. Am 31. August 1939 nahm ich ein Schiff von Stockholm nach Helsinki. Am Pier erwartete mich ein junger Mann aus Budapest, der ebenfalls, um dem Militärdienst zu entkommen, im Ausland bleiben wollte. Er lud mich in seine bescheidene Pension ein, um sein Zimmer mit mir zu teilen. Ich war beruhigt, daß ich nicht allein in Helsinki war, und ging in guter Laune schlafen – nur um am nächsten Morgen mit der schrecklichen Nachricht geweckt zu werden, daß der Krieg ausgebrochen sei. Und ich war noch so jung, so unerfahren, so weltfremd, so schrecklich weit weg von zu Hause, allein, ohne jedwelche Stütze! Überall in Helsinki begann man Schützengräben auszuheben. Der Krieg zwischen Finnland und Rußland wurde jeden Augenblick erwartet.

Drei Monate vergingen so, als ein Wunder geschah. Ich erhielt ein für drei Monate gültiges sogenanntes »visitors visa« für die USA, kurz bevor ich gezwungen gewesen wäre, unverzüglich nach Budapest und in die Armee zu gehen. Ich nahm das erstmögliche Schiff nach Stockholm, fuhr von dort weiter mit dem Zug nach Oslo, wo ich Ende November das norwegische Schiff *Stavangerfjord* bestieg. Mein Glück war vollkommen, als ich erfuhr, daß das Schiff auf dem Weg nach New York einen mehrstündigen Halt in Bergen machen würde. Ich konnte mich also von Onkel Stefan und Tante Hedwig noch verabschieden.

Die Überfahrt dauerte neun Tage – für mich neun Tage der Seekrankheit. Aber am 2. Dezember schien meine Odyssee zu Ende. Ich war in New York – und ich hatte ein kleines Vermögen in meiner Tasche – fünfzig Dollar. Und auch ein Engagement – die Basis für mein Visum –, ein Engagement als Solist mit dem Orchester der NBC Music Hall on the Air.

Am 7. Januar 1940 spielte ich hier mit dem kleinen, vitalen ungarischen Dirigenten der Radio City Music Hall, Erno Rapee, Beethovens *Viertes Klavierkonzert*. Ich bekam das von der Musicians Union vorgeschriebene Minimumhonorar von fünfzig Dollar. Das war mein erster Verdienst in Amerika, und er bedeutete viel für mich. Was aber noch viel mehr für mich bedeutete, war, daß ich hier etwas bekam, was mein ganzes Leben änderte. Ich traf hier ein junges Mädchen, das Rapee einlud, meinem amerikanischen Debüt beizuwohnen und darüber für Budapest zu berichten. Sie war Journalistin, Mitarbeiterin des größten ungarischen Zeitungskonzerns Estlapok. – Schicksal.

Ich habe viele Mädchen gekannt, aber keines, das mich beim ersten Augenblick gleich »elektrisiert« hätte. Da war etwas in diesem jungen Mädchen, da strahlte etwas aus ihr, das ich niemals vorher erlebt hatte. Beschreiben kann ich dieses Etwas nicht. Ich wußte nur, daß ich dieses Mädchen wiedersehen mußte. Am Ende des Konzerts, das im ganzen Land zu hören war, die sogenannte »Coast to Coast«-Show – rannte ich zu ihr und erreichte sie gerade noch, als sie durch die schwere Tür, die das Studio vom Foyer trennte, hinausgehen wollte. Ich würde gern behaupten, daß der Blitz, der mich voll traf, beidseitig gewesen wäre, aber das war nicht der Fall. Ich mußte hart »arbeiten«, bis dann auch bei ihr der Funke sprang. Aber auch das war sehr schön.

Jetzt fragte ich sie, ob sie am nächsten Tag mit mir Mittag essen wolle. Geld hatte ich ja – soeben selbstverdiente fünfzig Dollar. Zum Glück sagte sie zu. Wir gingen in ein kleines französisches Restaurant nahe bei Radio City. Und wir sprachen und sprachen und sprachen viele Stunden lang. Sie hieß Lili Rendy, stammte aus der siebenbürgischen Stadt

Satu-Mare, war das einzige Kind ihrer Eltern, ihr Vater war Rechtsanwalt.

Am selben Abend gingen wir auch noch ins Kino, um *Gullivers Reise* anzuschauen. Der Film interessierte uns aber nicht besonders. Danach trafen wir uns täglich, und bald kam für uns beide die Einsicht, daß das Leben für uns beide viel schöner wäre, wenn wir uns nicht mehr trennen müßten. Doch ich erhielt eine Einladung vom weltberühmten Geiger Joseph Szigéti, der mich am Radio gehört hatte: Ob ich bereit sei, mit ihm drei Monate lang in verschiedenen Städten der USA und Kanadas Sonatenabende zu geben. Natürlich akzeptierte ich diese schöne Einladung, und so konnten wir uns bis Mitte April nicht sehen. In der Zwischenzeit erfuhr ich durch ein Telegramm, daß mein Vater gestorben war – an Magenkrebs.

Am 4. Juni, im Sidewalkcafé des Hotels St. Moritz am Central Park, bat ich um Lilis Hand. Und am 1. Juli fuhren wir nach Elkton, Maryland, dem Gretna Green von Amerika, um dort mit einer wunderschönen Zeremonie zu heiraten. Ein junger Priester in einer kleinen Kapelle, der es instinktiv fühlte, wie verliebt wir ineinander waren, wie heilig für uns die Ehe war, sprach unvergeßlich schön zu uns, und wir kehrten nach New York als Mr. and Mrs. Andor Foldes zurück. Ein junges, unerfahrenes Paar, zwei Ungarn, mitten im Krieg in Amerika, zwei unverbesserliche Idealisten mit unerschütterlichem Glauben und Vertrauen in die Zukunft.

Themen, die ich nie ausgearbeitet habe

Heute würde man sie »Materialien zu neuen Stoffen« nennen. Altmodisch, wie ich nun einmal bin, bevorzuge ich die Formulierung: Themen, die ich nie ausgearbeitet habe.

Es sind dies Gedächtnisfetzen, kleine Reste großer Jugendträume (zu stark herabgesetzten Preisen), geträumt in einer Zeit, wo ich stolz und kindisch daran glaubte, daß ein Mensch Diener zweier Herren sein könne, nämlich der Musik und der Literatur. Ich wußte damals noch nicht, daß die Musik ein solch großer Tyrann ist – sie duldet keine Nebenbuhler ...

Ich erinnere mich genau an das kleine, schwarze Notizbüchlein, in dem ich als Fünfzehn-, Sechszehnjähriger emsig Themen, die mir gerade einfielen, eingetragen habe. Themen wofür und wozu? Es sollten Schauspiele, Dramen, Novellen, Romane werden – alles, woran sich meine pubertäre Phantasie entzünden konnte. Auch Gedichte schrieb ich am Anfang, doch habe ich das bald in weiser Selbstkritik wegen Mangels an Reimkunst aufgegeben (damals kannte ich noch keine reimlosen Gedichte – schade). Als ich dann etwas später Rainer Maria Rilke für mich entdeckte (es war ein unvergeßlicher Tag, ich bin beinahe wild geworden vor Freude), da erkannte ich meinen früher gefaßten Entschluß als völlig gerechtfertigt. Natürlich spiegelten sich in allen meinen »Themen« Motive aus Werken von Ibsen, Strindberg, Thomas Mann, Romain Rolland, Edgar Allan Poe wider – Dichter, die ich damals zum erstenmal las.

Shakespeare, Goethe, Dostojewskij – diese großen, einsamen, einmaligen Genies wollte ich allerdings nie nachahmen. Vielleicht weist dies doch auf eine gewisse gesunde Zurückhaltung, obwohl eine immer noch sehr unbescheidene Einschätzung des eigenen Schreibvermögens hin.

Nun, hier sind einige Themen, die ich seit Jahrzehnten nicht losgeworden bin. Vielleicht erbarmt sich jemand ihrer und macht etwas aus ihnen, *den* Roman, *die* Novelle, *das* Stück, das ich immer selbst schreiben wollte, aber nie zu schreiben imstande war.

Der Mann, der Träume verkauft

Ein alter Mann wandert durch die Welt. Er ist nicht wohlhabend, aber was er zu bieten hat, ist unbezahlbar. Er verkauft Träume an arme Kinder, die sie besonders nötig haben. Reiche Kinder können sie nicht kaufen, da die Träume für Geld nicht erhältlich sind. Ein armes Kind, vielleicht ein Waisenkind, dessen ganze Habe ein Wurm in einer Schachtel ist, den es füttert und betreut, kann sich einen Traum erwerben, wenn es gewillt ist, sich von seinem Schützling zu trennen. Der alte Mann erzählt den Traum, der sofort sichtbar wird, und die Kinder können jeweils den Traum erwerben, der ihnen am meisten zusagt.

Bald haben die Erwachsenen auch erfahren, worum es geht, und jemand erstattet Anzeige gegen den alten Mann, der die Kinder »aufrührerisch verführen« will. Er wird vor Gericht gestellt und verurteilt, doch die Kinder strömen in den Gerichtssaal und verhindern die Verurteilung. Sie beschützen ihn mit ihren eigenen Körpern und tragen ihn triumphierend zurück in die Freiheit.

Wohlgemerkt, es geht nicht um Märchen, sondern um Träume – dies ist ein großer, ein wesentlicher Unterschied. Märchen kann man wiedererzählen, verbreiten, sie gehören, sobald sie jemand einem anderen weitergegeben hat, der ganzen Welt. Träume dagegen sind individuell, unsichtbar und unteilbar. Darin liegen die Größe des alten Mannes und seine einmalige Wirkung.

Der Mann, der in den Mond schaut

Die Geschichte beginnt in einem kleinen Dorf, wo der Held unserer Geschichte ein einfacher Arbeiter ist, der einen hochtalentierten Sohn hat. Vater und Sohn verstehen sich jedoch nicht sehr gut.

Der Sohn will weg, zur Hochschule und Universität, der Vater hingegen will sein einziges Kind um jeden Preis im Dorf zurückbehalten, im Dorf, wo er geboren ist und wo das Kind (nach dem Gefühl des Vaters) viel glücklicher werden wird als in der Großstadt, wo schon so viele zugrunde gegangen sind. Es gibt eine echte Haßliebe zwischen Vater und Sohn. Am Ende siegt der Jüngling und verläßt Vater und Familie und zieht in weite Fernen, wo er studieren kann.

Viele Jahre vergehen, der Alte hat es bereits aufgegeben, je wieder seinen Sohn zurückzubekommen. Aber er hofft, daß er noch einmal vor seinem Tod den Sprößling, auf den er ungemein stolz ist, irgendwie irgendwo treffen wird.

Plötzlich geht eine große Unruhe durchs Dorf. Es steht in der Zeitung, daß der Junge ein weltberühmter Ingenieur geworden ist und eine Mondrakete plant, mit der er zum Mond fliegen will. (Die Geschichte stammt aus dem Jahr 1927 – viele Jahre vor der NASA, aber nicht ohne tätige Mithilfe eines gewissen Jules Verne ...) Der Vater ist sehr stolz und hofft auf ein baldiges Wiedersehen. Statt dessen verkünden die Zeitungen daß die Rakete nun fertig sei und der Aufstieg unmittelbar bevorsteht. Niemand im Dorf kann über etwas anderes sprechen – die Aufregung ist unsagbar. Der große Moment kommt, die Rakete ist glücklich gestartet, doch dann folgt eine große Stille, man hört nichts mehr. Es scheint, daß sie im Weltall verschollen ist ...

Der Vater kann, will daran nicht glauben. Seinem Sohn kann ein solches Schicksal nicht zuteil werden. Er kauft sich ein Fernrohr, setzt sich an den Waldrand und schaut zum Mond hinauf, in der Hoffnung, daß er seinen Sohn vielleicht wiedersehen wird. Es vergehen Tage und Nächte, nichts geschieht.

Der alte Mann verharrt mit dem Fernrohr an seinem Platz, er hofft, nein, er weiß, daß er eines Tages seinen Sohn, der jetzt auf dem Mond ist, wiedersehen wird.

Hier endet meine *Story*, die keine Moral hat.

Der Erfinder

Ein junger Arzt ist nahe daran, eine phantastische Erfindung zu machen, *die* Erfindung des zwanzigsten Jahrhunderts. Es ist ihm eine *idée fixe* geworden, er vernachlässigt alles, um sich dieser Sache zu widmen, und verbringt Tag und Nacht im Labor. Es geht darum, das Serum des ewigen Lebens zu finden.

In seinem Eifer betet er zu Gott, ihm genügend Zeit auf Erden zu gewähren, damit er sein Ziel erreichen kann.

Gott spricht zu ihm und verspricht ihm, ihm in seinem großen Vorhaben beizustehen, aber nur unter einer Bedingung – er selbst darf das Mittel nicht als erster nehmen.

Der Arzt legt sich fest, aber im geheimen hofft er den Herrn zu überspielen. Erst soll das Mittel fertig sein, und dann, husch, in einer Sekunde kann er mit einem einzigen Schluck das ewige Leben erlangen.

Nach über dreißig Jahren Arbeit ist es endlich soweit. Der junge Mann ist über der unmenschlichen Arbeit und Anstrengung frühzeitig ein Greis geworden. Er hat sein ganzes Leben dieser Arbeit geopfert – nun ist er seinem Ziel nahe.

Als alles fertig ist, greift er zu der Flasche mit dem Serum, aber er kann sie nicht mehr zum Mund führen – Herzschlag – eine Sekunde zu früh.

Damit hat diese Geschichte nun doch eine kleine Moral, wenn auch keine tröstliche.

Erich Kleiber

In der Saison 1937/38 dachte sich eine Budapester Konzertdirektion eine besondere Attraktion aus, mit der sie das scheinbar schon damals müde Publikum in die Konzertsäle zu locken hoffte: Sie veranstaltete einen Beethoven-Zyklus mit allen Sinfonien und Klavierkonzerten an sechs Abenden und lud den damals in Ungarn gerade sehr berühmt gewordenen Erich Kleiber als Dirigenten für sämtliche Konzerte ein. Kleiber hatte einige Jahre zuvor mit nahezu sensationellem Erfolg in Budapest mit Mahlers *3. Sinfonie* debütiert, und – so dachten sich die kommerziell-klugen Manager – sein Name allein würde nun ausverkaufte Häuser sichern. Ich selbst hatte damals das Glück, die beiden Aufführungen der *3. Mahler-Sinfonie*, samt einigen Proben unter Kleiber, zu erleben, und ich erhielt einen unauslöschlichen Eindruck von dieser ersten Begegnung mit dem großen Dirigenten. Es war für mich gleichzeitig die erste Begegnung mit einem sinfonischen Werk Mahlers.

Allerlei Legenden machten die Runde in musikalischen Kreisen über Kleibers Art und Weise, wie er das Orchester und besonders den Chor dieses gigantischen Werkes auf Anhieb »gezähmt« habe. Bekanntlich verwendet Mahler in dieser Sinfonie sowohl Damen- wie auch Kinderchor, und es ist für den Dirigenten, besonders wenn er der Sprache des Landes unkundig ist, nicht gerade leicht, sich sofort zu behaupten, besonders bei diesem äußerst schwierigen Werk. Und gerade das gelang Kleiber in einer nahezu verblüffenden Weise mit Hilfe zweier ganz einfacher psychologischer »Kunstgriffe«, über die man noch jahrelang in Budapest mit großer Bewunderung sprach.

Bei der allerersten Probe, als die Schar der singenden Damen sich voller Neugierde gegenüber dem unbekannten Dirigenten auf das Podium drängte, begann Kleiber mit einer besonders gründlichen Probe des »Aufstehens« und »Niedersetzens«. Volle zehn Minuten exerzierte er in strengster militärischer Disziplin die bald völlig eingeschüchterten Sängerinnen in der Kunst dieser beiden Bewegungen – bis sie mit der Präzision einer Tiller-Girl-Nummer abliefen. Erst als die ganz erschöpften Damen (denen dergleichen noch nie geschehen war) »mürbe« waren, gab sich der Dirigent mit einem zufriedenen Lächeln wieder betont angenehm, und die eigentliche Probe konnte ihren Anfang nehmen.

Bei dem Knabenchor benutzte er eine ganz andere, jedoch genauso wirksame Methode. Er begrüßte die Jünglinge mit einem froh-munteren »Joreggelt gyerekek« (Guten Morgen, Kinder) auf ungarisch, und schon war das Eis gebrochen. In beiden Fällen erreichte er genau das, was er wollte: Die Damen wie die Jungen folgten ihm blindlings, und das Resultat war eine elektrisierende Aufführung, die sowohl für Mahler als auch für Kleiber ein voller Erfolg wurde.

Kurz und gut, dieser Mann, der das äußerst anspruchsvolle Budapester Konzertpublikum (bei dem ja ein Caruso, ein Galli-Curci und noch viele andere Künstler erbarmungslos »durchgefallen« sind) im Sturm eroberte, sollte nun alle Beethovensinfonien dirigieren, und nur eine Frage blieb offen: welche Pianisten die fünf Klavierkonzerte spielen sollten. Für das *c-moll-*, *G-Dur-* und *Es-Dur-Konzert* konnte man leicht Künstler finden. Edwin Fischer, Gieseking und – wenn ich mich richtig erinnere – Arthur Schnabel waren die Auserwählten. Für das seltener gespielte in *C-Dur* »opferte« sich mein Lehrer Ernst von Dohnányi, der es sich nicht nehmen ließ, als Solist dem ganzen Zyklus zu einem glanzvollen Start zu verhelfen. Es blieb also nur noch die Frage des *B-Dur-Konzerts*, dieses Stiefkindes unter den fünf Beethovenkonzerten, das meist von Anfängern oder Schülern gespielt wird – sehr zu Unrecht –, da sich die berühmten Künstler oft weigerten, das herrliche Jugend-Meisterwerk aufzuführen, weil es ihnen »zu leicht« scheint. Der geniale Erich Kleiber wußte auch hier eine glückliche Lösung.

Ein junger ungarischer Nachwuchspianist sollte als der einzige noch nicht arrivierte Künstler dieses Werk darbieten. Und die Art und Weise, wie man diesen Glücklichen aus der Schar der vielen verheißungsvollen talentierten Ungarn am besten auswählen könnte? Durch ein Probespiel, eine Art von privatem Wettbewerb, den die Konzertdirektion und Kleiber gemeinsam veranstalteten und der an einem trüben Oktobermorgen des Jahres 1937 im großen Saal der Franz-Liszt-Musikakademie in Budapest vor sich ging.

Nachdem wohl keiner der in Frage kommenden Hoffnungsvollen gerade dieses Werk im Repertoire hatte (welcher junger Künstler wollte sich je bewußt als Anfänger ausgeben?), mußten alle eingeladenen Pianisten ein Stückchen Beethoven *Es-Dur-Konzert* spielen, – ein Werk, von dem man annahm, daß es alle sicherlich »draufhatten«. Ich kann mich heute nicht mehr genau erinnern, wer alles an diesem Probespiel teilnahm – die beiden Namen von Annie Fischer und Georg Sandor kann ich jedoch mit Bestimmtheit anführen.

Als ich selbst zum Spielen kam, forderte mich Kleiber auf, die einleitenden Kadenzen des ersten Satzes sowie den Anfang des dritten Satzes zu spielen. Es vergingen einige aufregende Minuten für mich, doch schon bald unterbrach mich die Stimme Kleibers jäh mitten in einer Passage. »Danke«, sagte die Stimme, »das genügt«, und ich wurde mit einer energischen Handbewegung zum Meister gerufen. Es folgten einige Fragen über mein Alter, meine Ausbildung, bisherige Konzerterfahrung und dergleichen, und schon wurde mir die beglückende Nachricht mitgeteilt: Ich war auserkoren, als der einzige junge Künstler neben den berühmten Größen das *B-Dur-Konzert* im Zyklus zu spielen.

Es war dies das erste Mal, daß ich an einem Beethoven-Zyklus internationalen Ranges teilnehmen durfte. Es war auch mein erstes Musizieren mit Kleiber. Zugleich war es das erste Mal, daß ich dieses Werk öffentlich gespielt habe.

Knappe drei Monate hatte ich Zeit, um es »konzertreif« einzustudieren. Anfang Januar 1938 fand das Konzert im großen Saal der Redoute statt, und voll freudiger Erregung sah ich der ersten Probe entgegen. Erich Kleiber war der allererste große internationale Dirigent, mit dem ich zusammen auftreten durfte, und selbstverständlich war diese Begebenheit für mich von größter Bedeutung. Das *B-Dur-Konzert* war das vierte Beethoven-Klavierkonzert, das ich studierte und spielte. Mit neun Jahren hatte ich das *C-Dur* öffentlich in einem Konzert des ungarischen Philharmonischen Orchesters als »Wunderkind« gespielt, und ein Jahr später hatte ich mich (d. h. hatten meine unvorsichtigen Lehrer sich) bereits an das *G-Dur-Konzert* herangewagt. Als »gesetzter« Jüngling von achtzehn habe ich das *Es-Dur-Konzert* zum erstenmal – mit Begleitung des Budapester Rundfunkorchesters unter Dohnányi – gespielt, und nun sollte ich als reifer Vierundzwanzigjähriger in der Gesellschaft von Edwin Fischer, Walter Gieseking, Arthur Schnabel und Ernst von Dohnányi das »leichte« *B-Dur* aufführen, das während der Zeit des eifrigen Studierens sich als gar nicht so leicht entpuppt hatte. Ganz besonders faszinierte mich die Kadenz des ersten Satzes, die Beethoven ja bekanntlich erst viele Jahre nach der Entstehung des Werkes aus irgendeinem Anlaß komponierte und die bereits alle Merkmale des späten Beethoven trägt und eigentlich viel mehr in die Periode der Hammerklaviersonate gehört als zu den Werken der frühen, sonnigen Wiener Jahre.

Während der Proben (es gab deren zwei, außer der Generalprobe) horchte ich emsig auf jedes Wort Kleibers. Mit äußerst sparsamen Bewegungen leitete er das Orchester, während er mit einem Auge fortwährend und unentwegt über mich und mein Tun auf dem Flügel wachte. Selten habe ich so viel über Zusammenspiel, überhaupt über

Beethovenstil gelernt, wie in diesen beiden Proben damals in Budapest. Besonders beeindruckte mich die Art und Weise, wie der Meister das eben noch die *Eroica* wuchtig herunterdonnernde Orchester zurücknahm und auf eine beinahe Haydnsche Manier, ganz im Sinne des achtzehnten Jahrhunderts, musizieren ließ. Ich hatte gar keine Mühe, um mit dem brillanten Klavierpart »durchzukommen« – plötzlich war das Zusammenspiel federnd und leicht, die Funken begannen zu sprühen, das Leben wurde zu einer Wonne, und mein Auftreten mit Erich Kleiber gestaltete sich zu einem großen Erfolg für mich, den jungen Pianisten, der zum erstenmal im „großen Beethoven-Zyklus" spielen durfte.

Als heimlicher Gast bei einer Toscanini-Probe

Als Musikstudent und angehender Pianist lernte ich unendlich viel vom Besuch der Orchesterproben, die die vielen Gastdirigenten mit den Budapester Philharmonikern abhielten. In erster Linie denke ich an solche Meister des Taktstockes wie Bruno Walter, Wilhelm Furtwängler, Erich Kleiber, Fritz Busch und einige andere, die ich erleben konnte und die mir und meinen Schülerkollegen viele interessante Anregungen boten. Eines meiner aufregendsten Erlebnisse verdanke ich jedoch, wie es so oft im Leben der Fall ist, der zufälligen Gunst des Schicksals.

Im Frühjahr 1937, als ich dreiundzwanzig Jahre alt war, fuhr ich zu meiner ersten Konzertreise nach Skandinavien, und zwar waren zwei Soloabende vorgesehen: je einer in Stockholm und Kopenhagen. Mein Konzert in Stockholm fand an einem Montag im Kleinen Saal des dortigen prunkvollen Konzerthauses statt, sicherlich einem der architektonisch schönsten Säle Europas. Ich traf am Vorabend des Konzerts in der schwedischen Hauptstadt ein, und es war vorgesehen, daß ich den ganzen Montagvormittag im Kleinen Saal verbringen würde, teils um den Flügel, teils um die Akustik des mir fremden Saales gründlich kennenzulernen. Ich hatte ein anspruchsvolles Programm: unter anderm die Bach-Busonische *Orgeltoccata, Aria und Fuge in C-Dur*, eine kleine Beethovensonate, beide Bände der *Paganini-Variationen* von Brahms, sowie nach der Pause die damals noch als neu geltende *Sonate* Béla Bartóks von 1926 und zum Schluß die *Marosszéker Tänze* von Zoltán Kodály.

Statt Piano …

Gut ausgeschlafen und frohen Gemütes begab ich mich zum Konzerthaus. Als ich jedoch das Foyer betrat, das den großen Saal mit dem Kleinen verbindet, hörte ich Laute aus dem benachbarten Großen Saal, die mich stutzig machten. Es waren Orchesterklänge, und ich wähnte eine Brahmssinfonie zu erkennen. Um meine Neugier zu stillen, warf ich einen Blick in den Großen Saal. Auf dem breiten Podium saß ein Orchester (wie sich später herausstellte, war es das Nationalorchester Schwedens), und ich glaubte im Dirigenten die kleine, schmächtige, hagere Gestalt Arturo Toscaninis zu erkennen.

Ich traute meinen Augen kaum. Schon einmal hatte ich die große Freude gehabt, den legendären italienischen Dirigenten persönlich erleben zu dürfen. Es war dies bei einem Konzert der Wiener Philharmoniker in Budapest, bei dem er nicht nur die 9. Sinfonie, sondern auch das große Meisterwerk Kodálys, den *Psalmus Hungaricus*, zur Aufführung brachte. Damals hatte ich in einer der letzten Reihen des großen Städtischen Theaters gesessen und begeistert den

Klängen gelauscht, die der Meister aus den Wiener Philharmonikern, dem Wiener Opernchor und seinen glänzenden Gesangssolisten hervorzaubern konnte.

Nun stand ich also in der kaum einen Spalt geöffneten Tür des Großen Konzerthaussaales in Stockholm und wußte, daß ich ein schreckliches Dilemma zu lösen hatte. Mein innerer Kampf dauerte kaum einige Sekunden. Rasch entschlossen, schlich ich in den Saal und verkroch mich hinter einer der mächtigen griechischen Säulen, die den Mittelgang von den Seitengängen trennten. Ich hatte die Wahl, entweder zu probieren und mich dadurch auf mein Debütkonzert am selben Abend in Stockholm vorzubereiten, oder dem sündhaften Luxus zu frönen der Toscanini-Probe der *Ersten Sinfonie* von Brahms beizuwohnen, einer Probe, die vor kurzem erst angefangen haben konnte.

Ganz still und ohne Aufsehen zu erregen, blieb ich nun hinter der Säule sitzen und hörte, wie der bereits greise Meister die *c-moll-Sinfonie* von Brahms dem schwedischen Orchester (das er bei dieser Gelegenheit zum erstenmal dirigierte, wie ich später erfuhr) mit groß-ausholenden Gesten, mit lauten, italienischen Sätzen zu vermitteln versuchte, deren Skala, soweit ich es vernehmen konnte, vom innigen Bitten bis zu energischem Fluchen reichte.

Es war ein einmaliges Erlebnis: Der Zufall wollte es, daß ich gerade dieses Werk von Brahms damals erst flüchtig kannte. Natürlich hatte ich es bereits öfter in Konzerten gehört, noch nie jedoch die Partitur eingehend studiert. Der Vormittag meines Einführungskonzertes in Stockholm war also vom Schicksal dazu bestimmt, mich mit den Mysterien dieses Meisterwerkes bekannt zu machen. Leider hatte ich keine Noten zur Hand, in denen ich die Geschehnisse hätte verfolgen können, jedoch probierte Toscanini so eindringlich, wiederholte er einzelne, wichtige Passagen so oft und machte sich in seinen Erklärungen so deutlich, daß ich, der damals weder Italienisch noch Schwedisch verstand, genau wußte, worum es ging. Die Sinfonie wurde in einer unerhört plastischen Weise lebendig. Toscanini insistierte, bis der letzte Spieler am hintersten Pult aufs genaueste begriffen hatte, worauf es ihm ankam. Er ruhte nicht eher, als bis er dieses (vielleicht für unsere Begriffe etwas kühle und nicht leicht aufzuwärmende) Orchester so angefeuert hatte, daß es weit über seine eigenen Begriffe in Ekstase geriet und besser spielte, als es sich wohl je zugetraut hatte.

Toscanini sang einige Partien mit seiner rauhen und wahrhaftig alles andere als schönen Stimme vor. Er schlug den Takt mit den Fäusten auf seinem Pult, er stampfte mit den Füßen, er schrie, er flehte die Musiker an, er bat sie, er befahl ihnen, er tat alles Menschenmögliche, um das herauszubringen, was er mit seinen inneren Ohren zu hören vermochte. Er ließ nicht locker, bis er am Ende des ersten Satzes diesen Musikern, die er zum erstenmal im Leben vor sich sah, den hämmernden Rhythmus des Sechsachteltaktes in all seiner Kompromißlosigkeit eingeprägt hatte.

Jetzt kam der zweite Satz: Hier erinnere ich mich besonders der Stelle, wo nach dem Thema die ersten Geigen gen Himmel streben, während die zweiten Geigen und die Bratschen im punktierten Rhythmus die Begleitung spielen. Er sprach hier vom Überirdischen, vom Transzendentalen, und siehe da, plötzlich blühte die Musik auf, von den spröden, zurückhaltenden schwedischen Geigen baute sich eine Leiter aus Tönen auf, eine Leiter die steil in die Höhe zu gehen schien. Ich verlor mich ganz im Zauberreich der Klänge: Die Zeit stand still, der Raum schien ins Nichts zu verschwinden, es blieb nur die Brahmssinfonie übrig, die mich auf ihren schimmernden Flügeln in ein schöneres, höheres Reich entführte.

Allzuschnell war es Mittag geworden, die Probe endete, und ich war müde vor lauter angespanntem Zuhören. Auch hatte ich ein etwas schlechtes Gewissen. Ich war ja in der Frühe gekommen, um den Flügel zu probieren, und hatte nun, wo es Mittag war, noch keinen einzigen Ton gespielt. Die Musiker strömten aus dem Saal. Ich hielt einen an und versuchte ihn auf deutsch zu befragen, wann die nächste Probe stattfinden würde. »Heute nachmittag von zwei bis fünf«, antwortete er mir und verließ hastig den Saal, um sich zum Mittagessen zu begeben. Ich ging in mein Hotel zurück, aß rasch und war flugs, um ja keinen Ton zu verlieren, wieder an meinem Platz hinter einer der großen Säulen auf der rechten Seite. Am Nachmittag probierte Toscanini ein Werk von Busoni, *Harlekins Reigen* (ursprünglich *Rondo Arlecchinesco* genannt), das ich überhaupt nicht kannte, ein kurzes Stück für Orchester und Tenorsolo. Ein älterer, würdiger Herr kam aufs Podium, der Heldentenor der Schwedischen Oper, der für die schwierige, weil heikle Tenorpartie vorgesehen war. Aber kaum begann er zu singen, als Toscanini ungehalten zu werden schien und ihn aufforderte, mit mehr Stimme zu singen. Der arme Tenor versuchte alles, was in seiner Macht stand, er tat sichtlich sein Bestes, doch für den Meister war dies anscheinend nicht gut genug. Toscanini wurde immer verzweifelter, und es war vorauszusehen, daß es bald zu einer Katastrophe kommen würde. Das geschah nach etwa zehn Minuten. Mitten in einer Orchesterpassage haute Toscanini den Taktstock plötzlich hin, warf die Noten zu Boden, machte eine gebieterische Gebärde und schrie laut auf: »un altro tenore ...«

Es war ein furchterregender Augenblick. In dem darauffolgenden Chaos konnte ich nicht alles genau erkennen. Tatsache ist, daß verschiedene verzweifelte Figuren von rechts und links plötzlich auf dem Podium erschienen, der arme Tenor verschwand, als ob er nie dagewesen wäre, und die Probe jäh abgebrochen wurde. Nach etwa zwanzig Minuten ging sie weiter, auf dem Podium stand ein anderer, wesentlich jüngerer Tenor, der nach Noten sang und offenbar über ein zureichenderes Volumen verfügte als sein Vorgänger. Toscanini schien sich jetzt beruhigt zu haben, er lächelte dem jungen Mann wohlwollend zu, und die Probe verlief im weiteren ohne jedwelches störende Moment. Nach dem Busoniwerk probierte Toscanini noch eine reizende Ouvertüre von Rossini, und die Probe endete genau wie vorgesehen um fünf Uhr. Todmüde, aber selig, glücklich und mit dem besten Gewissen verließ ich das Haus, ohne auch nur einen einzigen Blick in den Kleinen Saal zu werfen, in dem ich am Abend spielen sollte. Fröhlichen Herzens und mit dem Bewußtsein, etwas gut erledigt zu haben, kehrte ich ins Hotel zurück und legte mich sofort schlafen. Ich erwachte um sieben Uhr, zog meinen Frack an und ging, nun zum drittenmal an diesem Tag, zum Konzerthaus. Diesmal ging ich direkt in den Kleinen Saal und schaute mir den Flügel an, da ich gerade noch einige Minuten Zeit hatte, bevor mein Publikum eingelassen wurde. Das Instrument schien recht ordentlich zu sein, und mit der Akustik war auch alles in Ordnung.

Wie in einem Traum ging ich dann auf das Podium und begann mein Programm. Ich spielte mit einer begeisterten Ruhe und Sammlung, hie und da mit einem stillen und beglückten Lächeln, wenn ich an die eine oder andere Episode des Tages denken mußte. Besonders die *Paganini-Variationen*, vor denen ich mich sonst oft gefürchtet hatte, gelangen ausgezeichnet. Vielleicht muß man Klavier doch nicht immer am Flügel studieren.

Josef Szigéti

Einige Tage nach meiner Ankunft in New York im Dezember 1939 traf ich den großen ungarischen Geiger Joseph Szigéti, der zu einer seiner jährlichen Amerika-Tourneen soeben aus Europa eingetroffen war. Obwohl er eine herrliche Wohnung an der Rue Haussmann in Paris hatte (wo ich ihn bereits früher einmal besucht hatte), beabsichtigte auch er für die Dauer des Krieges in den USA zu »überwintern«, da es in Europa nicht sehr geheuer aussah. Wir beide waren in einer Notlage – aber nicht nur deswegen. Er hatte kurz zuvor seinen Partner und Begleiter verloren – sie zerstritten sich, oder irgend etwas anderes geschah, ich habe es nie herausgefunden. Nun, wir trafen uns in New York durch Zufall. Er hatte mein NBC-Konzert gehört und so erfahren, daß auch ich in New York war. Er suchte einen jungen Pianisten, der mit ihm die ausgebuchte Tournee durch etwa fünfundzwanzig Städte bestreiten konnte, und ich mußte etwas finden, um am nächsten Tag überhaupt noch ein Dach über dem Kopf zu haben und eine Tasse Kaffee bezahlen zu können. Wir trafen uns und machten beide aus einer verfahrenen Situation das Beste. Ich wurde Szigétis Begleiter und kurz danach sein Sonatenpartner. Im ersten Jahr konzertierte ich unter falschem Namen – ich hieß im Programm Andor Farkas (bedeutet Wolf auf ungarisch). Wahrhaftig war ich kein Wolf, eher ein kleines, dummes Lämmchen, das seine erhoffte Solistenkarriere mit dem Stigma, »nur« ein Begleiter zu sein, nicht verderben wollte. Ich habe sie nicht verdorben und verzichtete bald auf mein »Inkognito«. In drei aufeinanderfolgenden Saisons spielten wir etwa hundertundzwanzig Konzerte zusammen in vierzig Staaten Nordamerikas. Wir spielten öffentlich an die vierzig Sonaten, im Detail: Achtzehn von Mozart (es gibt nicht mehr), zehn von Beethoven, drei von Brahms, Sonaten von César Franck, Debussy, Ravel, Fauré, von Bartók die Sonate Nr. 2, die beiden Rhapsodien von Bartók für Violine und Piano, die reizende kleine *vierte Sonate* des großen, noch immer nicht hinlänglich bekannten Amerikaners Charles Ives (die wir auch aufgenommen haben) und noch ein, zwei andere Werke, an die ich mich nicht mehr erinnern kann.

Ich habe viel, sehr viel von Szigéti gelernt – musikalisch in erster Linie, aber auch auf der menschlichen Ebene. Ich glaube, ich wurde in diesen Jahren aus einem Jüngling zum Mann – ein großes Wort, das ich heute, nach all diesen Jahren, gelassen aussprechen kann.

Von allen Partnern Szigétis haben zwei Karriere gemacht. Der andere: Nikita Magaloff. Er heiratete dann die einzige Tochter Szigétis, die blutjunge, hübsche Irene. Seitdem lebten sie vergnügt am Genfersee, da Nikita jahrelang am Genfer Konservatorium die Meisterklasse leitete. Er konzertierte, wie ich, in aller Welt, und wir blieben, in gemeinsamen Erinnerungen an unseren großen Förderer und inspirierenden Partner, gute Freunde.

Albert Einstein

An einem schönen Nachmittag im Monat Mai des Jahres 1943 standen meine Frau und ich an der Schwelle eines einfachen Einfamilienhauses in Princeton im Bundesstaat New Jersey, USA, und waren gerade dabei zu klingeln, als ich plötzlich innehielt.

»Ist es nicht verwegen, diesen großen Mann in seiner wichtigen Arbeit zu stören?« fragte ich meine Frau, während sich meine Hand wieder vom Klingelknopf entfernte.

»Dummheit«, meinte meine Frau. »Er hat uns eingeladen,

infolgedessen sind wir gekommen – sei nicht kindisch.«

Ich faßte Mut, und bald wurden wir von einer zierlichen älteren Dame ins Haus geführt. Es war Einsteins Schwester, die dem Wissenschaftler seit dem Tod seiner ersten Frau Haushaltsdame und Faktotum war. Das Merkwürdigste an ihr war, daß sie ihrem Bruder zum Verwechseln ähnlich sah – nur eben der göttliche Funke, so präsent im Antlitz ihres Bruders, fehlte bei ihr völlig.

Wir waren auf Besuch bei Albert Einstein, der damals am Institute for Advanced Studies (Institut für Fortgeschrittene Studien) arbeitete. Es kam folgendermaßen zu unserer Visite. Einige Wochen zuvor hatte ich ein Konzert in Princeton gegeben, und nach dem Ende des Programms war Einstein ins Künstlerzimmer gekommen. Ich war sprachlos. Er reichte mir die Hand zum Glückwunsch, blieb für eine kurze Konversation, am Ende derer er mich in aller Bescheidenheit fragte, ob ich Lust hätte, an einem Nachmittag zu ihm zu kommen, um mit ihm ein wenig zu musizieren. Wir wohnten damals im benachbarten New York, etwa eine halbe Bahnstunde entfernt.

Ich wußte wohl, daß er ein begeisterter Amateurgeiger war, aber daß er mich als Musizierpartner wünschte, machte mich überglücklich.

Einige Tage später rief ich an, um mich zu erkundigen, wann ihm mein Besuch angenehm wäre. »Bitte bestimmen Sie selbst, ich verfüge frei über meine Zeit und will mich gern Ihnen anpassen.«

Ich war baß erstaunt. Wie oft mußte ich beim Anruf einer wichtigen oder auch halbwichtigen Persönlichkeit aus dem Munde der zweiten Sekretärin vernehmen, daß der große Mann eben nicht abkömmlich sei und ich mein Glück ein anderes Mal wieder versuchen solle.

Zum abgemachten Zeitpunkt fuhren wir nach Princeton, und nun standen wir Auge in Auge mit einer der faszinierendsten Persönlichkeiten, denen zu begegnen je mein Glück war. Was uns beide so unerhört erstaunte, war die federnde Leichtigkeit seines Auftretens, die schier unglaubliche Vitalität, mit der Einstein das Zimmer betrat – als ob er nicht mit beiden Füßen auf der Erde wäre. Er besaß eine beinahe überirdische Ausstrahlung, die ich sonst nur noch bei drei anderen Persönlichkeiten erlebt habe – ich denke an Jan Sibelius, Bertrand Russell und Béla Bartók.

Er servierte Kaffee und Kuchen, und nun muß ich über ein heimliches Begehren berichten, das ich nur mit größter Kraft unterdrücken konnte. Während des ganzen Weges von New York nach Princeton hatte ich mich darauf vorbereitet und unerhört gefreut, endlich *die* Gelegenheit wahrzunehmen, mir aus dem Munde der berufenen Persönlichkeit das Geheimnis der Relativitätstheorie erklären zu lassen. Meine Frau war klug genug, mir diesen Wunsch auszureden. Sie meinte, wir würden bald wieder vor die Tür gesetzt werden, falls ich diese alberne Bitte während unseres Besuches an ihn herantrüge. Sicherlich hatte sie recht, das habe ich mit traurigem Herzen eingesehen. Allerdings wußte ich auch, daß damit eine einmalige Möglichkeit ein für allemal verpaßt wurde.

Anstelle von Physik und Mathematik kamen wir sehr bald zum Zweck meines Besuches. Er holte die Geige aus einem anderen Zimmer, ich setzte mich an den Flügel, und es begann ein Nachmittag, der mir unvergeßlich blieb. Wir spielten eine Sonate von Vivaldi und danach mir völlig unbekannte italienische Sonaten des sechzehnten und siebzehnten Jahrhunderts. Anschließend kam Biber an die Reihe. Ich mußte zu meiner Schande eingestehen, daß ich auch Heinrich Ignaz Franz Biber nicht kannte; ich begegnete dem Komponisten vieler sogenannter Kirchensonaten an jenem Nachmittag bei Einstein zum erstenmal. Endlich landeten wir bei Mozart. Als wir danach etwas Luft geschöpft hatten, fragte ich ihn unverblümt: »Wollen wir uns nicht noch an einer Beethovensonate versuchen?«

Nun kam die erstaunlichste Antwort: »Ich mag Beethoven nicht so sehr. Er zupft an meinem Herzen, er zeigt sich uns zu nackt in seinen Werken.«

Ich konnte es kaum fassen. So etwas hatte ich bis dahin noch von niemandem gehört. Kurz entschlossen setzte ich mich wieder an den Flügel und begann, ohne zu fragen, eine kurze Klaviersonate des Meisters zu spielen. Ich *mußte* es tun. Ich *mußte* ihm etwas von Beethoven spielen.

Einstein hörte wohlwollend zu. Als ich mich am Ende mit fragendem Gesicht zu ihm wandte, lächelte er nur. »Sie haben das sehr schön gespielt.« »Wollen wir's nicht doch versuchen?« drängte ich noch einmal. »Heute lieber nicht«, war die unverbindliche, aber feste Antwort, und dabei blieb's.

Damals war ich völlig vor den Kopf geschlagen, aber später begann ich zu verstehen, was er mit seiner Äußerung über Beethoven gemeint hatte.

Als wir nach etwa drei Stunden das Haus an der Mercer Street in Princeton wieder verließen, hatte ich das Gefühl, geträumt zu haben. Es war ein Wunder geschehen, und Wunder geschehen eben nur einmal und bleiben unfaßbar. Ich war dem Schicksal dankbar, daß ich diesen Nachmittag erleben durfte, auch wenn ich wußte, daß er sich nicht wiederholen würde.

Einige Wochen später fand dann aber doch ein zweites „Treffen" zwischen dem großen Mann und mir statt. Seit längerer Zeit beschäftigte ich mich mit Geschichte; das Verschlingen historischer Werke war mir geradezu zur Manie geworden. Schon als Schulkind in Ungarn hatte ich »lernen« müssen, was für fürchterliche Völker doch unsere Nachbarn waren und wie sie nach dem Ersten Weltkrieg unser Land verstümmelt hatten. Wir waren damals im Jahr

1943 inmitten eines zweiten, noch furchtbareren Krieges, vor dem ich nach Amerika geflüchtet war. Ich dachte lange nach, bis mir plötzlich wie ein Blitzschlag die Idee kam, daß man nach dem Krieg ein »Einheitsgeschichtsbuch« schreiben und in jedem Land allen Kindern als Lehrstoff geben müßte. Die Geschichte der Welt als große gemeinsame Erfahrung – sie würde der fortwährenden Kriegshetze ein Ende setzen! Allerdings meinte ich, daß *dieses* Geschichtsbuch nicht von zünftigen Historikern mit eingefleischten Vorurteilen, sondern von einer (womöglich durch die UNESCO eingesetzten) Kommission geschrieben werden sollte, von Menschen, die auf ihrem Gebiet Außergewöhnliches geleistet hatten und genügend Distanz zu den nationalistischen Obsessionen der Zeit haben würden.

Kurz entschlossen schrieb ich einen Brief an die *Herald Tribune*, die damals zweitgrößte Zeitung New Yorks, und führte einige Namen von Leuten auf, die nach meiner Ansicht an einem solchen Werk teilnehmen sollten. Als erster kam mir Einstein in den Sinn, dann Thomas Mann, Salvador de Madariaga, Aldous Huxley – und noch ein bis zwei weitere Größen.

Ich hatte meine spontane Aktion schon beinahe vergessen, als wir eines Abends spät nach einem Konzert in einer Kaffeebar einkehrten, wo bereits die Morgenzeitungen erhältlich waren. Ich kaufte mir eine *Tribune*, und siehe da, mein Brief war abgedruckt worden! Am nächsten Morgen schrieb ich Briefe an all jene, die mit Namen im Artikel als wünschbare Verfasser eines solchen Buches genannt waren. Ich erhielt zwei Antworten – von Albert Einstein und Thomas Mann. Sie waren im Prinzip beide mit meinem Vorschlag einverstanden.

Nun, es ist beim Vorschlag geblieben. Nicht mein wahrscheinlich naiver Buchtraum, sondern Einsteins Formel $E = mc^2$ hat die Weltgeschichte verändert.

Ein halbes Jahrhundert nach Andor Foldes' »naivem Buchtraum«, wie er selbst seine Idee über die Notwendigkeit eines »Einheitsgeschichtsbuches« definierte – meldete die Deutsche Zeitung *Die Welt* am 17. Oktober 1992 das Erscheinen des ersten *Europäischen Geschichtsbuches*, an dem zwölf Länder beteiligt sind . . .

Igor Strawinskij

Als ich mich wieder einmal auf ein Carnegie-Hall-Konzert vorbereitete und überlegte, was ich spielen sollte, kam mir Igor Strawinskijs *Klaviersonate* in den Sinn. Er hatte dieses neoklassizistische Werk 1926 geschrieben, und sein trockener Stiel gefiel mir damals außerordentlich. Ich rief ihn an, als ich während einer Konzertreise in Kalifornien war, wo er lebte. „Ich habe mich entschlossen, Ihre Sonate in meinem nächsten Carnegie-Hall-Konzert zu spielen«, sagte ich, »und möchte Ihnen das Stück gern vorspielen, da ich jetzt eben in Ihrer Nähe bin.« Er war freundlich und bat mich, ihn an einem uns beiden möglichen Nachmittag zu besuchen.

Sobald ich sein luxuriöses Arbeitszimmer betrat, wandte er sich mir, ohne mich zu begrüßen oder einfach »Hello« zu sagen, mit den Worten zu: »Sie wollen also eine Stunde bei mir nehmen? Das kostet fünfzig Dollar.«

Ich war sprachlos. Auch die berühmtesten zeitgenössischen Komponisten rissen sich damals – in den vierziger Jahren – darum, in der Carnegie Hall aufgeführt zu werden. In der Meinung der Musikwelt galt ich als ein berühmter Pianist.

Es dauerte eine Ewigkeit, bis ich endlich zu Worten fand. »Herr Strawinskij«, stotterte ich, ». . . ich möchte keine Klavierstunde bei Ihnen nehmen. Ich wollte Ihnen lediglich Ihre Sonate vorspielen, um zu hören, ob Sie mit meiner

Interpretation einverstanden sind ...« Seine unterkühlte Antwort kam blitzschnell. »Ich habe keine Zeit, Sie anzuhören. Da Sie aber schon mal hier sind, gebe ich Ihnen meine Kopie der Sonate. Sie können sie mit Ihren Noten vergleichen, da Ihre Ausgabe wahrscheinlich mehrere Fehler enthält.« Er drückte mir seine Noten in die Hand, verschwand, und ließ mich in seinem hocheleganten Arbeitszimmer allein. Das Werk war gut, und ich mochte es damals sehr. So spielte ich es in der Carnegie Hall und nahm es sogar für die Deutsche Grammophon auf Schallplatte auf. Ich schickte ihm ein Exemplar der Platte – aber eine Antwort, oder eine Bestätigung, daß er sie erhalten hatte, bekam ich nie.

Nach vielen Jahren trafen wir uns wieder – in Osaka. Es war 1963, und sowohl er als auch ich wirkten beim berühmten internationalen Osaka-Festival mit. Allerdings ganz unabhängig voneinander.

Mein japanischer Konzertagent arrangierte eine Pressekonferenz für mich im großen Foyer des Osaka Grand Hotels. Wir saßen an einem langen Tisch, meine Frau und ich, umrahmt von einem guten Dutzend Journalisten und Fotografen. Es wurden Fragen gestellt, die Pressekonferenz verlief in angeregter Atmosphäre. Auf einmal entdeckte ich Strawinskij mit seiner Frau und einem jungen Mann am anderen Ende des Foyers. Und schon näherte sich uns der junge Mann, von dem ich vermutete, daß es sich um Strawinskijs Faktotum handelte, ohne das er in seinen letzten Jahren keine Reise unternahm. Er kam zu unserem Tisch, tat so, als ob weder ich noch meine Frau existierten, und wandte sich an den Journalisten neben mir: »Herr Strawinskij sitzt dort«, sagte er, in die Richtung des Komponisten zeigend. »*Ihn* sollten sie jetzt interviewen.«

Die eiserne Stille der Empörung der Journalisten sprach Bände, und keiner der Reporter bewegte sich von seinem Stuhl.

Wieder waren viele Jahre vergangen, als wir Herrn Strawinskij in London ein weiteres Mal zufällig begegneten, im Haus des ehemaligen britischen Botschafters Lord Norton. Es war eine große gesellschaftliche Angelegenheit, während der Strawinskij und ich einander – wen wundert's? – überhaupt nichts zu sagen hatten.

Zweifelsohne war Strawinskij einer der größten Komponisten unseres Jahrhunderts. Als Mensch habe ich ihn allerdings ein bißchen kleiner erlebt.

Schönberg

Wenige Tage nach meinem Besuch bei Strawinskij verbrachte ich mit meiner Frau einen Nachmittag bei Arnold Schönberg, dem Schöpfer des revolutionären Zwölftonsystems. Auch er wohnte mit seiner zweiten Frau und der damals kleinen Tochter in der Nähe von Hollywood. Aber im Gegensatz zu Strawinskij logierten die Schönbergs in einem äußerst bescheidenen Domizil.

Zu Anfang unseres Besuches war ich etwas befangen. Ich hatte unbedingt diesen großen Musiker kennenlernen wollen, wußte aber nicht, wie ich es ihm beichten sollte, daß ich noch nie etwas von ihm gespielt hatte. So sehr ich die musikgeschichtlichen Werte des Zwölftonsystems bewunderte, so sehr zögerte ich als Interpret, diese Musik zu spielen. Am besten sagst du es ihm sofort, dachte ich bei mir und tat es kurz nach unserer Ankunft.

Der Komponist zeigte sich leichtherzig. »Macht nichts«, sagte er lachend, »Sie werden meine Werke schon einmal spielen ...« Das Eis war gebrochen, wir tranken gemütlich Tee und plauderten über vieles. »Wollen Sie nicht etwas von Bartók spielen?« fragte Schönberg dann. »Gerne«, sagte ich,

»ich möchte Bartóks *Klaviersonate* für Sie spielen«, und ich fing sofort an. Offensichtlich fasziniert von dem Feuerwerk dieser elementaren Komposition, wandte er sich zu seinem Schüler Hanns Eisler, der wie er selbst während meines Spiels hinter mir stand. »Wie schade, daß Bartók nie Gebrauch vom Zwölftonsystem gemacht hat«, bemerkte er und fügte hinzu: »Aber er kam ihm doch sehr nahe ...«

Das Klingeln des Telefons unterbrach unser Gespräch. Frau Schönberg ging zum Apparat, dann berichtete sie, worum es ging. Es handelte sich um eine Stunde, die der Anrufer am nächsten Tag bei Schönberg nehmen wollte. Der nächste Tag war, wie sich aus dem Gespräch des Ehepaars herausstellte, Schönbergs Geburtstag, und die Familie hatte vor, einen Ausflug zu machen. Nach einem intensiven Wortwechsel zwischen den beiden wurde aber beschlossen, den Schüler kommen zu lassen und den Ausflug ein anderes Mal zu unternehmen.

Einer der größten musikalischen Geister unseres Jahrhunderts konnte sich das Ausfallen einer bescheiden bezahlten Klavier- und Kompositionsstunde nicht leisten.

Franz Werfel, Oskar Kokoschka

Als wir wieder einmal zu einer Konzertreise nach Kalifornien aufbrachen, bat ich einen gemeinsamen Freund, Franz Werfel zu schreiben, daß wir ihn und seine Frau während unseres Aufenthaltes in Hollywood, wo sie wohnten, gerne besuchen würden. Wir hatten Werfels jüngstes Buch, das in Amerika eine große Sensation wurde, *Das Lied von Bernadette* eben gelesen und waren von seiner meisterhaften Schilderung des Leidens und der aus fanatischem Glauben geschöpften Kraft der kranken Heiligen Bernadette von

Lourdes tief beeindruckt. Auch seine früheren Bücher hatten wir gelesen und geschätzt und hielten ihn für einen großen Schriftsteller.

Werfels wohnten auf einem der höchsten Hügel in Hollywood in einem niedlichen Häuschen das über der Kuppe des Hügels halb in der Luft zu schweben schien. Zur abgesprochenen Stunde erschienen wir an einem sonnigen Nachmittag und wurden von einem gütigen, sanften Menschen empfangen. Franz Werfel selbst öffnete die Tür und bat uns, ins kleine Wohnzimmer zu kommen, wo zu meinem Staunen auch ein Konzertflügel stand. Er rauchte gemütlich seine Pfeife und sprach in einem kaum hörbaren sanften Ton. Er freute sich über unser Kommen, seine Frau würde sich uns auch bald anschließen, avisierte er. Und schon erschien eine königliche Figur in der Tür, Alma Maria Mahler-Werfel, die legendäre Schönheit, die berühmte Muse von Gustav Mahler, den viele für einen der wichtigsten Musiker der Jahrhundertwende hielten, Schöpfer des *Lieds von der Erde* und von neun Sinfonien – alles, wie er seinen Freunden oft sagte, inspiriert von der blutjungen Alma, die er als Mann mittleren Alters geheiratet hatte. Das war nun schon viele Jahre her. Hellblond und jugendlich, mußte sie damals schon sechzig Jahre alt gewesen sein, also zehn Jahre älter als Werfel. Aber während der Schriftsteller sich offensichtlich von seiner lebensgefährlichen und abenteuerlichen Flucht vor den Nazis aus Europa nie wirklich erholte, zeigte Alma keine Spur von Ermüdung. Das Gespräch an diesem Augustnachmittag 1942 kreiste um die Vortragsreihe, die Werfel bald durch die ganzen USA führen würde – über ein Thema, das ihn damals mehr als alles andere beschäftigte. *Can we live without belief in God?* So hieß sein Vortrag (Kann man leben, ohne an Gott zu glauben?).

»Aber Sie werden uns doch etwas vorspielen«, wandte sich Alma plötzlich mit ihren glänzenden Augen an mich, und ich sagte natürlich zu. »Spielen Sie doch etwas von Schumann«, bat Werfel. Ich schaute auf meine Frau, und sie nickte, glücklich lächelnd. Sie wußte, was ich spielen würde. Wir waren damals zwei Jahre verheiratet, und unser allerliebstes Stück war die *C-Dur-Phantasie* von Schumann. Dieses große herrliche, hinreißende leidenschaftliche Werk hatte in unserem Leben eine ganz private Geschichte. Nach unserer wunderschönen einfachen Hochzeit waren wir auf eine zweiwöchige Hochzeitsreise zu einem nahe New York am Meer liegenden Ort namens West Mystic gegangen, wo wir bei einer Familie ein Zimmer mieteten, das Zugang zum Garten hatte. Ein Flügel oder nur ein einfaches Klavier war da nicht vorhanden. Zum erstenmal in meinem Leben war ich zwei Wochen lang ohne mein Instrument. Nachmittags, im Gras liegend, blätterte ich im einzigen Stück Musik, das ich auf die Hochzeitsreise mitgenommen hatte – die Phantasie von Schumann. Und als wir nach zwei Wochen in unsere sehr bescheidene Einzimmerwohnung zurückkehrten, setzte ich mich an mein Klavier und spielte das ganze lange Stück fehlerlos, sozusagen konzertreif. »Es war das schönste Hochzeitsgeschenk, das du mir machen konntest«, sagte meine Frau, und die *Schumann-Phantasie* behielt ihre ganz besondere Position in unserem Leben. Nun spielte ich sie für die Werfels, die dabei so »mitgingen«, wie es sich ein interpretierender Künstler nur wünschen kann. Minutenlang war Stille – dann wandte Alma sich zu Werfel: »Franzl«, sagte sie energisch, »du mußt jetzt arbeiten gehen.« Meine Frau und ich sprangen von unseren Sesseln auf und verabschiedeten uns in verlegener Hast. »Aber nein«, sagte Alma, »Sie bleiben – nur mein Mann muß arbeiten gehen ...« Und sie zwang uns, wieder Platz zu nehmen. Werfel verabschiedete sich von uns, und in weniger als eine Minute hörten wir ihn auf seiner Schreibmaschine klappern. Wir aber mußten noch eine ganze Stunde bleiben, denn Alma wollte sich mit mir über Musik unterhalten, meine Meinungen erfragen, ihre Meinungen kundtun, sich über New York informieren, von gemeinsamen Freunden hören. Sie liebte Werfel, das stand außer Zweifel. Aber als wir sie nach Werfels Tod (er starb mit 54 an einem Herzschlag) einige Jahre später in New York, wo sie dann lebte, besuchten, stand auf ihrem Flügel ein einziges Foto – das von Gustav Mahler.

Als wir Oskar Kokoschka, den jugendlichen Achtzigjährigen, in seinem Haus in Villeneuve am Genfer See besuchten, waren die Spuren seiner zwischen 1912 und 1915 durchlebten leidenschaftlichen Affäre mit Alma längst verschwunden. Er lebte in harmonischer Ehe mit seiner Frau Olda, einer schönen, hochgewachsenen, disziplinierten Pragerin, beschützt und geliebt von ihr, glücklich in seiner Arbeit, der er den größten Teil des Tages in seinem kleinen Studio unermüdlich nachging.

Er liebte die Musik, und obwohl er niemals Stunden genommen hatte, wollte er plötzlich Klavier spielen und bat mich als alten Freund, für ihn ein Klavier zu besorgen. Als dann das Instrument bei ihm ankam, lud er uns ein, um es einzuweihen. Während Olda und meine Frau im Wohnzimmer blieben, gingen wir hinüber in das Zimmer, wo das Instrument stand. »Würden Sie für mich die *Pathétique* spielen?« fragte er, und seine hellblauen Augen strahlten in jugendlicher Frische. Natürlich spielte ich – und merkte plötzlich, kurz nach den ersten Takten, daß er nach einem Blatt griff und zu zeichnen begann. Ich wagte dann nicht mehr hinzuschauen. Als ich geendet hatte, überreichte er mir ein Porträt, das er soeben von mir gezeichnet hatte. »Das schenke ich Ihnen«, sagte er einfach.

Dies geschah im Juli 1966, im selben Jahr, in dem sein Porträt von Konrad Adenauer, das er für einen Wohltätigkeitszweck spendete, zweihunderttausend Mark einbrachte.

Leonard Bernstein

Während unserer Jahre in Amerika, also in den vierziger Jahren, war Leonard Bernstein, von allen einfach »Lenny« genannt, die musikalische Sensation von New York. Er wurde das über Nacht, als er statt des erkrankten Bruno Walter kurzfristig bei den New Yorker Philharmonikern einsprang und ein sensationell erfolgreiches Konzert dirigierte.

Er war jung, überschäumend, begabt und vor allem ein echter Amerikaner – in den USA geboren, aufgewachsen und ausgebildet. Man konnte auf ihn stolz sein, denn er bewies, daß auch auf dem Gebiet der klassischen Musik einheimisches Talent zu finden war und nicht nur vom alten Kontinent importiert werden mußte.

Die 57. Straße in New York ist die Musikerstraße. Die Straße, an der die Carnegie Hall steht, wo Steinway damals sein Hauptgeschäft hatte, wo die großen Musikmanagements logierten, wo sich das Lieblingslokal der Musiker, der Russian Tearoom, befand – und wo man sich zu jeder Tageszeit mit anderen Musikern treffen konnte.

Eines Vormittags saß Lenny im Russian Tearoom mir gegenüber. »Du mußt meine neue Komposition hören«, sagte er, nahm meinen Arm und zog mich und meine Frau in die Richtung seiner Wohnung, die ebenfalls an der 57. Straße lag. Es handelte sich um seine jüngste Komposition *Age of Anxiety*, inspiriert von einem gleichnamigen Gedicht von W. H. Auden. Wir folgten ihm. Er legte das Band auf, und wir hörten das wahrhaftig sehr interessante Werk einige Minuten mit konzentrierter Aufmerksamkeit, während Lenny in einer Ecke des Zimmers stand. Dann verschwand er plötzlich und kehrte mit einem langen, breiten, feuerroten Seidenschal zurück. Er wickelte den Schal um seinen Hals, dann um seine Hüfte, dann wieder um seinen Hals und seine Schultern, wobei er einen regelrechten Tanz aufführte. Seine Absicht war klar. Er konnte es nicht ausstehen, daß wir ihn als Person ignorierten, während wir uns seine Musik anhörten. Allerdings: Seine Pantomine mit dem roten Schal war hinreißend, und er tanzte unermüdlich bis zum letzten Takt von *Age of Anxiety*. Dann sank er erschöpft in den Sessel und fragte: »Well, how did you like it?« Wahrscheinlich meinte er seine Komposition ...

Jahrzehnte vergingen, bevor wir uns wiedertrafen. 1985 in Wien. Ich ging zu seiner Probe in den Musikvereinssaal, wo er mit den Wiener Philharmonikern als Dirigent und Solist probte. Als ich ankam, spielte er eben Mozarts *G-Dur-Klavierkonzert KV 453* und dirigierte vom Klavier aus. Dies ist eines meiner Lieblingskonzerte, das ich sogar mit den Berliner Philharmonikern für die Deutsche Grammophon eingespielt hatte. Ich staunte wie er, entgegen seiner Gewohnheit, schlecht spielte. Wahrscheinlich hatte er keine Zeit gehabt das Stück zu lernen und zu üben. Er blieb einige Male stecken – es war peinlich. Ich empfand seine offensichtliche Gleichgültigkeit als eine Beleidigung Mozarts, und es machte mich traurig.

Béla Bartók

Es ist keine Übertreibung, wenn ich sage, daß meine erste Begegnung mit Bartók für mein ganzes Leben ausschlaggebend war. Ich bin in eine erzkonservative musikalische Familie hineingeboren worden – und erzkonservativ wurde ich auch erzogen. Meine Mutter war, wie schon berichtet, Pianistin, meine Tante Sängerin, mein Onkel spielte Viola im Budapester Streichquartett. Ich wuchs auf mit der damals in Budapest gängigen Auffassung, daß dieses *enfant terrible* namens Béla Bartók ein gefährlicher Rebell sei, der die heile Welt der Musik des neunzehnten Jahrhunderts bedrohte, nichts weniger als von Grund auf zerstören wollte. Aus dieser Ablehnung des Musikers Bartók heraus wurde ich sein Schüler.

Allerdings! Wenn eine Unterrichtsstunde darin besteht, daß man eine im voraus festgelegte Zeiteinheit mit einem Lehrer zubringt, der anschließend bezahlt wird, so habe ich nie auch nur eine einzige Stunde bei Bartók gehabt. Und doch bin ich fest davon überzeugt, daß die vielen unvergeßlichen Studierstunden, die ich lange Jahre hindurch in regelmäßigen Abständen in seinem Hause zubrachte, mehr dazu beigetragen haben, meine Persönlichkeit als Musiker und meinen Charakter als Mensch zu formen, als irgendeine Stunde, die mir einer meiner offiziellen Lehrer erteilte.

Offiziell gesehen, war ich überhaupt niemals Bartók-Schüler – ich studierte nicht Klavier bei ihm an der Franz-Liszt-Musikakademie in Budapest. Ich war ja Schüler Ernst von Dohnányis, und schon die Vorstellung, ein Dohnányi-Schüler könne eine Bartók-Klasse besuchen, wäre undenkbar gewesen.

Bis zu jenem unvergeßlichen Frühlingstag des Jahres 1929, an dem ich Bartók zum erstenmal persönlich gegenüberstand, kam es mir nie auch nur in den Sinn, die weitverbreiteten und allgemein geäußerten Ansichten über ihn in Zweifel zu ziehen. Ich war damals sechzehn Jahre alt und bereit, die Urteile der Erwachsenen hinzunehmen. All das erfuhr jedoch eine radikale Wandlung, als ich an jenem milden Frühlingstag dem gefährlichen Mann vorgestellt wurde.

Einer meiner Freunde – der ebenfalls Klavier studierte und regelrechter Bartók-Schüler war – forderte mich auf, bei einer Übertragung von Radio Budapest, bei der der Komponist und er vierhändig spielen sollten, die Noten umzuwenden. Ich fand mich zur angegebenen Stunde ein und stand unvermittelt einem schmächtigen kleinen Mann mit leuchtendblauen Augen gegenüber. Er streckte mir die Hand entgegen, sah mir gerade in die Augen und fragte: »Kennen Sie die *f-moll-Phantasie* von Schubert?« Und ohne meine Antwort abzuwarten, fuhr er fort: »Wenn nicht, so steht Ihnen eine großartige Überraschung bevor.« Und damit setzte er sich ans Klavier, wo er alsbald den oberen Part dieses wundervollen, und mir damals völlig unbekannten Stückes spielen sollte. Die Übertragung begann, und wenige Minuten später wurde ich in eine andere Welt entführt, eine Welt, von deren Vorhandensein ich bis dahin keine Ahnung gehabt hatte – in Bartóks Welt, die sich mir, so seltsam das scheinen mag, zuerst durch seine Interpretation des Werkes eines romantischen Komponisten enthüllte, der einem andern Jahrhundert angehörte. Zunächst verblüfften, dann entzückten mich die Liebe und Verehrung, die Bartók an jede einzelne Note der Schubertschen Phantasie verströmte, und während die beiden noch spielten, lösten sich meine vorgefaßten Ansichten und Vorstellungen hinsichtlich Bartóks als Mensch und als Musiker in Nichts auf. Ich konnte nicht umhin, dem zu glauben, was ich mit eigenen Ohren hörte. Wer mit so viel Empfindung Klavier zu spielen vermochte, wer imstande war, das Werk eines anderen, so grundlegend andersgearteten Komponisten mit solcher Demut zu interpretieren, der konnte unmöglich ein fanatischer Revolutionär, ein gefährlicher Radikaler sein. Ich erkannte, daß alles, was man mir über Bartók gesagt hatte, falsch war. Die Botschaft, die mir Bartóks Spiel vermittelte, war klar, herrlich und eindeutig. Sie spornte mich zu sofortigem Handeln an. Am nächsten Morgen schon eilte ich in eine Musikalienhandlung und fragte nach Noten von Béla Bartók.

Nach meiner ersten Begegnung mit Bartók brachte ich ein paar Wochen mit dem Einstudieren der *Sonatine* zu, und dann wagte ich einen Besuch beim Meister.

Bartók lebte im alten Teil von Budapest, der durch die Donau vom modernen Teil der Stadt getrennt war. Er wohnte zu jener Zeit auf den Höhen von Buda in einer stillen kleinen Straße, die Csalan Ucca benannt war. Es war ein bescheidenes Einfamilienhaus, und ich wurde geradewegs in den einzigen großen Raum geführt, den es darin gab – den Raum, in dem das Klavier stand. Die Wände waren mit farbenprächtigen Beispielen der ungarischen Bauernkunst bedeckt – reichbestickten Wandteppichen, in bunten Farben prangenden Tüchern und dergleichen. Neben dem Klavier stand eines der charakteristischsten Möbelstücke aus dem Haus eines ungarischen Bauern – eine Aussteuertruhe, reich bemalt mit dem herkömmlichen Tulpenmotiv. Bartók verschwendete keine Zeit an Förmlichkeiten. Kaum daß er ins Zimmer getreten war, fragte er mich: »Was wollen Sie mir vorspielen?« »Die *Sonatine,* Herr Professor«, antwortete ich und setzte mich schnell ans Klavier, um seine Zeit nicht zu vergeuden. Als ich geendet hatte, sagte Bartók: »Interessant – sehr interessant. Es gefällt mir. Ich habe keinerlei Einwendungen gegen Ihre Art, das Stück zu spielen. Es ist nicht ganz die Art, auf die ich es spiele – ich sehe es mehr als ein naives Stück – Sie spielen es mehr virtuos –, aber ich habe wirklich nichts dagegen einzuwenden. Ich glaube, es wird so weit größeren Erfolg beim Publikum haben – also bitte spielen Sie es genau so, wie Sie es mir jetzt gespielt haben ...« Seine anfänglich kurzangebundene Art hatte sich zu reservierter Freundlichkeit gemildert, doch erst bei meinem zweiten Besuch tat er mir die Ehre an, eine echte Unterhaltung zu beginnen und fortzuführen. Damals blieb ich noch stundenlang bei ihm, nachdem ich das Werk beendet hatte, das vorzuspielen ich gekommen war. Es waren die *15 Ungarischen Bauernlieder,* und diese Noten sind die ersten einer langen Folge, die Bartóks Rotstiftmarkierungen tragen und damit heute zu historischen Dokumenten geworden sind. Nie werde ich vergessen, wie Bartók die erste dieser Markierungen für mich einzeichnete. Es war im fünften Stück, das mit Scherzo überschrieben ist. Nachdem ich es gespielt hatte, zeigte Bartók auf die Takte, in denen – mit einem Ritenuto – Achtelnoten gedruckt sind, und sagte, es handle sich dabei um einen Druckfehler. Diese Takte müßten als Viertelnoten und ohne Ritenuto geschrieben sein, sagte er. »Warum ändern Sie dann nicht das gedruckte Exemplar ab?« fragte ich ihn. »Ach«, meinte Bartók, »es wird doch nie eine zweite Auflage erleben.« Zum erstenmal gewann ich eine lebendige Vorstellung von Bartóks Verlangen nach Genauigkeit – und von seiner Bescheidenheit.

Einige Wochen nachdem ich Bartók erstmals vorgespielt hatte, gab ich mein erstes Konzert in Wien, mit folgendem Programm: Mozarts *Es-Dur-Sonate KV 282,* Beethovens *Les Adieux,* Liszts *h-moll-Sonate,* Ravels *Sonatina* und zum Schluß die *Sonatine* von Bartók. Meine Eltern finanzierten diesen Abend. Sie mieteten den Saal, bezahlten die Zeitungsannoncen, den Manager und alles andere. Da meine Eltern nicht reich waren, bedeutete dies für sie eine ziemliche Strapazierung ihrer finanziellen Möglichkeiten. Nun kannten sie aber einen reichen Herrn in Wien, einen bekannten Mäzen, der schon vielen jungen Künstlern geholfen hatte; den besuchten wir zwei Tage vor dem Konzert in der Hoffnung, daß er achtzig bis hundert Karten übernehmen würde, um das materielle Risiko etwas zu mildern. Alles ging gut, ich spielte ihm vor, und er war begeistert. Ganz zum Schluß fragte er mich nach dem Programm. Als er den Namen Bartók hörte, wurde er rot im Gesicht und begann zu schreien. »Bartók ist hier sehr unbeliebt, Sie würden sicher eine schlechte Kritik bekommen! Spielen Sie etwas anderes, ich bezahle Ihnen gern die Druckereispesen, wenn Sie einen neuen Programmzettel auflegen.« Meine Eltern schauten mich an und hofften inständig, daß ich mich dem weisen Rat beugen würde. Aber ich zögerte keinen Augenblick und sagte nur kurz: »Bartók bleibt.« Es war die erste »Schlacht«, die ich für Bartók schlug – die erste, aber sicherlich nicht die letzte. Wohlgemerkt, ich war zu jener Zeit sechzehn Jahre alt. Ich spielte mein Programm wie vorgesehen, das Konzert war ein sehr großer Erfolg. Das Mäzen kam, saß in der letzten Reihe – und applaudierte begeistert.

Eines Nachmittags traf ich bei Bartók einen jungen Pianisten-Kollegen, der ihm ebenfalls etwas vorspielen wollte. Er begann mit aller Wucht die perkussive *Sonate für Klavier* aus dem Jahr 1926 zu »bearbeiten«. Bartók stand hinter ihm, hörte aufmerksam zu, dann klopfte er ihm sanft auf die Schulter. »Bitte, nicht so bartókisch«, sagte er. Die wenigen Pianisten, die sich damals an Bartók-Werke heranwagten, taten es barrikadenstürmend, quasi im Sinn einer Protestdemonstration. Das war der Bartók-Stil. Bartók aber meinte, daß man nicht alle seine Klavierwerke in der Manier des *Allegro barbaro* spielen solle, sondern eher mit französischer Souplesse, geradezu als wären sie von Ravel. Das war für mich verblüffend, eine echte Überraschung.

Als ich später anfing, das *Zweite Klavierkonzert* zu studieren, gab es für mich im zweiten Satz Stellen, wo ich weder ein noch aus wußte. Ich beklagte mich bei Bartók und sagte ihm: »Dieses Konzert ist unspielbar schwer.« Er lächelte: »In einigen Jahren wird es Ihnen leicht vorkommen.« Leicht wurde es eigentlich nie – aber nach sehr viel Üben kam ich langsam hinter seine Idee – und so wurde es für mich endlich auch spielbar.

Als ich im Dezember 1939 in Amerika ankam, hatte ich zwei Schätze mitgebracht: eine Fünfzig-Dollar-Note und die Fotokopie des handgeschriebenen *Zweiten Klavierkonzertes* von Béla Bartók. Die fünfzig Dollar reichten nicht lange – und es dauerte acht Jahre, bis ich endlich die Gelegenheit bekam, das *Zweite Klavierkonzert* in New York zu spielen. Acht Jahre lang reiste ich in den USA von Dirigent zu Dirigent, mit der Bitte, mich dieses herrliche Stück, dieses Meisterwerk, das ich nach wie vor für eines der großartigsten Klavierkonzerte unseres Jahrhunderts halte, aufführen zu lassen – ohne Erfolg. Einer der damals bekanntesten Dirigenten des Landes, ein Ungaro-Amerikaner, meinte, es würde einfach zuviel Probenarbeit kosten, und der Erfolg sei mehr als zweifelhaft. Ich aber gab nicht auf, arbeitete weiter und wartete auf eine günstige Gelegenheit. Nicht die New Yorker Philharmoniker, nicht das NBC-Orchester, sondern ein kleines »Outsider-Orchester«, die National Orchestra Association, wagte es schließlich, das Werk auf ihr Programm zu setzen. Wir hatten insgesamt sechs Proben, je eine pro Woche am späten Abend, da die Orchestermitglieder alle anderweitig beschäftigt waren. In der siebten Woche kam die Konzertaufführung in der Carnegie Hall. Vor einem nicht vollbesetzten Saal wurde es ein riesiger Erfolg. Anderntags fragten alle Zeitungen einhellig, wie es möglich gewesen sei, daß dieses Werk so lange auf die New Yorker Erstaufführung hatte warten müssen (1933 vollendet, habe ich es erst 1947 erstmals in New York spielen können).

Ein Jahr später meldete sich auch die New Yorker Philharmonie. Plötzlich wollte auch sie dieses Klavierkonzert in ihr Programm aufnehmen. So kam es, daß ich nach acht Jahren Wartezeit das Konzert gleich zweimal hintereinander in New York spielen durfte. Damit begann der unaufhaltsame Siegeszug dieses großartigen Werkes. In den nächsten Jahren spielte ich es nicht weniger als einundvierzigmal, unter anderem in Paris, London, Oslo, Stockholm, Johannesburg, Tokio, Buenos Aires, Sydney und Wellington. In Kopenhagen spielte ich es sogar dreimal: Erst in zwei aufeinanderfolgenden Saisons; dann zum vierzigjährigen Jubiläum des Dänischen Rundfunkorchesters – eines der erfolgreichsten Konzerte in der Geschichte des Orchesters.

Daß Bartók den triumphalen Erfolg seines Werkes nicht mehr erleben durfte, erfüllt mich heute noch mit großer Traurigkeit. Ich begleitete den großen Komponisten auf seinem Leidensweg in seinen letzten Jahren in den USA, wo er 1945 im Exil, beinahe unbekannt und mittellos, an Leukämie starb.

Als ich als blutjunger Pianist in Budapest an einem einzigen Abend drei Klavierkonzerte von Beethoven (*Nr. 1, 4* und *5*) spielte, kam Bartók ins Künstlerzimmer, um mir zu gratulieren. Ich sagte zu ihm: »Herr Professor, in einigen Jahren werde ich an einem Abend drei Konzerte von Ihnen aufführen.« Er lächelte und meinte, ich solle keinen Unsinn reden. Er habe ja nur zwei. Viel später schrieb er sein drittes Konzert. Ich spielte alle drei oft – einmal tatsächlich an einem einzigen Abend, in Brüssel. Bartók war leider nicht mehr am Leben, aber ich habe mein Wort gehalten.

Bartók besaß einen besonders ausgeprägten Sinn für Humor, einen solch subtilen Witz, daß er oft nicht verstanden wurde. Einer Gelegenheit erinnere ich mich, bei der sein Humor einen tragischen Unterton gewann. Doch es war noch immer Humor, und er bewies ihn zu einer Zeit, in der sein Leben alles andere als glücklich oder heiter oder auch nur angenehm war, unter Umständen, die die Geduld der meisten Menschen auf eine harte Probe stellen und im Herzen fast eines jeden, der kein Heiliger war, Bitterkeit aufkommen lassen mußten. »Jahre vergehen, ohne daß ein einziges Orchester einen einzigen Ton von mir aufführen würde«, sagte er eines Tages zu mir und fügte mit bitterem Humor hinzu: »Es ist eine Schande – aber nicht für mich.« Nachdem er 1940 den Entschluß gefaßt hatte, sich von dem diktatorischen Regime in Ungarn loszusagen, tauschte er einen Palast für eine Hütte ein. New York war damals so wenig reif für Bartók wie die übrige Welt, und das Höchste, was es 1940 einem der größten Komponisten dieses Jahrhunderts anzubieten wußte, war eine überfüllte Zweizimmerwohnung. Die Miete wurde mit den Dollars bezahlt, die Bartók und seine Frau Ditta verdienten. Sie gaben allen den Kindern Klavierstunden, deren Eltern mutig und unabhängig genug waren, zu gestatten, daß ihre Kinder von diesem seltsamen Flüchtling unterrichtet wurden. Um Bartóks Gesundheit war es in jenen Tagen schlecht genug bestellt. Die ersten Anzeichen der Leukämie, an der er 1945 sterben sollte, traten in Erscheinung, und er war wiederholt längere Zeit bettlägerig. Sein Leiden hinderte ihn mehrfach daran, der Einladung zu einer Reihe von Vorlesungen an der Harvard-Universität zu folgen. Zu einer Zeit, da ihm diese Einladung von einer der angesehensten Universitäten Amerikas im Hinblick auf die völlige Verkennung seiner Musik doppelt wichtig sein mußte, war er gezwungen, die bereits angekündigte Vortragsreihe abzusagen. Doch nicht einmal dieses Mißgeschick vermochte seine seelisch-geistige Kraft zu brechen. Auch kam es ihm nicht in den Sinn, etwas gegen seine Überzeugung zu tun, um damit seine Lage zu verbessern. Er war seinem Wesen nach unfähig, seinen Stolz zu überwinden in dem Versuch, den einen oder anderen amerikanischen Stardirigenten – unter denen auch einige seiner ehemaligen Landsleute waren – mit Schmeichelei dazu zu bewegen, eines seiner Werke auf ihre Programme zu setzen. Und da andere Komponisten andersgeartete, praktischere Ansichten über die Art und Weise hatten, wie man Aufführungen eigener Werke erreichen kann, verstrichen Monate und Jahre, ohne daß eines der großen amerikanischen Orchester sich dazu entschloß, für die dürftige Quote seines Bedarfs an moderner Musik Bartóks Werke heranzuziehen. Sein ganzes Leben lang war sich Bartók nur zu klar darüber, daß die Welt noch nicht reif genug war, seine Musik aufzunehmen. Als ich mich 1943 darauf vorbereitete, zum erstenmal in New York seine *Sonate für Klavier* zur Aufführung zu bringen, besuchte ich ihn einige Wochen vor dem Konzert, ihm von dem bevorstehenden Ereignis zu berichten. Seine Reaktion rührte mich beinahe zu Tränen. Zunächst versuchte er ruhig und fast väterlich, mich davon abzuschrecken, die Sonate überhaupt auf mein Programm zu setzen. Er fürchtete, ich könne mir mit diesem kompromißlosen Werk schlechte Kritiken zuziehen, und hielt es für seine Pflicht, mich davor zu warnen. Als er einsah, daß ich fest entschlossen war, die Sonate zu spielen, rückte er mit einer Kompromißlösung heraus. »Warum lassen Sie nicht den zweiten Satz aus, der am schwersten eingängig ist, und spielen ganz einfach nur den ersten und den letzten? Auf diese Weise laufen Sie nicht Gefahr, daß die Leute Buh schreien«, sagte er ganz sachlich. »Ich denke nicht im Traum daran, das zu tun«, erklärte ich, und wenn überhaupt je, so war es in diesem Augenblick, daß er es sich gestattete, ein Anzeichen von Rührung erkennen zu lassen.

Die glücklichsten Tage, die er in New York erlebte, waren vielleicht jene, die er in einem winzig kleinen Raum verbrachte, den ihm die Columbia University zur Verfügung gestellt hatte. In diesem dunklen, fensterlosen kleinen Raum saß Bartók Stunden um Stunden und lauschte den jugoslawischen Volksliedern der Millford-Barry-Sammlung. Ich besuchte ihn häufig in diesem kleinen Studio und war immer aufs neue erfüllt von höchster Bewunderung für die äußerste Hingabe, mit der er sich dieser enervierenden Arbeit widmete. Ein ums andere Mal spielte er jede einzelne Platte mit extrem langsamer Umdrehungszahl ab und lauschte mit engelhafter Geduld auf jeden einzelnen Ton, so lange, bis er imstande war, jeden Ton mit unfehlbarer Genauigkeit zu bestimmen. Während ich ihn so stundenlang bei jener Arbeit beobachtete – nicht selten blieb er vom frühen Morgen bis zum späten Nachmittag in seinem Studio –, entdeckte ich eine weitere wesentliche Charaktereigenschaft bei ihm. Ich kann sie nur als fanatische Akkuratesse bezeichnen, eine unermüdliche Ausdauer, die er an seine Arbeit wandte. Ich habe so unendlich viel von Bartók gelernt, von Bartók als Komponist, als Pianisten und als Lehrer, daß es höchst schwierig wäre, es im einzelnen deutlich zu machen. Sein Einfluß auf mich war allumfassend. Doch vermag ich die beiden charakteristischen Eigenschaften zu nennen, die mich an Bartóks Spiel am meisten faszinierten. Die erste war sein beinahe unheimliches Gefühl für den Rhythmus – verbunden mit einer wunderbaren Geschmeidigkeit, die sein Spiel vielleicht mehr als alles andere auszeichnete. Sein Rhythmus war stets von äußerster Folgerichtigkeit – doch wurde er niemals starr.

Die zweite charakteristische Eigenschaft war sein unglaublicher Sinn für die Klangfarbe und Tonqualität. Während einer unserer zahlreichen nachmittäglichen Studierstunden in seinem Haus führte er mir eine Tatsache vor Augen, über die ich bis dahin nie nachgedacht hatte. Er wies darauf hin, daß in der Musik Dynamik und Klangfarbe allein durch die Verbindung zweier Töne zustande kommen. Er machte mir diese Tatsache in der lebendigsten Weise anschaulich. »Fordern Sie den größten Pianisten der Welt auf, einen Ton auf dem Klavier anzuschlagen«, sagte er, »einen einzigen Ton nur – und dann fordern Sie den nächstbesten Taxifahrer auf, das gleiche zu tun – und Sie werden entdecken, daß jeder der beiden den Ton auf haargenau dieselbe Weise angeschlagen hat – der eine Ton klang kein bißchen schöner als der andere. Um den Unterschied zwischen dem Taxifahrer und dem großen Künstler deutlich zu machen, müssen beide zwei Töne anschlagen ... nur darin werden sich beide als das offenbaren, was sie sind, denn die Verbindung der Töne miteinander ist es, worauf die Klangfarbe basiert.«

Und noch eine zweite pianistische Anregung Bartóks griff ich sofort und ohne Zögern auf, obwohl mir der Gedanke, als er ihn aussprach, zunächst sehr eigenartig und völlig neu war. Er gab diese Anregung am Ende eines langen Beisammenseins, während dessen ich Mozarts *G-Dur-Konzert KV453* gespielt hatte. »Warum spielen Sie die Verzierungen nicht so kurz wie möglich«, meinte er, »ich spiele sie nahezu gleichzeitig mit dem Hauptton ...«

Ich versuchte es, und das Ergebnis war verblüffend. Diese Technik gewann der melodischen Linie einen besonderen Wohllaut ab. Sie gab ihr einen lebendigen, zeitgenössischen Klang und verlieh dem Stück zusätzliche Farbigkeit und Witz. Nicht einen Augenblick lang zweifelte ich an der Richtigkeit seiner Anregung. Doch bin ich mir heute noch nicht klar darüber, ob ich für meine Person einen anderen Hinweis von ihm befolgen möchte – einen Hinweis in bezug auf die Wiedergabe einer Passage bei Beethoven. Um einen bestimmten Gesichtspunkt, den er für den dritten Satz seiner eigenen Sonate vertrat, deutlich zu machen, spielte mir Bartók den letzten Satz der *Fis-Dur-Sonate op. 78* von Beethoven. Er trat dafür ein, an Stellen, wo zwei gleichwertige Noten durch einen Schleifbogen miteinander verbunden sind, die zweite Note sehr kurz zu nehmen. Während diese Auffassung für Bartóks Musik restlos überzeugend ist, halte ich sie für strittig in bezug auf Beethoven. Bartóks Musik hingegen verlangt sie oft geradezu.

Bartók zog das Komponieren oder die Arbeit an seinen ausgedehnten Sammlungen dem Unterrichten bei weitem vor. Er unterrichtete ohne Begeisterung. Niemals lehrte er Komposition im herkömmlichen Sinne. Er glaubte nicht daran, daß es möglich sei, Komposition zu lehren. Nichtsdestoweniger zeigte ich ihm einmal eine kleine eigene Komposition und erbat sein Urteil. Wie leicht wäre es für ihn gewesen, meinen Versuch mit einem überlegenen Lächeln oder einer vernichtenden Bemerkung abzutun. Doch er las das Stück aufmerksam durch, sagte dann milde: »Nicht übel« und fügte dem ein paar Sätze an, die in Wahrheit einen Rat bedeuteten, jedoch mit jener Bescheidenheit geäußert wurden, der nur die größten Genies fähig sind. »Wissen Sie, was ich abends vor dem Einschlafen lese? Mozarts Streichquartette ... sie liegen als einziges ständig auf meinem Nachttisch. Versuchen Sie es, sie regelmäßig zu lesen ...«, setzte er hinzu.

Obwohl Bartók keine Neigung zum Unterrichten verspürte, bearbeitete er doch eine Reihe klassischer Werke für den Unterrichtsgebrauch. Seine volkstümlichste Edition, die von allen Klavierstudierenden der Franz-Liszt-Akademie benutzt wurde, ist seine Ausgabe von Bachs *Wohltemperiertem Klavier,* die in den zwanziger Jahren in Budapest beim Verlag Rozsavolgyi erschien.

Inspiration zu vermitteln, ist die erste und wichtigste Aufgabe des Lehrenden. Und ich habe niemanden gefunden, der inspirierender zu wirken vermochte als Béla Bartók. Worte, Theorien – selbst die klügsten Worte und faszinierendsten Theorien bleiben bedeutungslos, wenn sie sich nicht auf feste persönliche Überzeugung und niemals wankende moralische Kraft gründen. Bartók wurde mir zum Leitbild nicht so sehr durch das, was er als Lehrer äußerte, als vielmehr durch sein menschliches Beispiel: Ich empfinde es als ein doppeltes Glück, daß ich ihm als Sechzehnjähriger begegnen durfte, in jenem eindrucksoffenen Alter, in dem sein Einfluß, sein leuchtendes Vorbild meine grundsätzliche Einstellung zum Leben zu formen vermochten. Bartók in seiner gesamten Individualität war es, der in jenen Jahren zu meinem Idol, zum Leitstern meines Lebens wurde. Es war nicht so, daß ich mir bewußt die eine oder andere Eigenschaft oder Besonderheit seines Wesens ausgesucht hätte, um sie zu kopieren – alles an ihm wurde mir zum Vorbild.

Wenn ich jedoch heute die Züge zu ergründen suche, die mich am tiefsten beeindruckten, so denke ich vor allem an seinen kompromißlosen Geist, seine Fähigkeit, nicht einen Zollbreit zurückzuweichen, sich in keiner Weise zu unterwerfen, keinerlei Konzession zu machen, soweit es seine Überzeugung betraf, auch dann nicht, wenn er sich einer niederschmetternden Entfaltung feindlicher Kräfte gegenübersah. Seine Integrität, seine Rechtschaffenheit, seine Geradlinigkeit waren um so unglaublicher, als er sich offensichtlich dieser Eigenschaften keineswegs bewußt war. So zu handeln, wie er es tat, war für ihn die einzige Möglichkeit zu existieren. Nie versuchte er diplomatisch zu sein, vorsichtig oder geschickt – diese Wörter kamen in seinem Vokabular nicht vor. Zweifellos besaß er einen unbeirrbaren, ganz persönlichen Glauben – den Glauben an den sicheren Sieg dessen, was recht ist. Wie alle großen schöpferischen Menschen war er im tiefsten einsam. Doch er akzeptierte seine Einsamkeit ohne Bitternis, in der mir unerschütterlich scheinenden Gewißheit, daß einmal die Zeit kommen müsse, zu der die Welt reif sein würde, seine Musik zu begreifen.

Das Haus, in dem Bartók wohnte, ist heute ein Museum. Auch die Bronzebüste von Andor Foldes und Bartóks Dedikation für ihn zum *Zweiten Klavierkonzert* sind jetzt dort ausgestellt.

Klavierkünstler oder Tourist?

Die meisten Leute meinen, daß die reisenden Stars – von allem anderen abgesehen – auch noch beträchtliche Globetrotter-»Zinsen« einheimsen könnten, da sie ja fortwährend im Weltall herumschwirren und dadurch ganz selbstverständlich Gelegenheit haben, die Welt, die sie bewundert, auch ihrerseits von der schönsten Seite kennenzulernen und zu genießen. Von der törichten Einfalt dieses Glaubens handelt dieses Kapitel.

Wilhelm Backhaus, einer der größten Pianisten, die kennen und bewundern zu lernen ich das Glück hatte, war sicherlich auch einer der meistgereisten Künstler seiner Generation. Als er fünfundsechzig Jahre alt wurde (oder waren es siebzig?), setzte er ein halbes Jahr aus, um sich mit seiner Frau die vielen herrlichen Orte der Welt, an denen er je konzertiert hatte, einmal in aller Ruhe und gründlich anzusehen. Viele staunten, daß dergleichen nötig war. Ich verstand es nur zu gut, mit dem Unterschied, daß ich jetzt als Siebziger nicht den geringsten Wunsch hege, mir manchen Ort nochmals anzusehen. Orte, die ich nur am Rande oder überhaupt nicht kennengelernt hatte, als ich dort als konzertierender Künstler, wenn auch nur für kurze Zeit, Fuß faßte.

Kaum ein Jahr war ich in den Vereinigten Staaten, als ich für einen Klavierabend nach Niagara Falls eingeladen wurde. Es gibt tatsächlich eine Stadt dieses Namens, den sie den berühmten Wasserfällen verdankt. Das Schicksal (nein, das wäre zu hochgestochen, sagen wir lieber, mein Terminkalender) wollte nicht, daß ich diese einzigartige Touristenattraktion, wofür Millionen von Menschen eine Unmenge Geld ausgeben, besichtigen sollte.

Ich kam mit der Eisenbahn gegen sechs Uhr abends aus New York an, fuhr ins Hotel, wo ich gerade Zeit hatte, mich zu erfrischen, zu rasieren und den Frack anzuziehen – und auf ging's in den Konzertsaal. Da wartete bereits ein festlich angezogenes Publikum auf mich. Das Konzert endete wie üblich um zehn Uhr, und um elf Uhr saß ich vergnügt in meinem Schlafabteil auf der Rückreise nach New York City. Ich mußte zu weiteren Verpflichtungen reisen und hatte ja eigentlich meine Aufgabe erledigt.

Habe ich bedauert, die Niagarafälle verpaßt zu haben?

Überhaupt nicht! Ich hatte das gute Gefühl, Menschen, die das ganze Jahr hindurch Gelegenheit haben, die Wasserfälle zu besichtigen, Musik geboten und, wie ich hoffte, ein wenig Freude bereitet zu haben. Dafür, und nur dafür war ich schließlich nach Niagara Falls gereist.

Wir waren dreimal in Südafrika, und das eine Mal schien es so, als ob wir die Möglichkeit hätten, dem weltberühmten Krüger National Park eine kurze Visite abzustatten. Im letzten Augenblick aber ergab sich noch ein unvorhergesehenes Konzert, das ich unmöglich ausschlagen konnte, nicht aus finanziellen Gründen, sondern weil mein Manager darauf bestand und ich ihn nicht vor den Kopf stoßen wollte. Auch dies ertrug ich ohne besondere Traurigkeit. Die Löwen, Elefanten, Impalas und was es sonst noch an Tieren dort gab, konnten sich, so hoffte ich sehr, ihrerseits darüber hinwegtrösten, daß sie mich nicht zu Gesicht bekommen hatten.

Meine Frau und ich waren bei jeder Fernosttournee auf der Hin- und Rückreise in Indien. Wir haben viel gesehen: die schöne Stadt Neu-Delhi, die furchtbaren Slums von Kalkutta, die Weltstadt Bombay, die südlich-gemächliche Stadt Madras mit ihrem ganz anderen Lebenstempo, die reizende Kleinstadt Poona (noch bevor es »Mode« war, dort »auszuflippen«) – all dies im Laufe terminreicher Konzertreisen, die keine »Seitensprünge« erlaubten.

Die Frage aber, mit der ich immer wieder konfrontiert werde, sobald ich über Indien zu sprechen beginne, muß ich leider bis heute mit einem klaren Nein beantworten: Wir waren *nicht* in Agra und haben den Tadsch Mahal *nicht* gesehen. Ich weiß, bei Mondschein um Mitternacht ist es eine fabelhafte, einmalige Sehenswürdigkeit, und ich muß schon sagen, daß ich manchmal auch selbst den leisen Wunsch gehegt habe, diesen einzigartigen Bau zu besichtigen.

Ob ich wohl seinetwegen auf das Mittagesen bei Nehru verzichtet hätte, zu dem meine Frau und ich gemeinsam mit

Indira Gandhi in die Residenz des Ministerpräsidenten geladen waren? Natürlich nicht. Wir kamen nicht dazu, den Tadsch Mahal zu besichtigen, der Fall war erledigt. Dafür aber durften wir den Präsidenten Indiens, den großen Philosophen Radhakrischnan besuchen und mit ihm Tee trinken. Wir unterhielten uns eine halbe Stunde über die indisch-chinesische Auseinandersetzung, die damals wieder einmal in ein kritisches Stadium getreten war. Für nichts in der Welt hätte ich dieses Gespräch versäumen mögen.

Auch Lal Bahadur Schastri, den kleinen »großen« Ministerpräsidenten, durften wir in seinem Büro besuchen. Er hatte sich entschuldigen lassen, daß er wegen Zeitmangels nicht zu meinem Konzert kommen könne, und uns gebeten, ihm eine Visite abzustatten. Ich muß sagen, daß ich mit dem Fazit meiner Indienreisen eigentlich recht zufrieden bin.

Als ich 1959 anläßlich meiner Australientournee beinahe vier Wochen in Neuseeland verbrachte, um dort unter anderem das *Zweite Klavierkonzert* von Bartók erstaufzuführen, befreundeten wir uns ein wenig mit dem damaligen Oberbürgermeister von Wellington, der größten Stadt des Landes. Er bot uns an, uns das offizielle Motorboot der Stadt (samt Kapitän natürlich) für einen Nachmittag zur Verfügung zu stellen, um eine kleine Hafenrundfahrt vor einer der szenisch sicherlich schönsten Städte der Welt zu machen. Auch diesmal mußten wir passen: Die Zeit reichte nicht aus, und wir flogen ohne die kleine Hafenrundfahrt vom herrlich gelegenen Flughafen Rongotai ab.

Bedauern? Nein, das kam mir nicht in den Sinn. Ich freute mich, daß ich die Gelegenheit gehabt hätte, und betrachtete das Angebot, als »rain-check«, wie man auf englisch sagt – ich vertröstete mich auf das nächste Mal.

Wird es je kommen? Wer weiß?

Werde ich je nochmals in Neuseeland konzertieren? Nicht sehr wahrscheinlich. Es ist zu weit.

Ob ich mich dann mit dem neuen Bürgermeister befreunden werde? Ich glaube kaum, und wenn doch, würde es ihm einfallen, mir das Motorboot der Stadt für einen Ausflug anzubieten? Kann sein. – Alles höchst hypothetisch.

Auf der anderen Seite von »Soll und Haben« in diesem Fall steht meine Konzerttournee, in deren Verlauf ich in Wellington, Auckland und anderen Städten spielte und viele liebe Menschen traf, von denen ich einige nie vergessen werde.

Ich denke in allererster Linie an den hageren, schweigsamen Mann, der in Auckland mit seiner Frau ins Künstlerzimmer kam und mich und meine Frau für den nächsten Tag zu sich in seine Wohnung einlud. Diesmal konnten wir der Einladung Folge leisten, einer Einladung, die uns beiden große Freude bereitete. Es war Sir Edmund Hillary, der 1953 als erster den Mount Everest bezwungen hatte und in Auckland lebte. Ihn treffen zu können bedeutete mir wesentlich mehr als eine Hafenrundfahrt. Wir lernten in Hillary einen höchst sympathischen, etwas schüchternen Mann kennen, der uns nach einem sehr schönen zusammen verbrachten Nachmittag sein Buch über die Mount-Everest-Expedition schenkte und mit einer reizenden Widmung versah.

Menschliche Begegnungen brachte mein Leben in Hülle und Fülle. Sie bedeuten mir sehr viel mehr als die wunderbarste Touristenattraktion.

Ich mußte früh lernen, daß ein Mensch im Leben nicht alles haben kann. Ich mußte wählen.

Ich traf meine Wahl eindeutig und habe sie nie bereut.

Nehru

Nach Japan zu fliegen war in den fünfziger und sechziger Jahren ein großes Unternehmen. Um die damals noch sehr lange und ermüdende Reise zu unterbrechen, machten wir immer einige Tage halt in Indien. Ich spielte auch sehr gern ein oder zwei Konzerte in Bombay. Es war alles so anders hier als in Europa, und das faszinierte mich.

Im Jahr 1959 bot ich an, zusätzlich zu meinen Konzerten in Bombay ein Wohltätigkeitskonzert in New Delhi zu geben. Ich ahnte nicht, daß dem Konzert, das ich in Indiens Hauptstadt zugunsten des »Prime Minister's Fund« offeriert hatte, eine so große Beachtung zuteil werden würde. Wir fuhren an einem schwülen Spätnachmittag im April von unserem Hotel mit der uns von Nehru zur Verfügung gestellten Limousine in Richtung der Halle, wo das Wohltätigkeitskonzert stattfinden sollte. Der Weg dauerte eine gute halbe Stunde, und durchwegs waren die Straßen auf beiden Seiten mit Menschen vollgestopft. Sie alle standen da und warteten. Aber auf was warten die, wollten wir wissen. »Sie warten auf Herrn Nehru«, antwortete der Chauffeur. »Er will mit seiner Tochter Ihrem Konzert persönlich beiwohnen und wird unterwegs hier vorbeifahren. So können die Leute ihn hier sehen und begrüßen.«

Das Interesse am Künstler selbst, der auf der Bühne im überfüllten Saal eine Anzahl von klassischen Klavierwerken spielte, steigerte sich zur tobenden Ovation, als Nehru, der neben seiner Tochter Indira und meiner Frau in der ersten Reihe saß, plötzlich seinen Platz verließ, leichtfüßig auf die ziemlich erhöhte Bühne sprang, aus den Händen einer von der Seite heraneilenden Dame im Sari einen Blumenkranz, einen sogenannten »Lei«, entgegennahm und diesen um meinen Hals legte. Die Ehre dieser Geste war so groß, daß sich das gesamte Publikum wie auf Kommando erhob und anfing, zu klatschen und zu jubeln.

Nehru war eine faszinierende Persönlichkeit mit großer Wirkung auf Frauen. Während unseres Mittagessens im Palast des Premierministers merkte er, daß meine Frau die als Dessert angebotenen Früchte nicht anrührte. Wir waren zu

Hause wiederholt davor gewarnt worden, in Indien frisches Obst zu essen, weil wir es nicht gewohnt waren und weil ich für meine Konzerte fit und gesund sein mußte. Nehru erriet den Grund sofort. Lächelnd nahm er eine Passionsfrucht von der großen Glasschale auf dem Tisch. »Ich werde sie selbst für Sie schälen, und dann können Sie sie unbesorgt essen«, wandte er sich zu Lili, und so geschah es auch.

Daß er ein Aristokrat war, ein Brahmane, der sich wie alle anderen stolzen, vermögenden Mitglieder seiner Kaste über die anderen Inder erhaben fühlte, beeinflußte ihn auch im positiven Sinne, denn er versuchte alles, seinem Volk zu helfen. Während der vielen Jahre der Gefangenschaft unter der englischen Herrschaft Indiens bewies er, daß er bereit war, sein Leben für sein Land zu opfern. Und als Indien endlich unabhängig wurde, bemühte er sich redlich, die immensen ökonomischen Schwierigkeiten zu lindern.

»Ist Ihnen dies gelungen?« fragte ich ihn in meiner gewohnten, direkten Unbefangenheit. »Ich freue mich, daß Sie mir diese Frage so direkt stellen«, antwortete Nehru ganz spontan. »So kann ich Ihnen eine direkte Antwort geben, Herr Foldes. Während der britischen Herrschaft starben Hunderttausende vor Hunger. Heute sind Hunderttausende immer noch hungrig. Aber es gibt jetzt genügend zu essen für alle, so daß keiner mehr Hungers sterben muß.«

Beethoven

In einem Alter, in dem die Kinder in unserer Straße davon träumten, einmal Lokomotivführer zu werden, sah ich in meinen Wachträumen Beethoven lautlos durch die Tür hereinkommen und mich streicheln, während ich eine besonders schöne Passage aus einer seiner Sonaten spielte.

Mein Sehnen, ihn persönlich zu erleben, war übermächtig. Ich konnte diesen Wunschgedanken nicht beiseite schieben, obschon ich als Kind bereits genau wußte, daß Tote nicht mehr zum Leben erweckt werden können. Doch für mich lebte er – in der Tat betrachtete ich ihn als ein Mitglied der Familie. Er war immer bei mir, ich fühlte seine Anwesenheit. Ich war überzeugt, oder besser gesagt: ich glaubte blind daran, ohne es in Worte fassen zu können, daß der Geist Beethovens irgendwie doch unter uns weilt und sich manchem, der ihn zu erwecken versucht, auf irgendeine Weise beinahe sichtbar machen kann. Diesen kindischen Glauben habe ich heute noch, obwohl vieles von seiner ursprünglichen Kraft mit den Jahren verblichen ist. Den Geist Beethovens, Mozarts, Schuberts zu beschwören, ihn für uns wieder lebendig zu machen – darin sah ich zeitlebens meine Aufgabe.

Es ist keine leichte, und sie wurde mit den Jahren auch nicht weniger schwer. Aber die lebenslange Beschäftigung, der stetige Versuch – das allein ist alle Mühe wert. Und wenn ich nochmals anfangen könnte, möchte ich sicherlich einiges anders (nicht unbedingt besser) machen, aber die Grundtonart des Lebens würde dieselbe bleiben. Doch bevor ich noch zur großen Wiederkehr in der Sinfonie meines Lebens gelange, zur letzten Kadenz, die unbedingt mit einer Tonika, also auf dem Grundakkord der Tonart, enden muß – obwohl ich mir auch einen plagalen Schluß vorstellen könnte, nicht unbedingt eine Dominante, auch eine Subdominante wäre annehmbar – habe ich über vieles zu berichten.

Meine Identifikation mit diesem größten musikalischen Genius aller Zeiten ging so weit, daß ich, als ich siebenundfünfzig Jahre alt wurde – das ist das Alter, in dem Beethoven starb –, Tag für Tag auf meinen eigenen Tod wartete. Ich hatte das Gefühl, daß es sozusagen meine Pflicht wäre, im selben Alter zu sterben wie er.

Als ich, aus Amerika kommend, kurz nach dem Ende des Zweiten Weltkrieges den ersten Besuch meines Lebens in Deutschland machte, eilte ich nach Bonn, um Beethovens Geburtsstätte zu besuchen. Die Nachricht, daß die Beethovenhalle in Trümmern lag, traf mich wie ein Blitz. »Die Beethovenhalle muß wieder aufgebaut werden«, rief ich. »Sein Tempel muß wieder dastehen, um die neue Zeit des Friedens zu verkünden!« Wie ein Besessener begann ich zu agieren.

Ich beschwor alle, die ich in Bonn sehen konnte, vom damaligen Oberbürgermeister Busen bis hinauf zum damaligen Bundespräsidenten Theodor Heuss. »Wir haben andere, wichtigere Dinge zu tun«, sagten alle. Aber nach einiger Zeit gelang es mir, sie zu überzeugen. Meine Besessenheit, meine Hartnäckigkeit brachten endlich den erwünschten Erfolg.

Bundespräsident Heuss erklärte sich bereit, in einem von mir vorgeschlagenen internationalen Beethoven-Kuratorium als Präsident aktiv mitzuwirken. Ich erreichte es auch, daß neben anderen prominenten Persönlichkeiten des internationalen Kulturlebens so bedeutende Musiker wie Otto Klemperer, Ernest Ansermet und Aaron Copland ihre Mitarbeit im Kuratorium zusagten. Zur Festlegung des Datums der Gründungssitzung ließ Heuss bei mir nach einem für mich möglichen Termin anfragen. Damals spielte ich jährlich mehr als neunzig Konzerte. Ich konnte nur einen einzigen freien Tag nach einem Konzertabend in Luxemburg anbieten, den Heuss prompt akzeptierte. So kam es am 16. März 1955 zur festlichen Gründungssitzung des Kuratoriums im Bonner Rathaus. Ein Dienstwagen der Stadt Bonn hatte mich in Luxemburg abgeholt, um mich rechtzeitig zu dem Ereignis nach Bonn zu bringen. Auch bei der späteren Grundsteinlegung der Beethovenhalle war ich, neben Heuss stehend, Ehrengast der Stadt.

Bereits am 16. Dezember 1954, Beethovens Geburtstag, hatte ich in der Aula des Bonner Beethoven-Gymnasiums mein erstes Konzert zugunsten des Wiederaufbaus der Beethovenhalle gegeben. Es folgten Konzerte in wortwörtlich allen Weltteilen, deren Erlöse dem Wiederaufbaufonds zuflossen. So gab ich Beethoven-Abende in der Londoner Festival Hall, im Theatro Colon in Buenos Aires, in Tokios Bunka Kaikan, sowie vor allem in der New Yorker Carnegie Hall, wo der damalige Bürgermeister der Stadt die Woche, in der ich mein Konzert zugunsten des Wiederaufbaus der Bonner Beethovenhalle gab, offiziell zur »Beethoven Week« erklärt hatte. Zusätzlich machte meine Frau eine ausgedehnte Besuchsrunde in New York, um die Mäzene der Stadt zu Spenden für diesen Zweck zu bewegen. John Rockefeller gab meiner Frau persönlich einen Scheck über fünftausend Dollar. Insgesamt erbrachten meine Konzerte für die Beethovenhalle eine Summe von achtunddreißigtausend Mark – eine für die fünfziger Jahre bedeutende Summe.

In unserem Heim steht eine Abbildung der neuen Bonner Beethovenhalle mit der Widmung des Oberbürgermeister Daniels: »Dem großen Beethovenspieler Andor Foldes mit herzlichem Dank für seine erfolgreiche Förderung des Wiederaufbaus unserer Beethovenhalle. Dr. Daniels 1959.«

An der Wand daneben befindet sich die Urkunde des Großen Bundesverdienstkreuzes – all dies zutiefst beglückende »Nebenprodukte« meiner Aktion – die wahrhaftig aus reinstem, innerstem Herzenswunsch geboren wurde.

Zu meinem großen Glück erfuhr ich es erst viel später, daß die ursprüngliche Beethovenhalle schon einmal abgebrannt war und daß sich Franz Liszt für die Errichtung eines neuen Gebäudes eingesetzt hatte, was ja auch zum Erfolg geführt hatte. Hätte ich dies gewußt, wäre ich viel zu gehemmt gewesen, um meine Aktion zu starten.

Nach der feierlichen Eröffnung der neuen Beethovenhalle

im September 1959, bei der ich natürlich mitwirkte, machten wir die Runde im Foyer des prachtvollen Hauses. Mein Blick fiel auf eine Inschrift im Boden, die mit goldenen Buchstaben kundtut, daß hier an dieser Stelle der Grundstein liegt. Mir stiegen Tränen in die Augen. Tief in der Erde im Innern des Grundsteins liegt ein Pergament, gezeichnet von einem der glühendsten und großen Verehrer Beethovens. »Dies ist einer der glücklichsten Momente meines Lebens«, sagte ich meiner Frau.

Leute gibt's ...

Guter Wille, Wohlwollen, Sympathie, Verständnis ... Güte?

Über Menschen habe ich bereits gesprochen, über Ungarn, Europäer, Menschen des Westens, Weiße. Aber von Leuten war noch keine Rede. Dies soll nun nachgeholt werden.

Ich war vielleicht acht oder neun Jahre alt, als meine damalige Klavierlehrerin in einem Anfall von Wut diesen Satz produzierte:

»Ach, der kleine Andor wird wohl nie eine reine Klaviertechnik erwerben.«

Worum es damals ging, war einfach, daß ich scheinbar nicht genügend üben wollte, und trotz vielem Mahnen nicht dazu zu bringen war, die nötigen Stunden geduldig am Klavier zu sitzen, wie dies für das Erlernen der Werke, die ich damals studierte, erforderlich gewesen wäre. Statt mich mit allen ihr zur Verfügung stehenden Mitteln dazu zu bringen, mehr zu üben (liebevolles Zureden, Bonbons versprechen, noch mehr Zureden, Bonbons als Vorschuß geben), flüchtete sich meine Klavierlehrerin in diesen Verzweiflungssatz, der mich in alle Ewigkeit verdammte.

Meine Eltern waren untröstlich. Ich selbst nahm die Angelegenheit auf die leichte Schulter – und übte weiter genauso wie bis dahin. Das Resultat war, daß ich in den Jahren zwischen zwanzig und vierzig oft Kritiken erhielt, die besonders meine große Technik hervorhoben und mich als »Techniker« oder »Virtuosen« abstempelten.

Als meine Frau noch ein ganz junges Mädchen war, von ihrer Geburtsstadt in Siebenbürgen nach Budapest fuhr und dort einen Onkel besuchte, erzählte sie ihm von ihrem Vorhaben, Journalistin werden zu wollen. Sie nannte auch die Zeitung, bei der sie gern gearbeitet hätte. Es ergab sich, daß diese Zeitung zufällig die größte, meistverbreitete und beste Zeitung Ungarns war.

»Kennst du denn jemanden in der Redaktion?« fragte der gutmütige Onkel. Auf die verneinende Antwort sagte er: »Du wirst genauso Mitglied dieser Redaktion werden, wie du Papst werden könntest.«

Eine handfeste Reaktion – und damit habe ich mich vielleicht noch sehr zurückhaltend ausgedrückt.

Binnen drei Monaten wurde meine Frau das erste und vorläufig einzige weibliche Mitglied – vollbezahltes Mitglied – der Redaktion. Mit ihrer Anstellung brach die Zeitung eine Tradition, die bislang als sakrosankt gegolten hatte.

Ich fragte meine Frau, was denn Onkel J. dazu gesagt habe. Ihre Antwort war einfach: »Ich habe ihn nie wieder gesehen.«

Als ich 1955 begann, meine Bartók-Kassette für die Deutsche Grammophon einzuspielen (zum Schluß wurden es insgesamt vier Langspielplatten mit beinahe dem kompletten Solowerk für Klavier des ungarischen Meisters), hielt die DGG es für richtig, den in New York City beheimateten Rechtsanwalt Victor Bator von diesem Unterfangen zu verständigen. Bator war Testamentsverwalter von Bartók und hatte theoretisch das Recht, ein solches Vorhaben zu verbieten, falls es ihm nicht gepaßt hätte.

Kaum daß ich mit den Aufnahmen in Hannover (wo damals alle Soloaufnahmen stattfanden) begonnen hatte, erreichte ein strenger Brief Bators die DGG. In seinem Schreiben verbat er aufs ausdrücklichste die Aufnahme dieser Klavierwerke und erklärte das ganze Œuvre Bartóks für das Klavier als »gesperrt«.

Die maßgebenden Herren der DGG kratzten sich am Kopf. Was tun?

»Wir machen weiter«, sagte ich, felsenfest überzeugt, daß Bator uns nie einen Prozeß machen würde und das Ganze leeres Gerede wäre.

»Und was geschieht, wenn Bator uns einen Prozeß anhängt? Übernehmen Sie die Verantwortung?« war die nächste Frage.

»Er wird es nicht tun«, sagte ich. »Natürlich übernehme ich die Verantwortung; ich muß sie auch für jeden Ton, den ich spiele, übernehmen – und das ist wesentlich schwerer.«

Die Kassette erschien im Jahr darauf, erhielt den Grand Prix du Disques in Paris und ausgezeichnete Kritiken in der ganzen Welt. Noch heute treffe ich Menschen von Tokio bis Buenos Aires und von Südafrika bis Helsinki, die mit einem verschmitzten Lächeln mitteilen, daß sie die Kassette seit über zwanzig Jahren besitzen und immer noch schätzen ... Wir haben nie wieder von Bator gehört. Er starb einige Jahre später. Wenigen ist sein Name heute noch geläufig.

Klavierunterricht

Von dem musikpädagogischen Hintergrund meiner Familie blieb auch ich nicht unberührt. Da ich aber stets gern und viel gereist bin und konzertiert habe, kam ich nur einmal zu einer richtigen Stellung als Pädagoge – außer den einwöchigen Meisterklassen, die ich in London, Bonn, Tokio und Cambridge ab und zu gehalten habe. Ich meine die Jahre, die ich als Nachfolger Walter Giesekings an der Hochschule für Musik in Saarbrücken lehrte, von 1958 bis Anfang 1965.

Natürlich war ich auch dort nicht »hauptamtlich« – zu dieser Zeit gab ich jährlich um die neunzig Konzerte in aller Welt. Aber ich war jeden Monat drei bis vier Tage in Saarbrücken. Von wo immer ich kam, machte ich zunächst einige Stunden in Bad Homburg halt, um meine Frau zu sehen, denn während der Jahre meiner Professur in Saarbrücken wohnten wir in Bad Homburg.

Wieso Bad Homburg? Ganz einfach. Im Frühling 1956 spielte ich mit dem Frankfurter Sinfonie-Orchester und hatte zwischen den Proben und den Konzerten ein freies Wochenende. Das Wetter war schön und warm. Wir wollten ins Freie, und jemand riet uns, nach Bad Homburg zu fahren, mit dem Zug weniger als eine halbe Stunde von Frankfurt entfernt. Es war Lindenblütenzeit, und es duftete in dieser kleinen, idyllischen Stadt überall in ihren herrlichen Parks.

»Da will ich wohnen«, sagte ich spontan. Wohnen bedeutete in diesem Abschnitt unseres Lebens, hie und da ganz wenige Wochen ohne Konzertreisen zu sein. Ich wollte also in Bad Homburg ein »Hauptquartier«. Noch bei diesem ersten Besuch mieteten wir ein Zimmer in einem bescheidenen, hübschen Hotel am Park und erklärten, daß wir es monatelang behalten würden, ob wir da wären oder nicht. Wir würden Koffer dortlassen und auch die für die Reisen unnötigen Kleidungsstücke. Nach einiger Zeit entschieden wir uns aber doch, ein kleines Häuschen am Hügel, in der Nähe des Waldrandes, zu mieten, und dort blieben wir bis 1961.

Meine Schüler kamen aus allen Ecken und Enden Deutschlands, aber auch aus Frankreich, Japan, Australien, Neuseeland – um mit mir zusammen zu versuchen, in die Geheimnisse des Klavierspiels einzudringen. Kann man denn eigentlich überhaupt Klavierspiel unterrichten? Diese Frage habe ich oft zu beantworten versucht – bisher mehr oder weniger erfolglos.

Béla Bartók hat an der Liszt-Akademie in Budapest nie Komposition unterrichtet. Hingegen erteilte er Klavierunterricht. Seine Erklärung war, daß Komponieren nicht unterrichtbar sei. Was er meinte, war – und das ist viel logischer –, daß es nicht lernbar sei. Da er vor allem Komponist war und erst in zweiter Linie Pianist, hatte er von seinem Standpunkt aus völlig recht.

Wilhelm Backhaus unterrichtete in Manchester als junger Mann Klavier, bevor er seine Weltkarriere begann – aber nur einige Semester. Dann hat er nie wieder einen Schüler angenommen. Auf meine direkte Frage, warum er sich nie pädagogisch betätigen wollte, hatte er eine stolz-bescheidene Antwort: »Ich habe in meinem Leben wirklich nur einen einzigen Schüler gehabt, mit dem ich alle Hände voll zu tun habe – nämlich mich selbst ...« Wie recht hatte er.

Ich will nun zu beschreiben versuchen, wie eine typische Stunde, richtiger ein Unterrichtsvormittag, in Saarbrücken vor sich ging. Alle Schüler mußten vor Beginn des Unterrichts in ein Heft eintragen, welche Werke sie zum Vorspielen mitgebracht hatten. Nachdem ich die Liste studiert hatte, suchte ich davon etwas wie ein kleines Konzertprogramm aus. Es begann oft mit Bach, Scarlatti oder Mozart, ging mit Beethoven weiter (ohne Beethoven gab es selten eine Unterrichtssitzung), dann kamen Schubert, Schumann und Brahms und schließlich Chopin und Liszt, Debussy und die Modernen.

Es ging der Reihe nach, und wenn der erste Schüler das erste Werk beendet hatte, fragte ich ihn, wie er mit seinem Spiel zufrieden war, und wo und was er gern ändern würde, wenn er Gelegenheit hätte, es nochmals zu spielen. Aus seiner Antwort erfuhren ich und die Klasse, die immer aktiv teilnehmen mußte, wie er sich selbst gehört hatte, ob er überhaupt zugehört hatte während seines Vortrags und ob er (und das ist das Ärgste) sich nicht ganz falsch gehört hatte. Nach dieser musikalischen Selbstkritik kamen die anderen Teilnehmer an die Reihe. Sie mußten ebenfalls ihre Meinung äußern, woraus ich ersah, ob und wie sie ihrem eigenen Spiel gelauscht und wie viel sie von ihrer eigenen Aufführung mitbekommen, verstanden hatten.

In einigen Fällen forderte ich den Spieler auf, es nochmals zu versuchen, diesmal so, wie er es eigentlich *wollte* oder *sagte.* Dann mußte der eine oder der andere Mitschüler es auch versuchen, besonders, wenn er das betreffende Werk auch schon irgendwann einmal selbst gespielt hatte. Schließlich kam ich selbst an die Reihe. Ich spielte das Werk vor, immer mit dem Vorbehalt, daß ich es *überhaupt* nicht wollte, daß die Schüler mich imitieren sollten. Nur in Fällen, wo ein Studierender ganz falsch lag, sagte ich ihm, daß dies oder jenes überhaupt nicht zulässig sei, und daß es eigentlich so und so sein *müßte.*

Meist hörte ich mir dann dasselbe Werk ein, zwei Monate später nochmals an, um zu erfahren, wieviel der junge Pianist sich davon, worüber gesprochen worden war, angeeignet hatte. Viel, sehr viel lag mir daran, die eigentliche Persönlichkeit nicht zu beeinflussen, sondern viel eher jedem die Möglichkeit zu vermitteln, sich in *der* Richtung zu entwikkeln, in der seine ursprünglichen Talente und seine werdende Persönlichkeit zu liegen schienen.

Wie man aus dieser sehr knappen Beschreibung ersieht, ist Klavierunterricht auf der allerhöchsten künstlerischen Stufe eine Sache des Beinahe-Unmöglichen. Und dennoch sucht der junge Pianist Zuflucht, Trost und Rat bei dem älteren, erfahreneren Künstler, der ihm zwar einige Winke mit

Zaunpfahl, aber nie eine endgültige, »sichere« Lösung geben kann – ja gar nicht geben darf.

Etwas aber habe ich während meiner Saarbrücker Jahre erreicht: einen wahrhaftig beispielhaften »Esprit du corps« habe ich in meiner Klasse entwickelt. Es ist mir gelungen, alle Rivalitäten unter den Studenten zu eliminieren. Sie hielten alle zusammen, und während der eine mir vorspielte, drückten die anderen die Daumen, daß alles gut gehen möge. Dieser »Klassengeist« hatte sich bald überall herumgesprochen, denn, wie ich hörte, ging es nicht in allen Meisterklassen so harmonisch zu.

Der Musik zuhören

Es gibt viele Arten, Musik zu hören. Für manche ist Musik einfach eine Flucht. Man läßt sich zum Beispiel tragen von den Wellen der Harmonien, alles vergessend, was die harte Realität des täglichen Lebens mit sich bringt.

Etwas gründlicher betrachtet, kann aber Musik, auch für Uneingeweihte, eine Offenbarung werden. Zu allen, die mit ihren Herzen und Seelen und nicht nur mit ihren Ohren zuhören, wird die Musik in einer wortlosen Sprache sprechen: sprechen von ihren Ängsten und Hoffnungen, von Leben und Tod, von Freude und Trauer. Und sie kann auch den Weg zur Erlösung zeigen.

Ich muß immer schmunzeln, wenn ich Menschenmengen ekstatisch über einen Eisschnelläufer jubeln sehe. Ob nur einer von den Tausenden von Sportfans je daran gedacht hat, welche Geschwindigkeit meine Finger erreichen, wenn ich in einem Konzert binnen einer Stunde Hunderttausende von Tasten auf meinem Flügel anschlagen muß?

Die übermenschlichen Leistungen eines Astronauten erfüllen mich mit größter Bewunderung. Es ist fast unvorstellbar, was alles er im Weltall zu denken, zu koordinieren, zu ertragen fähig ist. Unlängst allerdings ist mir eingefallen, daß wir konzertierenden Musiker an einem Abend binnen neunzig Minuten durchschnittlich einhundertundfünfzig Jahre »bereisen«, während wir die Kompositionen von Mozart, Beethoven, Brahms und Bartók aufleben lassen. Und wir tun dies ohne die Hilfe eines viele Millionen Dollar teuren Raumschiffes.

Konzertsäle

Man wohnt in einem Haus oder in einer Wohnung, man logiert in vielen Hotels an den verschiedensten Orten der Welt, man verbringt den Sommer in einem Chalet in den Bergen oder in einer Sommerresidenz am Meer, man reist von einer Stadt zur andern per Flugzeug, Bahn oder mit dem Auto, aber der konzertierende Künstler lebt richtig eigentlich erst während der zwei bis drei Stunden, die er auf dem Weg von seinem Hotel zum Konzertsaal, im Saal selbst und auf dem Heimweg verbringt. Natürlich ist diese Behauptung stark übertrieben, sehr eigenwillig – aber etwas Wahrheit steckt schon darin.

Daß Konzertsäle im Leben eines Musikers eine große Rolle spielen, muß vielleicht hier nicht eigens gesagt werden. Seit frühester Kindheit war ich mit diesen Gebäuden auf das engste verbunden. Je vertrauter mir ein Saal, in dem ich spielte, war – und vertraut wurden sie alle im Laufe der Zeit –, um so eher konnte ich in ihnen mein Bestes geben. Sie sind der Tatort der Handlung, das Gebäude, in dem man seine gehorteten »Waren« endlich zum Vorschein bringt, in ihnen kommt die endgültige Bestätigung der vielen Arbeitsstunden zum Ausdruck, sie sind der Ort der Begegnung mit dem tausendköpfigen Ungeheuer – dem Publikum.

Der erste Konzertsaal, in dem ich spielte, war der große Saal der Franz-Liszt-Musikakademie in Budapest. Hier trat ich, kaum achtjährig, mit einem Klavierkonzert von Mozart auf, wie schon berichtet. So etwas vergißt man nie. Und da sich jeder Kreis im Leben einmal schließen muß – davon bin ich felsenfest überzeugt –, habe ich ebendaselbst im Dezember 1983 zu meinem siebzigsten Geburtstag wieder Mozart gespielt. Diesmal war es nicht das *KV 450*, sondern das im selben Jahr komponierte *KV 453*.

Nichts hatte sich geändert – derselbe Saal, ein verwandtes Mozartkonzert – ein beinahe verflossenes Leben.

Die großen Konzertsäle dieser Welt – sie liegen zwischen diesen beiden für mich entscheidenden Daten. Die drei großen, traditionellen Häuser Europas mit der schönsten Akustik sind für mich, und sicherlich für viele andere Kollegen: der Musikvereinsaal in Wien, das Concertgebouw in Amsterdam und unsere eigene herrliche Tonhalle in Zürich. Ganz dicht dahinter liegen die vielen großen Nachkriegssäle: in erster Linie die Bonner Beethovenhalle, der ich ganz speziell verbunden bin, da ich ja als erster Künstler zu ihrem Wiederaufbau nach dem Krieg beitrug, dann die Royal Festival Hall in London, sowie die Bunka Kaikan in Tokio, wo ich während meiner Japantourneen häufig konzertierte. Es ist dies übrigens der Saal, aus dem man am leichtesten Direktübertragungen für das Fernsehen machen kann. Dank des unglaublichen technischen Könnens der Japaner stören die Aufnahmearbeiten den Künstler hier überhaupt nicht – eine Tatsache, die für mich sehr viel bedeutete.

Es gibt noch viele andere Säle, die mir im Laufe der Zeit vertraut wurden: die City Hall in Hongkong, einige Minuten vom Zentrum der Stadt entfernt, das Kennedy Center in

Washington, wo ich vor einigen Jahren mit dem Washington National Symphony Orchestra unter Antal Dorati ebenfalls ein Mozartkonzert spielte. Dann natürlich die weltberühmte und altbewährte Carnegie Hall (mir unvergeßlich durch meine Bartók-Erstaufführung), die Aula der Universität von Oslo mit den hinreißenden Fresken von Munch, das Théâtre des Champs Elysées in Paris und die Salle Pleyel, wo ich vor einigen Jahren an zwei Abenden die fünf Beethoven-Klavierkonzerte spielte, die Sala del Trono in Barcelona, der älteste Konzertsaal, in dem ich je spielte (hier teilte Christoph Columbus im Jahr 1499 der Königin Isabella von Spanien mit, daß er Amerika entdeckt habe – so überliefert es der Volksmund), und schließlich das Teatro Colon in Buenos Aires, mit einer der schönsten Akustiken des ganzen Kontinents.

Die Aufzählung der Konzertsäle, in denen ich spielte, könnte noch viele Seiten füllen – ich muß hier aufhören. Vielleicht ist es nicht übertrieben zu sagen, daß das Künstlerzimmer eine ebenso wichtige Rolle spielt wie der Konzertsaal selbst. Das Künstlerzimmer, dieser oft so kahle, manchmal auf das allereinfachste eingerichtete Raum, ist natürlich mitentscheidend für die »Stimmung« des Künstlers – denn nicht nur der Flügel muß richtig gestimmt sein. Die Stimmung des Künstlers ist für den Erfolg des Abends von größter Bedeutung. Ein Orangensaft, ein Mineralwasser, ein bequemer Stuhl, gedämpfte Beleuchtung – und vor allem eine vollkommen dichte Tür, die Unbefugten keinen Einlaß gewährt, sind unumgängliche Notwendigkeiten.

Vor dem Beginn und während des Konzerts sind Besucher hinter der Bühne unerwünscht. Sie dürfen die Ruhe und die so nötige Konzentration des Künstlers nicht stören, seine Aufmerksamkeit nicht in Anspruch nehmen. Früher war ich immer bereits eine gute halbe Stunde vor Konzertbeginn im Künstlerzimmer. Heute tendiere ich immer mehr zu der

Auffassung, im letzten Augenblick, etwa fünf Minuten vor Beginn, einzutreffen und nach dem Mantelausziehen mit einem letzten Blick in den immer vorhandenen Spiegel Krawatte und Manschetten zu kontrollieren und alsdann den kurzen oder langen Weg zur Saaltür in Angriff zu nehmen.

Interpretation – ein Lebewesen?

In einem Vortrag, den ich 1959 zur Eröffnung der Beethovenhalle in Bonn hielt und der den etwas hochtrabenden Titel *Gibt es einen zeitgenössischen Beethoven-Stil?* hatte, wagte ich folgende Behauptung: Jede Interpretation ist ein Lebewesen. Es wird geboren, es entwickelt sich, es entfaltet sich, es wird älter, und endlich stirbt es.

Das klingt etwas merkwürdig, ist aber leicht zu beweisen. Wann wird die Interpretation geboren? Wenn der Künstler ein Werk zum erstenmal einstudiert und öffentlich spielt. Entwickelt sich solch eine Interpretation? »Dat will ich jut hoffen.« Es wäre undenkbar, wenn das nicht der Fall wäre. Ob und wie sie sich entwickelt, das hängt von vielen, verschiedenen Faktoren ab. In erster Linie von der Entwicklungsfähigkeit des Künstlers selbst. Wird eine Interpretation eines Tages »reif«? Darüber gibt es keine schlüssige Antwort. Wenn man sich mit einem Werk viele, viele Jahre befaßt, müßte es doch in Gottes Namen eines Tages ausreifen. So würde man es meinen. Und wann stirbt die Interpretation? Wenn der Künstler sich entscheidet, ein Werk nicht mehr aufzuführen. Weil die Interpretation veraltet ist? Nicht unbedingt.

Ich habe das *Zweite Klavierkonzert* von Rachmaninow verhältnismäßig spät einstudiert, es war sozusagen ein »Auftragswerk« der Deutschen Grammophon, die es von mir haben wollte. Ich machte die Aufnahme mit den Berliner Philharmonikern. Sie wurde gar nicht schlecht, obwohl mir diese Art von Musik eigentlich nicht besonders liegt. Ich spielte das Werk in mehreren Städten, etwa fünfzehn bis zwanzigmal; eines Tages gastierte ich damit im holländischen Haarlem, wo ich mit dem Brabant-Orchester auf Tournee war. Meine Frau stand hinter der Bühne, und als ich nach Beendigung des Stückes herauskam, strahlte sie vor Glück.

»Das hast du jetzt endlich gelernt«, sagte sie voller Stolz – und mit einigem Recht. Ich hatte es, wie man so scheußlich sagt, plötzlich »drauf«. Und ebenso plötzlich hörte ich meine Stimme, als ob sie von ganz woanders herkäme, und ich war selbst erstaunt von der Sicherheit, mit der ich fragte: »Hast du das Stück gut gehört? Du wirst es nie wieder von mir hören. Ich werde es nie mehr spielen.«

An diesem Abend starb die Interpretation des Rachmaninowkonzerts in der Version von A. F. Sie starb einen ehrenvollen Tod auf dem Schlachtfeld. Ich schlug mich tapfer, ich habe die Schlacht nicht verloren – wollte aber nach etlichen Aufführungen und einer Schallplatte nichts mehr von diesem Werk wissen.

Ich freue mich hingegen, sagen zu können, daß das *Erste Klavierkonzert* von Beethoven, ebenso wie seine vier Brüder, noch am Leben ist, es geht ihnen allen verhältnismäßig gut, und ich hoffe, daß sie noch lange Zeit lebendig und munter bleiben, solange ich Atem schöpfen kann und imstande bin, meine Hände zu bewegen.

Was konnte wohl der Grund für diesen unerwarteten und scheinbar völlig unmotivierten Entschluß in bezug auf das Zweite Rachmaninowkonzert gewesen sein? Damals wußte ich selber keine richtige Antwort. Wahrscheinlich war ich selbst verblüfft von der Endgültigkeit dieses Satzes, den ich meiner Frau unter der Tür zum Saal sagte, während noch der Applaus des Publikums meinen Ohren schmeichelte.

Die Erklärung fand ich erst später. Es wurde mir mit einem Male bewußt, daß ich sowohl die technischen als auch die interpretatorischen Probleme zu meiner persönlichen Zufriedenheit gelöst hatte – das Werk enthielt keine Geheimnisse mehr für mich, ich betrachtete die Angelegenheit somit als erledigt; es gab für mich keinen Grund, das Konzert weiterhin im Repertoire zu halten. Ein Repertoirestück bedeutet mehr oder weniger ständiges Befassen, ständige Auseinandersetzung. Bei Mozarts und Beethovens Klavierkonzerten, auch beim *d-moll-Konzert* von Brahms, das ich zum erstenmal mit achtzehn in Budapest gespielt habe, ist die Auseinandersetzung noch nicht beendet. Sie dauert noch an.

Natürlich hat sich meine Auffassung in den Jahrzehnten seitdem geändert. Wie könnte es anders sein? Ein Pianist ist ja schließlich keine Maschine, die auf Knopfdruck ein einstudiertes Werk einfach »abspult«. Es gibt gewiß Kollegen, die es fertigbringen, das Tschaikowskijkonzert noch beim einhundertfünfzigsten Mal mit voller Überzeugung hinzudonnern – diese Fähigkeit habe ich nie besessen. Ich war da vielleicht ein klein wenig ehrlicher.

Über das Tempo

Das schwierigste, meistumstrittene, heikelste Thema der musikalischen Interpretationskunst ist die Frage des »richtigen Tempos«. Ich versuche hier also, ein wahrhaft heißes Eisen anzupacken, und dies im vollen Bewußtsein, daß es mir höchstwahrscheinlich mißlingen wird, mich verständlich zu machen.

Vielleicht darf ich mit einem kurzen Zitat aus einer Kritik beginnen, die mir meine Eltern so oft vor Augen hielten, daß sie mir heute noch, nach beinahe sechzig Jahren, gegenwärtig ist. Ich mag zehn, höchstens zwölf Jahre alt gewesen sein, als sich der altehrwürdige Dr. Géza Molnar in der seitdem längst verschwundenen Zeitung *Pester Lloyd* über mich folgenden Satz erlaubte: »Charakter und Klangfarbe sind ihm angeboren.« Bedeutete das, daß ich als kleiner Bengel bereits haargenau den Charakter eines jeden Stückes zu treffen und die richtige Klangfarbe zu finden wußte? Auf keinen Fall. Es bedeutete lediglich, daß Dr. Molnar an *jenem* Abend, zu *jener* Stunde, in *jenem* Saal, bei *dessen spezifischer Akustik,* nach einem sicherlich zufriedenstellenden Nachtessen (oder in Erwartung eines solchen) die Darbietungen, die ich an *jenem* Abend hervorbrachte, mit äußerstem Wohlwollen quittierte.

Mit einem Wort: Was er hörte, gefiel ihm, und infolgedessen glaubte er, Charakter und Klangfarbe seien mir angeboren.

Ja, was ist eigentlich Charakter, wenn wir von einem Musikstück reden? Charakter bedeutet zuallererst – darüber läßt sich wohl nicht streiten – das richtige Tempo, in dem das betreffende Werk gespielt, vom Interpreten wiedergegeben wird. Also können wir getrost das Tempo als eines der wichtigsten Elemente der musikalischen Interpretation betrachten, ja, wir müssen es sogar.

Auf das Tempo kommt es an. Es ist das Alpha und Omega jeder musikalischen Auffassung und jedes Versuchs, den Zuhörer durch eine Interpretation zu überzeugen.

In der Musikwelt gibt es Legenden über die Tempi von Furtwängler und Toscanini. Die ersteren sind als langsam, die zweiteren als schnell in ruhmreicher Erinnerung geblieben. Aber waren sie das wirklich?

Es wäre einfach, dies mit dem Alter Toscaninis und einem eventuell zu hohen Blutdruck des Meisters zu erklären. Denn der alternde Furtwängler wurde gerade in diesem

Lebensabschnitt immer noch etwas bedächtiger, langsamer; bei ihm traf also genau das Gegenteil seines großen italienischen Gegenspielers zu. Wer hatte recht? Leider kann diese Frage nicht beantwortet werden. In der Musik hat niemand recht oder unrecht.

Wer von Furtwänglers *Fünfter* Beethovensinfonie überzeugt war – und wer von denen, die den hageren, großen Deutschen je an der Spitze seiner unvergeßlichen Berliner sahen, war das nicht? –, der fragte nicht nach der Richtigkeit des Tempos. Man war und blieb, solange er lebte, im Banne einer schicksalhaften, einmaligen Persönlichkeit und verzichtete darauf, zu fragen, ob das Tempo »richtig« oder »unrichtig« sei.

Genausowenig fragte ich mich, als ich die Berliner mit Furtwängler zum erstenmal im Leben hörte – in Bern, kurz nach dem Zweiten Weltkrieg –, ob die etwas überzogenen, langsamen (wie ich meinte) Tempi in Bruckners himmlischer *Siebter* richtig seien. Es überzeugte, ja begeisterte mich, und das reichte mir. Es blieb für mich ein einmaliges, unvergeßliches Erlebnis; und das, nur das zählt.

Aber ebenso erinnere ich mich an Aufführungen Toscaninis mit seinem NBC-Orchester in New York City einige Jahre früher: Manches Tempo schien mir in der Tat ungewöhnlich schnell zu sein. Beeinflußte das mein Urteil? Gar nicht – ich fand Toscaninis Konzert faszinierend, hinreißend, und mit mir empfand auch das Publikum in den USA so, das diese Interpretation über Rundfunk simultan hören konnte.

Richtiges Tempo? Eher wird man aus einem Kreis ein Quadrat machen, als die Frage nach dem eigentlichen Tempo, dem einzig richtigen, beantworten können.

Es würde mich beträchtliche Zeit kosten, wollte ich hier die Imponderabilien aufzählen, von denen es – vor allem abhängt, weshalb ein Künstler in einem bestimmten Augen-

1 Als siebenjähriges Wunderkind, Budapest 1920

2 Der Zehnjährige dirigiert in Budapest ein Kinderorchester

3 Als Achtundzwanzigjähriger in New York

4 Mit Zoltán Kodály, New York 1947

5 Andor und Lili Foldes vor einem Konzert in New York, 1950

6 Probe für ein Mozartkonzert mit Wolfgang Sawallisch und dem NDR-Orchester, 1955

7 Hamburg 1956

8 Rundfunkaufnahme in Léopoldville, Belgisch-Kongo, 1956

9 Mit dem indonesischen Präsidenten Achmed Sukarno, Djakarta 1959

10 Teezeremonie in einem buddhistischen Kloster bei Osaka, 1959

11 Mit Jawaharlal Nehru, Neu-Delhi 1959

12 Mit Hans Knappertsbusch, München 1963

13 Mit Samuel Beckett in Paris, wo Foldes 1967 an zwei Abenden die fünf Klavierkonzerte von Beethoven spielte

14 Mit Persiens Kaiserin Farah Diba, Teheran 1967

15 Unterwegs zum Meiji-Schrein, Tokio 1969

16 Mit Rafael Kubelik, München 1970

17 Meisterklasse in Tokio

18 Japans Kronprinz Naruhito (links) spielt gemeinsam mit Andor Foldes in seinem Palast in Tokio ein Brahmstrio, 1978

19 An der Chinesischen Mauer, nach Konzerten in Peking, wo Foldes 1978 als erster westlicher Pianist nach der Kulturrevolution gespielt hatte

20 Bei Helmut Schmidt in Bonn

21 Die beiden Preisträger der Deutschen Phonoakademie: Udo Jürgens (U-Musik) und Andor Foldes (E-Musik), Wiesbaden 1982

23 Als Dirigent und Pianist bei der Probenarbeit, Dresden 1982

24 Mit Hans Mayer beim vierzigjährigen Limes-Jubiläum, München 1985

25 Bei Freunden am Zürichsee im Gespräch mit Joachim Kaiser, 1986

blick seines Lebens gerade dieses Tempo wählt, gerade diesen Weg geht, der ihm als der geeignetste erscheint.

Mozart schrieb nie eine Metronomzahl zu seinen verschiedenen Werken. Warum nicht? Ganz einfach: Es gab kein Metronom – das vereinfachte die Sache.

Beethoven begann gegen die Mitte seines Lebens Metronomziffern zu gebrauchen. – Die meisten sind eher zu schnell für unsere heutigen Ohren. Könnte sein, daß sein Metronom ein wenig falsch eingestellt war – oder empfinden wir die Tempi heute etwas langsamer? Wer weiß? Schumann schrieb zu einem Satz seiner *g-moll-Sonate* folgende Instruktion: »So rasch wie möglich«. Das hinderte ihn nicht daran, in der Stretta desselben Satzes hinzuzufügen: »Noch schneller«. War er verrückt, oder vergaß er einfach, was er einige Seiten früher geschrieben hatte? Keineswegs. Er wollte am Anfang das raschestmögliche Tempo, und am Schluß wollte er es noch rascher. Beide Male hatte er recht. Er hatte jedenfalls das Recht, sich zu seinem Werk zu äußern, und seine Äußerung drückt ganz sicher seine feste Meinung und Überzeugung aus, die wir zur Kenntnis nehmen müssen. Ob es durchführbar ist? Das ist eine andere Frage, mit der sich Schumann nicht auseinandergesetzt hat. Aber wie müssen wir armen Pianisten mit Schumanns widersprüchlicher Anweisung umgehen? Jeder Pianist ist hier auf sich selbst angewiesen. Deuten bedeutet, etwas zu erklären. Erklärungen können richtig oder falsch sein – ja, eine Deutung kann heute so, morgen aber schon anders ausfallen.

Bartók trug im *Mikrokosmos* nicht nur die Metronomzahlen minuziös ein, manchmal sogar alle fünf bis sechs Takte eine neue, sondern er schrieb jeweils am Ende der hundertdreiundfünfzig Stücke auch die »Minutage« hin, also beispielsweise zwei Minuten, dreizehn Sekunden. Ist, wer das Stücklein etwa in zwei Minuten und fünfzehn Sekunden spielt, zu langsam, und der, welcher zwei Minuten und zehn Sekunden benötigt, zu schnell? Ich fragte Bartók einmal, ob er das wirklich ernst gemeint habe. Mit einem kleinen Lächeln antwortete er einfach: »I timed myself when I played it – that's all.“ (Ich habe bei mir die Zeit gemessen, als ich es spielte – das ist alles.)

Kranichsteiner Musikwochen

Ein begeisterter Idealist, Anhänger zeitgenössischer Musik und der Avantgarde, Wolfgang Steinecke aus Darmstadt, machte es zu Anfang der fünfziger Jahre zu seinem Lebensziel, die durch die Hitlerjahre entstandene gähnende Lücke in Deutschlands Musikleben zu schließen. Er gründete die sogenannten Kranichsteiner Musikwochen, eine hochkarätige Kombination eines Musik-Workshops mit einem Festival.

Da ich unter den Eingeladenen war, mit der Aufgabe, möglichst alle Bartók-Solowerke der erlesenen fortschrittlichen Musikliebhaberschaft vorzuspielen, lebte ich etwa zehn Tage lang in dieser einmaligen Gemeinschaft, die aus überwiegend jungen Komponisten aus England und Frankreich, aber auch aus einigen anderen Ländern bestand. Die größte Persönlichkeit von allen war der Franzose Olivier Messiaen, dessen Kompositionen sowohl von seiner Liebe für die Natur, besonders die Vögel, als auch von seiner tiefen Religiosität geprägt waren. Die französische Pianistin Yvonne Loriot, die später Messiaens Frau wurde, spielte bewundernswert seine endlos langen Werke, aber auch die Kompositionen eines Messiaenschülers namens Pierre Boulez.

Ich verstand diese letzteren Werke nicht, und so wandte ich mich an Boulez: »Ich verstehe nicht, was Sie mit dieser

Komposition beabsichtigen. Ich möchte gern, daß Sie mir einiges über Ihr Werk erklären. Es interessiert mich sehr. Morgen habe ich einen freien Nachmittag, könnten wir uns da treffen?« »Um Ihnen mein Werk zu erklären, brauchte ich mindestens zwei Wochen«, antwortete er – und dabei blieb es. Er hat viele, sehr viele Bewunderer, die ihn für einen großen Komponisten halten. Ein anderes, nicht zur Kranichsteiner Gruppe gehörendes Idol vieler junger Musikfreunde heute ist John Cage.

Als Cage zu uns kam, einer der vielen geldlosen jungen Musiker, die uns in unseren ebenfalls geldlosen Vierziger Jahren in unserer bescheidenen New Yorker Zweizimmerwohnung besuchten, erschien er mir als ein äußerst witziger, geistreicher kultivierter junger Mann, der kurze Zeit auch ein Schönberg-Schüler gewesen war.

Er hatte auch bei seinem väterlichen Freund Henry Cowell studiert. Cowell war ein Vollblutmusiker mit sprühenden, skurrilen Ideen – damals einer der echten amerikanischen Avantgardisten.

Einmal sprach ich mit Bartók in New York über diesen musikalischen Bahnbrecher, und er erzählte mir, daß er ihn mit der für ihn so typischen Bescheidenheit und Gradlinigkeit um Erlaubnis gebeten hatte, die von Cowell als erstem benutzten sogenannten »Tonclusters« eventuell in einer seiner zukünftigen Kompositionen verwenden zu dürfen. Die »Tonclusters« bestanden aus ungefähr zwanzig Klaviertasten, die Cowell gleichzeitig mit den Ellbogen herunterdrückte und hie und da in seinen Kompositionen – die auch das Zupfen der Saiten im Innern des Flügels mit einschlossen – benutzte. Er war selbstverständlich mit Bartóks Bitte einverstanden und fühlte sich sogar geehrt, wie er sagte. Als Bartók mir davon erzählte und ich ihn bei dieser Gelegenheit nach seiner Meinung über den jungen John Cage fragte, schwieg er. Die Stille auf meine Frage war seine Antwort.

Im Gegensatz zu Henry Cowell, an den sich nicht mehr viele erinnern, wuchs die Popularität von John Cage über alle Maßen. Er wurde eine Kultfigur, wie man so sagt. Ja, sogar für manche eine Art Prophet. Ich traf ihn zufällig in Bremen in den späten achtziger Jahren, als ich dort eine Fernsehaufnahme machte. Auch Cage hatte einen Tag später einen Fernsehauftritt. Er erinnerte sich nicht mehr an unsere jungen Tage in New York.

Schallplatten

Ein flüchtiger Augenblick im Leben des Künstlers – ein kleines Stückchen Ewigkeit ... Ich habe es immer sehr bedauert, daß mein Spiel aus frühester Kindheit weder auf Schallplatten noch auf Bändern festgehalten werden konnte.

Wie gern würde ich hören, wie ich Beethovens *Konzert Nr. 1 in C-Dur* 1923 gespielt habe – ein Werk, das ich, solange ich leben werde, in meinem Repertoire führe. Das ist nun mal ausgeschlossen. Ich muß mich damit begnügen, fast alle Schallplatten, die ich je gemacht habe – zu besitzen. Immerhin eine beträchtliche Anzahl.

Meine allerersten Aufnahmen machte ich in den vierziger Jahren in den USA für eine winzige Firma, die längst nicht mehr existiert. Es waren drei 25-Zentimeter-Schellackplatten. Sie enthielten eine bunte Mischung von kleinen »Perlen«, die unter dem Titel *Encores* zusammengefaßt waren: Zwei *Walzer* aus *op. 39* von Brahms, ein *Prélude* sowie den berühmten *cis-moll-Walzer* von Cophin, die *Valse oubliée* von Liszt, und noch so einige Kleinigkeiten von Debussy, Schostakowitsch, Prokofieff und Gershwin.

Wie reagiere ich heute aus der Distanz von fünfundvierzig Jahren auf diese Einspielungen? – Es ist eine merkwürdige

Sache mit den eigenen Schallplatten! Sind sie besser, als man sie in Erinnerung hat, stimmt es einen nachdenklich. Sind sie jedoch schlechter, als man meinte, ist man traurig und bedauert, daß man sie sich überhaupt angehört hat.

Nicht lange nach der ersten Einspielung fuhr ich nach Paris, wo ich für Vox Records – ich glaube die Firma besteht heute noch – meine ersten ernstzunehmenden Aufnahmen machte. Ich spreche von der Einspielung der *Rhapsodie für Klavier und Orchester op. 1* und vom *Klavierkonzert Nr. 2* von Béla Bartók mit dem Orchestre Lamoureux. Es war dies noch zu einer Zeit, als die großen Gesellschaften überhaupt nicht davon träumten und noch weniger daran dachten, derartige zur Avantgarde zählende Werke in ihren Katalog aufzunehmen.

Dirigent für die Rhapsodie war der leider viel zu früh verstorbene Franzose Roger Désomière, einer der besten französischen Dirigenten, denen ich je begegnet bin. Der alte Routinier Eugène Bigot dirigierte das Klavierkonzert. Es spricht für sein großes Können, daß er die Partitur, die er erst achtundvierzig Stunden zuvor erhalten hatte, tadellos, ja geradezu vortrefflich meisterte. Aufnahmen in den vierziger Jahren waren nicht so einfach, wie dies heute der Fall ist: Man mußte viereinhalb Minuten durchhalten, egal, ob man gepatzt hatte oder nicht. War es nicht allzu arg, entschied die Aufnahmeleitung, die Einspielung zu behalten. Man kann sich lebhaft vorstellen, daß dies beim Bartók-Klavierkonzert mit einem französischen Orchester, welches das Werk mit Ausnahme der vier Sitzungen zu je drei Stunden nie zuvor gespielt hatte, nicht gerade leicht war.

Als ich Jahre danach anläßlich eines Vortrags, den ich im Dezember 1981 vor der Society of Recorded Sound in London hielt, wieder einmal einen Teil dieser Platte anhörte, weil ich sie zu Demonstrationszwecken anhören mußte, war ich angenehm überrascht, daß meine damalige Interpretation noch immer vertretbar war. Ja, sie hatten den gewissen »Heroismus« der früheren Jahre, wie ich mit Freude konstatierte. Das *Zweite Bartókkonzert* habe ich nach zweiundvierzig Aufführungen in der ganzen Welt endgültig aus meinem Repertoire genommen.

Völlig überraschend für mich brachte 1991 das Schweizer Label »Jecklin Disco« diese 1948 eingespielte Platte als CD wieder heraus. Sie gewann ein Jahr später den hochrespektablen »Deutsche-Schallplatten-Kritiker-Preis«.

1950 oder 1951 gab ich ein Konzert in Hannover. Am Ende des Abends kam eine resolute Dame mittleren Alters ins Künstlerzimmer und erkundigte sich, ob ich Lust hätte, für ihre Firma einige Aufnahmen zu machen. Sie hieß Elfriede Elschlepp. So wurde ich Künstler der Deutschen Grammophon Gesellschaft, die damals ihren Hauptsitz in Hannover hatte. Die erste DG-Platte enthielt ebenfalls einige »Bonbons«: ein kurzes, beinahe jazzartiges Stück des Amerikaners Virgil Thomson, *Ragtime Bass* betitelt, den Tango von Albeniz sowie ein bis zwei kleinere Stücke. Diese 78-er-Platte schien »einzuschlagen«, denn kurz danach wurde ich aufgefordert, die *h-moll-Sonate* von Liszt aufzunehmen.

So begann meine Karriere als Schallplattenkünstler in Deutschland. Durch die weltweite Verbreitung der DG wurde ich rasch bekannt. Es folgten weitere Aufnahmen, die in alle Länder verbreitet wurden; nicht ganz ohne Erfolg, wie ich sagen darf. Darunter befinden sich nicht nur siebzehn Sonaten von Beethoven, sondern auch die *Phantasie* und der *Karneval* von Schumann, etliche Liszt-Werke und – last but not least – zehn Klavierkonzerte – alle mit den Berliner Philharmonikern.

Nicht alle Aufnahmen liefen reibungslos ab. Einmal kam es gar zu einer hochdramatischen Szene: Die DG bat mich, das *Klavierkonzert Nr. 2* von Rachmaninow einzuspielen.

Ich sagte mit Freude zu und habe das Stück dann speziell für diese Aufnahme studiert. Bereits am ersten Aufnahmetag, etwa eine halbe Stunde nach Beginn, nahm mich der Aufnahmeleiter zur Seite. »Könnten Sie nicht mit etwas mehr Schmalz spielen?« fragte er. Es tönte nicht nach Frage, es war ein Befehl! Ich war empört und tief verletzt. Ich liebte das Stück und spielte es genau so, wie ich meinte, daß Rachmaninow, den ich einmal im Konzert gehört hatte, es spielen würde. Ich war jung und – es muß hier gerechterweise gesagt werden – ein Hitzkopf. »Die DG kann zwar mein Spiel kaufen, nicht aber meine Auffassung!« tobte ich und brach die Aufnahme ab. Ein unerhörtes Vorgehen. Die Gesellschaft hatte bereits eine beträchtliche Summe investiert; die Sitzung mit hundertundvier Leuten war ja nicht gerade billig. Zudem wirbelt ein Abbruch immer viel Staub auf. Aber der Befehl, auf »mehr Schmalz« zu spielen, hat mich wie gelähmt. Es war mir unmöglich, weiterzuspielen. Ich reiste gleich ab und fuhr nach Hause. Etwa ein halbes Jahr später begannen die Aufnahmen für das Konzert erneut. Die DG wollte unbedingt das *Zweite Rachmaninowkonzert* von mir haben. Diesmal kam ein anderer Aufnahmeleiter, und die ersprießliche Arbeit wurde in kürzester Zeit beendet. Die Platte blieb lange im Katalog und erhielt vorzügliche Kritiken – sogar im weltbekannten Londoner *The Grammophon.* Wieder einmal bestätigte sich der eiserne Grundsatz, daß in künstlerischen Belangen keine Kompromisse möglich sind.

Meine wichtigsten Einspielungen stammen aus den Jahren 1954/55: Die vier Bartók-Soloplatten, die 1956 in einem Album erschienen und mir prompt den Grand Prix du Disque in Paris einbrachte. Das war damals noch eine große, bedeutende Auszeichnung, da zu jener Zeit viel weniger Preise verliehen wurden als heute. Daß diese Platten ganz gut sein mußten, durfte ich viel später nochmals erfahren: 1981 wurden aus Anlaß von Bartóks hundertstem Geburtstag *meine 200 Minuten Klaviermusik* nochmals veröffentlicht und erhielten prompt den Preis der Deutschen Phono-Akademie in Hamburg.

Aus Gründen, deren Aufzählung hier etwas gar weit führen würde, verließ ich die DG anfangs der sechziger Jahre und machte weitere sieben Schallplatten beim Label EMI-Electrola. Hier nahm ich unter anderem Mozartsonaten, eine Schumann- und drei Schubert-Platten auf, die vielleicht zum Besten zählen, was ich je gemacht habe. Besonders auf die beiden großen *Sonaten op. postumum* in *A-Dur* und *B-Dur* von Schubert bin ich heute noch stolz. Die gesamte Kritik überschüttete diese Aufnahmen mit großem Lob. Kein Wunder also, daß es diese Platten sind, die ich mir dann und wann auch heute noch mit Freude anhöre. Ebenso stehe ich zu meinen Schumann-Einspielungen.

Das Aufnehmen einer Schallplatte gehört zu den schwierigsten Aufgaben eines reproduzierenden Künstlers. Es geht um nichts weniger als um die auf Band gebannte Ewigkeit. Man weiß genau, daß man das betreffende Werk aller Wahrscheinlichkeit nach nicht so bald wieder einspielen wird und daß jede »Retusche« unmöglich ist. Es muß also eine für sehr lange Zeit optimale Version gefunden werden, die jedoch nicht »in Stein gemeißelt« sein darf, weil sie zugleich die Intuition und das Lebendige des Augenblicks vermitteln soll, gepaart mit der Endgültigkeit, welche die Materie uns entgegenbringt, ja geradezu aufzwingt. Diese doppelte Anforderung macht die Aufnahmen zum echten Problem, das jeder gewissenhafte Künstler, der auch an die Zukunft denkt, unbedingt empfinden muß, sobald die kleine rote Lampe, die den Beginn der Aufnahme anzeigt, aufleuchtet.

Afrika

Im Frühjahr 1953 waren meine Frau und ich zum erstenmal in Afrika. Es war ein gewaltiges Erlebnis. Schon beim Hinflug konnten wir an unserer eigenen Haut erfahren, daß dies keine alltägliche Reise werden würde.

Über Äthiopien gab es einen Sturm, wie ich ihn bis dahin nie in einem Flugzeug erlebt hatte. Es donnerte und blitzte ganz schauderhaft, und ich muß gestehen, daß mir bange war um mein Leben. Meine liebe Frau schlief sanft durch den ärgsten Teil des Gewitters, und so wurde ihr auch der Augenblick erspart, als ein Blitz mit schrecklichem Knall durch die Maschine flog. Eine Sekunde lang war es hellichter Tag inmitten der tosenden Nacht. Eine Minute später kam der Captain – kreidebleich – langsam durch den Gang und schaute ängstlich durch alle Fenster in die dunkle Nacht hinaus. Er wollte feststellen, ob der Blitz nicht irgendeinen Schaden verursacht hätte. Davon war, Gott sei Dank, keine Rede. Beruhigt ging er zurück nach vorn, und wir konnten unseren Flug in relativer Ruhe fortsetzen. Unsere erste Station war Kenia, damals noch stolze Kolonie des Britischen Empire. Die Hauptstadt Nairobi, wo ich zwei Konzerte geben sollte, war nicht gerade in bester Verfassung. Wir kamen auf dem Höhepunkt der Mau-Mau-Revolte an. Lange bevor es Stadtguerillas gab, hatten sich die Mitglieder des Kikuyu-Stammes zu einem Aufruhr organisiert, der ein einziges Ziel vor Augen hatte: die Herrschaft der weißen Kolonialherren zu stürzen.

Der spätere Staatschef Jomo Kenyatta saß im Kerker, und das Leben der weißen Siedler war alles andere als sicher und angenehm. Mit meinem ersten Konzert habe ich das neue Theater (Kenya National Theatre) eröffnet, doch entbehrte dieser Nachmittag jeglicher Festlichkeit – sie wäre auch fehl am Platz gewesen. Alle Veranstaltungen mußten am helllichten Tag stattfinden. Niemand getraute sich so richtig, nach Einbruch der Dämmerung sein Haus zu verlassen, besonders wenn junge Kinder zu Hause blieben. Es ging so weit, daß die Menschen, mit denen ich in Kontakt kam (unter anderen der Generalkonsul der Vereinigten Staaten, einige neue Bekannte, die mit dem Musik- und Kulturleben zu tun hatten), in ihrer eigenen Wohnung mit der stets griffbereiten Pistole bei Tisch saßen und – dies war besonders wichtig – den Blick immer der Tür zuwandten. Das konnte man wohl kaum gemütlich nennen. Am Ende meines Konzertes sollte die Frau des Gouverneurs, Lady Evelyn Baring, die anwesend war, um der Gelegenheit etwas Glanz zu verleihen, mich treffen. Erst hieß es, sie werde zu mir ins Künstlerzimmer kommen, um mich zu begrüßen. Nach etlichen Minuten kam ein Adjutant, der mir mitteilte, daß es doch besser sei, wenn ich mich zu ihr in ihre Loge begeben würde. Erst später verstand ich, worum es ging. Falls einer von uns beiden von einem Kikuyu aus dem Hinterhalt erschossen werden sollte, wäre es im Interesse des Empire etwas günstiger, wenn es nicht die Frau des Gouverneurs wäre. Auch diese Risiken hatte ich zu tragen, obzwar es mit Klavierspiel wenig zu tun hatte und nur am Rande ...

Ich ging, wie befohlen, wurde sehr freundlich empfangen, und sie bedankte sich, daß ich in diesen Zeiten nach Kenia gekommen war, um hier Konzerte zu geben.

Noch eine kleine Begebenheit möchte ich hier kurz erzählen. Jeden Morgen wurde es genau um sechs Uhr hell, und zwar in einer Art und Weise, wie dies nur in den Tropen vorkommt (Nairobi liegt einige hundert Kilometer vom Äquator entfernt). Binnen weniger Minuten wurde es vom dunkelsten Mitternachtsblau hellichter Tag, mit einem einzigartigen Licht, wie es in unseren Breiten unvorstellbar und daher unbeschreiblich ist.

Am ersten Tag nach unserer Ankunft wollten wir uns

gerade gemütlich von einer Seite auf die andere drehen (wir hatten keine Ahnung, wieviel Uhr es war, da bei langen Flügen mein Zeitgefühl meistens tagelang durcheinanderkommt), als ein barsches Klopfen an der Tür uns aus dem besten Schlummer riß. Meine Frau und ich begannen zu zittern. Wir hatten das Gefühl, daß unsere letzte Stunde geschlagen habe. Ich hatte keine Pistole, und wenn ich eine gehabt hätte, hätte ich nicht gewußt, wie mit ihr umgehen. Das Klopfen wiederholte sich, es wollte nicht abbrechen. Jetzt hieß es, Farbe zu bekennen. Die Stunde der Wahrheit hatte geschlagen. Die Kikuyu waren gekommen, um uns zu töten. Ich öffnete die Tür einen Haarspalt. Draußen stand ein großer Schwarzer, seine dunkle Haut im Schleier der Dunkelheit verborgen. Er schien ein Tablett mit zwei Tassen Tee in der Hand zu halten. »Early tea, please?« sagte er mit seiner rauhen Urwaldstimme und schaute mich fragend an. Ich leitete das Gesehene und Gehörte an meine Frau weiter. Wir atmeten auf. Die Gefahr war gebannt. Der arme Diener wollte nichts anderes, als seine Pflicht erfüllen. Er konnte nicht ahnen, daß wir an dem Zeremoniell, welches das Reich der Briten zusammenhielt, *nicht* teilnehmen wollten. Wir sind halt einfache Seelen, wir wollten keinen Tee beim Morgengrauen, besonders dann nicht, wenn der Morgen (wie es damals in Kenia der Fall war) das Grauen miteinschloß. Mit herzlichem Dank schloß ich wieder die Tür und versuchte meinen gestörten Schlaf wiederzufinden. Als wir uns dann später im Lauf des Tages beim Empfang des Hotels über die morgendliche Störung beklagten, gab man uns einen sehr klugen Rat. Wir sollten auf ein Stück Papier die magischen Worte »Hapana chai keso sabui« schreiben (kein Early tea morgen), in Suaheli, einer der Landessprachen, das Papier an der Tür befestigen – und wir würden dann so lange schlafen können, wie wir nur wollten. Die Tür war von außen beleuchtet – und der junge Mann konnte lesen.

Noch ein kleines Nachwort zu diesem Kapitel. Bei unsrem nächsten Besuch in Kenia war Kenyatta Staatschef, einer der großen Männer des afrikanischen Kontinents, ein alter Mann, auf den Verlaß war – und niemand wollte uns Early tea bringen.

Im Laufe dieser ersten Tournee in Afrika waren wir unter anderem auch im – damals noch belgischen – Kongo. Ich spielte in Léopoldville und Elisabethville, und wir fühlten uns sehr wohl. In Léopoldville waren wir zu einem Fußballmatch eingeladen, das in seiner Art eine kleine Sensation war. Es spielte nämlich zum erstenmal eine Mannschaft von Belgisch-Kongo gegen ein Team aus Brüssel – und zwar spielten im Team von Léopoldville weiße und schwarze Spieler nebeneinander, zum erstenmal. Es war ein großes und bedeutungsvolles Ereignis und wurde auch als solches aufgefaßt. Im großen Stadion von Léopoldville, das über fünfzigtausend Menschen faßt und voll besetzt war, waren die weißen Zuschauer mit höchstens fünftausend Anwesenden in einer geradezu beängstigenden Minderheit. Ich muß gestehen, daß ich mich ein wenig ungemütlich fühlte, obwohl ich wußte, daß alles »in Ordnung« war und eigentlich nichts passieren konnte.

All dies geschah 1953. Drei Jahre später fuhr ich zu meiner zweiten Tournee nach Afrika. Diesmal trug ich selbst etwas dazu bei, um die Barrieren zwischen Weiß und Schwarz ein wenig durchlässiger zu machen. Auf Einladung der Jeunesses Musicales, dieser weltweiten Organisation von jungen Musikliebhabern und solchen, die es werden wollten, die damals gerade anfing, sich auch im Kongo zu etablieren, spielte ich ein Jugendkonzert in Elisabethville. Und zwar war es zum erstenmal in der Geschichte des Landes, daß Kinder aller Rassen nebeneinander saßen. Es wurde mir von belgischer Seite versichert, daß dies vorher noch nie der Fall gewesen sei – und man bedankte sich bei mir dafür, daß ich gewillt war, an diesem »Experiment« teilzunehmen. Ich spielte brav die *Chromatische Phantasie und Fuge*, eine Beethovensonate (ich glaube, es war die *Pathétique*) und den Rest meines Programmes, habe sogar die einzelnen Nummern mit einigen Worten auf französisch eingeleitet. Es war mir nicht bewußt, und ebensowenig meinen Gastgebern, daß dieses »Experiment« auch einer der Tropfen war, die den Stein höhlen sollten.

In Rhodesien, wo ich ebenfalls spielte (es war ganz am Ende meiner ersten Tournee 1953), gab ich eines der interessantesten und ergreifendsten Konzerte der ganzen Reise. Nachdem ich meine beiden Recitals in Salisbury, der damaligen Hauptstadt, absolviert hatte, und bevor ich den Rückflug antreten sollte, kam mir eine Idee.

Ich wandte mich an den Veranstalter, der meine Konzerte betreute, und trug ihm meinen Plan vor. Gern hätte ich *einmal* für die Eingeborenen gespielt, für Menschen, denen der Kontinent einmal gehören sollte (das habe ich natürlich *so* nicht ausgesprochen), die nicht in meine Konzerte gehen durften und auch kein Geld hatten, um sich eine Eintrittskarte zu kaufen, ganz abgesehen davon, daß bislang niemand das Verlangen in ihnen geweckt hatte, einen Abend lang klassische Musik anzuhören. Selbstverständlich drückte ich mich nicht so aus, denn das wäre ja nahezu selbstmörderisch gewesen. Ich äußerte einfach meinen Wunsch. Nach einigem Hin und Her, Händehochwerfen und Kopfschütteln sowie Empörung ergab sich eine einfache Lösung. Es gab eine alte Dame, eine Missionarin, die im Eingeborenenteil Harare, der Salisbury umgibt, eine Schule für Afrikaner eingerichtet hatte und an die man sich wenden mußte. Wegen Zeitknappheit – wir standen kurz vor der Abreise – mußte alles im Eiltempo geregelt werden. Am nächsten Abend holte man uns im Wagen ab, und in weniger als fünfzehn Minuten waren wir inmitten von Harare

Township, ein für uns einmaliges Erlebnis. In einem großen Saal (Assembly Hall) versammelten sich ungefähr sechshundert Afrikaner, und auf dem Podium stand folgerichtig ein Kleinklavier. Der eingeborene Pfarrer hielt eine kurze Rede in englisch für uns und eine andere in seiner eigenen Sprache für seine Landsleute. In der letzteren, wie man uns übersetzte, erklärte er, daß ein großer Musiker – dabei zeigte er auf mich – gekommen sei, um ihnen etwas zu bieten, was sie nie gehört hätten. Es werde nicht »funny-funny« sein, fügte er hinzu. So erfuhr ich, daß bisher, wenn Weiße »entertainer« nach Harare kamen, sie ausschließlich Unterhaltendes boten, meistens Zaubertricks, weil man den Afrikanern nichts Ernsteres zutraute.

Ich spielte ein normales Konzertprogramm, von Bach bis Bartók. Dabei war es für mich interessant, daß *nicht* Bartók mit seinen feurigen Volksliedern, sondern Bach und Beethoven mit dem gelassenen klassischen Duktus meine Zuhörer am meisten ansprachen. Es gab viel Applaus, und am Ende sang das ganze Publikum als Dank für mich und meine Frau einige afrikanische Volkslieder – ein fairer Tausch, so wie ich es empfand.

Dann gingen wir in das Haus der alten Missionarin, wo uns ein kaltes Buffet mit Tee und Kaffee erwartete. Hier, zum erstenmal während der ganzen Afrikareise, waren wir bei einem gesellschaftlichen Anlaß unter Menschen beider Rassen, und dies im Jahr 1953! Ein für mich faszinierender Abend fand seinen schicksalsträchtigen Ausklang. Wir trafen hier einen jungen Mann, der die Eingeborenenzeitung redigierte, und mehrere andere, die für die Erziehung der Schulkinder verantwortlich waren. Über die Zukunft wurde nicht viel gesprochen. Es mußte auch nicht sein. Wir alle wußten, oder hatten mindestens eine Vorahnung, daß bald sehr gewichtige Ereignisse sich anbahnen würden. Der schwarze Redakteur sagte mir mit Tränen in den Augen, daß er zum erstenmal in seinem Leben unter einem Dach mit Weißen sei.

Natürlich waren wir auch in Südafrika. Ich spielte mehrere Male in Johannesburg, oft in Kapstadt, aber auch in Pretoria, Port Elizabeth, Georgetown, Stellenbosch, ja in Umtata, wo das sogenannte »schwarze Parlament«, die Bunga, ihren Sitz hatte.

Bei meinem Konzert in Stellenbosch, in der alten Universitätsstadt (etwa Heidelberg, Oxford oder Harvard entsprechend), hatte ich plötzlich unerwarteten hohen Besuch. Kurz vor Konzertbeginn setzte sich ein Herr mittleren Alters mit Frau und Kind in die erste Reihe, und an der Art und Weise, wie er kam und von allen begrüßt wurde, konnte ich erkennen, daß es sich um eine hochgestellte Persönlichkeit handeln mußte. In der Pause kam er zu mir ins Künstlerzimmer und stellte sich vor »Strydom«, sagte er und fügte die übliche Begrüßungsformel »angenaam« zu. Es war Südafrikas Ministerpräsident, und was er sagte, war einfach: »angenehm, Sie zu treffen«, wobei in Afrika das erste Wort völlig genügt. Er stellte mir eine Menge Fragen, auf die ich nicht richtig antworten konnte. Unter anderem wollte er wissen, wie mir sein Land gefalle. Natürlich sagte ich die volle Wahrheit, das heißt, wie sehr ich von den herrlichen Naturschönheiten Südafrikas eingenommen sei. Daß Kapstadt eine der schönsten Städte der Welt sei. Der Ministerpräsident wollte noch mehr wissen. »Wie gefallen Ihnen unsere Institutionen, die Art und Weise, wie wir leben?« fragte er. Darauf war die Antwort nicht leicht. Wieder versuchte ich diplomatisch, die Wahrheit zu sagen. Ich sei viel zu kurz im Lande, um darauf eine schlüssige Antwort geben zu können. Das war es nicht, was er hören wollte. Ohne zu grüßen, verließ er den Raum. Mir war die Szene etwas peinlich, aber ich konnte mit bestem Willen kein voreiliges Urteil abgeben, denn dann hätten die Zeitungen am nächsten Tag geschrieben: Pianist bejaht die südafrikanische Lebensweise. Das wollte und konnte ich nicht tun.

Im April 1977, als ich zum drittenmal den schwarzen Kontinent betrat, um am Kapstadt-Festival teilzunehmen, kam es zu keiner ähnlichen Auseinandersetzung. Bei dieser bisher letzten Gelegenheit konnte ich feststellen, daß alles anders war als bei meinem vorherigen Besuch in Südafrika einundzwanzig Jahre zuvor. Die Zukunft, als schon existierende Gegenwart, hatte ihre eindeutigen Spuren sichtbar gemacht.

Der schwarze Kellner beklagte sich bei uns furchtlos über seine dürftige Existenz. Wir waren zu Gast beim amerikanischen Botschafter, der zu dem festlichen Abendessen als erster führender Diplomat in Kapstadt auch mehrere schwarze Ehepaare eingeladen hatte. Alle Bekannten von uns in Kapstadt betonten ausdrücklich, daß sich unter ihren besten Freunden auch mehrere Schwarze befänden. Das Leben der Weißen auf dem schwarzen Kontinent hatte sich eben mächtig gewandelt.

Das Wunderkinderwunder

In unregelmäßigen Abständen erreichen uns hin und wieder Nachrichten über ein musikalisches Wunderkind. Meist handelt es sich um ein unfaßbares Geschöpf, ein Knäblein von fünf oder sechs Jahren, das bereits ein Klavierkonzert von Mozart oder eine Beethovensonate spielt, und zwar so, daß es einem Erwachsenen zur Ehre gereichen würde. Es könnte auch ein Mädchen sein, das auf der Violine bereits eine schwierige Caprice von Paganini fehlerlos vorträgt – jedenfalls so, daß die Umwelt mit Staunen reagiert und die wichtigsten Kritiker ihm eine große Zukunft prophezeien.

Mich stimmen diese Nachrichten eher nachdenklich. In keiner der anderen Künste gibt es frühreife Talente, geschweige denn Genies. Wer hörte je von einem sechsjährigen Maler, Schriftsteller oder Dichter? Mit Ausnahme von Mozart gab es keine Komponisten, die in frühem Kindesalter bereits große Werke zu Papier gebracht haben. Wieso kommt es denn, daß von den vielen Kindern, die in frühestem Alter eine außerordentliche Begabung für die musikalische Wiedergabe zeigen, nur wenige als Erwachsene große Künstler werden?

Es ist eine Tatsache, daß beinahe alle großen Pianisten, Geiger, Cellisten, die heutzutage vor dem Publikum stehen, bereits als Kinder eine große Begabung besessen haben. Ohne dieses früheste Talent wäre aus ihnen später nichts geworden. Aber von etwa hundert »Wunderkindern« bleiben im Schnitt neunundneunzig auf der Strecke.

Wunderkindertum ist ja doch eine ziemlich zweischneidige Angelegenheit. Es braucht unendlich viel Ausdauer, Geduld, Charakter und, nicht zu vergessen, neben Sitzfleisch auch Glück, schieres, pures Glück, bis sich die kleine sechsjährige Raupe als ein echter, ausgewachsener Schmetterling entpuppt, zum großen Staunen und zur aufrichtigen Bewunderung der Umwelt. Die Jahre zwischen zwölf und zwanzig sind ausschlaggebend. Wer diese Zahl nicht optimal nutzt – Zeit zum Wachsen, Zeit zur Wandlung vom Kind zum vollreifen Menschen, wer in dieser Zeitspanne nicht sein Alles gibt, nicht die schwierigen Jahre der Pubertät durchsteht, durch dick und dünn – ohne dem Schicksal Fragen zu stellen und ohne sich zu beklagen ob der vielen Dinge, die er nicht wie andere Jungen oder Mädchen genießen kann, genießen darf: der muß sich selbst Vorwürfe machen, wenn er nicht das Ziel erreicht, das ihm vorschwebt und zu dem zu gelangen ihm die Natur die nötigen Gaben in die Wiege gelegt hat.

Das Wunderkinderwunder kann bis zu fünf, sechs Jahren anhalten. Vom sechsten bis zum zwölften Jahr – das ist die regelmäßige »Spieldauer«, wobei es natürlich viele Ausnahmen gibt. Zwischen zwölf und achtzehn entscheidet sich, ob das junge Gewächs die Stürme der Zeit überdauern wird oder nicht. Das Sichbesinnen auf die großen Aufgaben eines reproduzierenden Künstlers, das Bewußtmachen von vielem, das im Unbewußten des Kindes schlummert, der Verlust der ersten Unschuld und das hartnäckige Ringen um das, was ich die zweite Unschuld nenne, die ein ganzes Leben lang bewahrt werden muß, ohne die es keine künstlerische Wiedergabe gibt – das sind Aufgaben, die nur wenige Auserwählte meistern können. In jedem großen reproduzierenden Musiker steckt ein Wunderkind, oft von dem Betreffenden selbst lange vergessen – je mehr es der junge Künstler vergessen kann, desto leichter ist es für ihn. Ohne Wunderkinderwunder gibt es keinen ausgereiften Künstler, aber es gibt auch keinen ohne den schwierigen, oft kaum zu bewältigenden Übergang vom Kind zum Erwachsenen.

Das sind die Ansichten eines ehemaligen Wunderkindes.

Samuel Beckett

Ich glaube, es war 1953, daß ich wieder einmal in Kassel spielte, in dieser schönen Stadt, die mir aus mehreren Gründen besonders am Herzen lag. Zum ersten befindet sich hier das große Musikverlagshaus Bärenreiter, dessen Gründer, Dr. Karl Vötterle, ein persönlicher Freund von mir war, zum zweiten wirkte hier der Dirigent Paul Schmitz, ebenfalls ein altbewährter Freund, mit dem ich in den fünfziger Jahren beinahe jährlich musizierte. Zum dritten hängt im Kunstmuseum eines meiner Lieblingsbilder, nämlich das allerspäteste Selbstporträt von Rembrandt. Jedesmal, wenn ich in Kassel bin, gehe ich hin, um es wieder zu bewundern – ich kann mich einfach nicht daran satt sehen.

Diesmal hatte ich einen freien Abend und ging, wie ich es immer tue, wenn irgend möglich, ins Theater. Meine Frau und ich sind beide große Theaternarren. Das geht so weit, daß ich auch in Ländern, wo ich die Sprache überhaupt nicht verstehe, leidenschaftlich Abende im Theater verbringe. Nicht nur sah ich des öfteren *kabuki* in Tokio, ich ging auch in Helsinki zur Premiere des berühmten Bernstein-Musicals *Westside Story* (auf Finnisch!), und in Oslo schauten wir uns Peer Gynt auf Neu-Norwegisch (Nynorsk) an.

Nun also ging ich (ich war diesmal allein) ins Theater in Kassel, und »nichts zu suchen, das war mein Sinn«. Es kam anders! Das Stück hieß *Warten auf Godot*, und der Autor Samuel Beckett.

Ich saß wie verzaubert während der zwei Stunden Spieldauer, und als ich an diesem schönen Frühlingsabend endlich ins Freie taumelte, war ich ein anderer Mensch. Die erschütternde Kargheit der Sprache, die kaum durchschimmernde Andeutung der Hoffnung in der lähmenden Trostlosigkeit – das war, wie ich meinte, etwas noch nie Dagewesenes. Selten machte ein Theaterstück einen ähnlich starken Eindruck auf mich. Ich rief meine Frau am selben Abend an, um ihr über mein Erlebnis zu berichten, und einige Monate später sahen wir das Stück zusammen in London im Criterion Theater am Piccadilly Circus. Sie war ebenso erschüttert wie ich, und wir besprachen das Stück noch lange Zeit nach der Aufführung bis beinahe in die Morgenstunden.

Als ich dann einige Zeit später in Paris an zwei Abenden die fünf Beethoven-Klavierkonzerte in der Salle Pleyel spielte, kam die große Gelegenheit, auf die ich gewartet hatte. Ich schrieb einen Brief an Beckett, der in Paris lebte, und lud ihn zu einem meiner Konzerte ein.

Am Ende des ersten Konzerts, bei dem ich das *zweite, dritte* und *vierte Konzert* spielte, kam ein hoher, hagerer Mann ins Künstlerzimmer, und nachdem sich die meisten Leute, die mich beglückwünschen kamen, verabschiedet hatten, stellte er sich vor. Es war Samuel Beckett. Das Konzert schien ihm gefallen zu haben, denn er lud mich und meine Frau für den nächsten Nachmittag zu sich ein.

Wir lernten in ihm einen hochinteressanten, liebenswürdigen Menschen kennen und unterhielten uns beinahe zwei Stunden lang über Musik und Theater. Nur über seine eigenen Werke wollte er nicht sprechen, was ich bedauerte, aber sehr gut verstand. Wir haben uns richtig befreundet, doch bevor wir gingen, beging ich den Fauxpas meines Lebens. Kurz vor dem Abschied sagte ich ihm, was ich schon die ganze Zeit mit größter Mühe unterdrückte: daß ich mich aufrichtig gefreut habe, in ihm – dem Schöpfer des *Godot* – einen fröhlichen und zufriedenen Menschen kennengelernt zu haben. Er runzelte die Stirn, und ich konnte sehen, daß ich haargenau das unrichtige gesagt hatte.

»Ich, fröhlich?« fragte er, und sein ganzes Wesen wechselte plötzlich in einen Charakter aus *Godot*. Der Nachmittag kam durch meine taktlose und dumme Bemerkung zu meinem Bedauern zu einem abrupten Ende.

Aber Gott sei Dank haben wir uns seitdem öfter getroffen und viele schöne Nachmittage in Pariser Cafés verbracht. Als ich 1973 sechzig Jahre alt wurde, erhielt ich von ihm eines seiner letzten Bücher mit einer wunderbaren Widmung, ein Buch, das sich zu den anderen Beckett-Bänden gesellte, die nebst Büchern mit Widmungen von Ionescu, Frisch, Dürrenmatt, Böll, Ezra Pound der Stolz meiner Bibliothek sind – und mich daran gemahnen, meine Zunge nicht weniger zu hüten als meine bibliophilen Schätze.

Meine Lieblingswerke

Als ich vor einigen Jahren aufgefordert wurde, über einige meiner Lieblingswerke – außerhalb meines eigenen Repertoires – zu sprechen, mußte ich rasch eine ganz kleine Auswahl treffen: etwa ein halbes Dutzend.

Da ich so viele Sinfonien, Quartette, Opern, Violin-, Cellokonzerte und Lieder sehr liebe, fiel mir die Wahl außerordentlich schwer. Als erstes kam mir Verdis *Requiem* in den Sinn. Eines der drei letzten großen Werke dieses Komponisten neben *Othello* und *Falstaff* gehört seit eh und je zu meinen Lieblingen. Gleich das einleitende »Requiem eternam« führt mich jedesmal vom ersten Augenblick an in eine eigene Welt, die mich bis zum Schluß gefangenhält. Die gewaltige Dramatik, die herrliche Poesie der lyrischen Sätze sind für mich einmalig.

Es ist schwer zu sagen, ja vielleicht unmöglich, welche Oper ich am meisten liebe. Ich müßte schon fünf nennen, um einigermaßen meinem Geschmack gerecht zu werden. Sicher ist nur, daß Bizets *Carmen* zum engeren Kreis der Auserwählten gehört. Die anderen dürften Mozarts *Cosí fan tutte* – ja, das ist meine Lieblings-Mozart-Oper –, Wagners *Tristan und Isolde* und Puccinis *Gianni Schicchi,* aber vielleicht auch noch Bartóks *Herzog Blaubarts Burg* sein.

Immer wieder lege ich mir zu Hause eine Platte von Jean Sibelius' *Zweiter Sinfonie* auf. Ich liebe dieses Werk sowie auch sein *Violinkonzert.* Die Musik von Jean Sibelius wurde mir mit einem Schlag vertraut, nachdem ich das erstemal Finnland, dieses wunderbare Land, besuchte. Ohne Finnlands schier einmalige Wälder, die tausend kleinen und großen Seen inmitten dieser Wälder gesehen zu haben, kann man eine Sinfonie von Sibelius nicht richtig verstehen. Wenn je ein großer Komponist mit seinem Land untrennbar verbunden war, so ist es er. Sein kompositorisches Werk steht ganz unter dem Eindruck der Natur seines Landes. Manche seiner Frühwerke wurden von einigen Musikwissenschaftlern als zu überschwenglich romantisch abgetan. Später jedoch gelangte er zur Beherrschung des Emotionalen und fand allgemeine Anerkennung. Unmittelbarkeit des Gefühls spricht aus den harmonischen und melodischen Spannungen seiner reich instrumentierten, breit angelegten Sinfonien und sinfonischen Dichtungen. Er komponierte seine *Zweite Sinfonie* 1902 und dirigierte die Uraufführung in Helsinki selber.

Ich hatte das große Glück, ihm zwei Jahre vor seinem Tod begegnen zu dürfen. Das war 1955, er hatte schon seinen neunzigsten Geburtstag hinter sich. Er empfing meine Frau und mich in seinem in der Landschaft ganz alleinstehenden Haus »Ainola«, wo er mit seiner Frau seit 1904 lebte – in Järvenpää, eine knappe Autostunde von Helsinki entfernt. Dem echten Grandseigneur, der uns in schwarzem Anzug und weißem Hemd mit hohem, steifem Kragen selber die Tür öffnete, sah man zwar sein Alter an – bis er zu reden anfing. Dann verjüngte sich ein faltiges Gesicht, seine Augen bekamen jugendlichen Glanz. »Ich höre Sie oft im Radio spielen, wenn Sie in Helsinki oder Stockholm Konzerte geben", sagte er mir, »die Welt der Musik kommt zu mir durch mein Radio, und ich genieße es.« Er fragte mich vieles, antwortete auch auf einige Fragen, die ich ihm stellte – nur auf eine Frage nicht: Wie es mit seiner achten Sinfonie stehe. Ich sagte ihm, in Amerika werde das Gerücht verbreitet, daß dieses Werk kurz vor der Vollendung stehe, und die verschiedensten Dirigenten könnten es kaum erwarten, das fertige Werk zu erhalten. Er lächelte nur, vielleicht etwas traurig, dann nahm er noch einen Schluck Cognac, den er gleichzeitig mit seinem schwarzen Kaffee langsam austrank, und zündete sich eine Zigarre an. Er bot mir ebenfalls eine seiner legendären kostbaren Riesenzigarren an, die ich dankend entgegennahm. Ich sagte: »Diese Zigarre werde ich als ein ewiges Andenken an diesen Nachmittag aufbewahren«, und war dabei, sie in meine Tasche zu stecken. Er lachte laut, nahm mir die Zigarre aus den Händen und sagte: »In diesem Fall, wenn Sie sie nicht rauchen wollen, gebe ich Ihnen eine kleinere ..."

Am Ende unseres Besuches begleitete er uns zur Haustür, zeigte auf die kahle spätwinterliche Wiese und sagte mit derselben Unmittelbarkeit der Gefühle, die auch in seinen Kompositionen so unwiderstehlich zum Ausdruck kommt: »Sie müssen sich diese Wiese im Frühling vorstellen – sie verwandelt sich in ein Blumenmeer. Nehmen Sie dieses Bild in Ihrem Herzen mit."

Aber zurück zu meinen Lieblingswerken.

In den dreißiger Jahren war ich des öfteren in Salzburg. Mit meiner Mutter fuhr ich als Kind beinahe jeden Sommer ins Salzkammergut, und als ich dann später als bereits Zwanzigjähriger allein in die Sommerfrische ging, hat es sich eingebürgert, daß ich versuchte, gegen Ende meiner Ferien etwas von den Festspielen in Salzburg mitzubekommen.

Der Sommer 1937 war besonders schicksalsträchtig. Es war das letzte Mal vor dem Zweiten Weltkrieg, daß Arturo Toscanini in Salzburg dirigierte. In diesem Sommer hatte ich das Glück, dort eine Woche verbringen zu können, während der ich zwei unvergeßliche Verdi-Aufführungen erlebte. Es war die Hauptprobe von *Falstaff* – zur Premiere fehlten die Karten und das nötige Geld für die Karte. Für die Generalprobe aber konnte ich einen Platzanweiser bestechen, dem ich also dieses große, einmalige Erlebnis verdanke. Mariano Stabile sang den Falstaff – nein, er lebte ihn vor. An die Namen der anderen Sänger erinnere ich mich nicht mehr, jedenfalls weiß ich, daß ich tagelang unter dem Einfluß dieses Erlebnisses stand.

Die zweite Gelegenheit war das *Requiem* von Verdi, dem die *Quatro pezzi sacri* vorangingen. Auch hier konnte ich mich irgendwie in die Generalprobe hineinschleichen. Ich war nicht allein. Georg Solti (damals noch nicht Sir), Annie Fischer und ihr Mann, der Kritiker und spätere Operndirektor in Budapest, Aladar Toth, waren mit mir zusammen in der letzten Reihe des Parterres im Großen Festspielhaus. Wenn möglich, faszinierte mich diese Aufführung noch mehr. Das *Dies irae* war einfach erschütternd und niederschmetternd. Ich hatte Angst, der wohlgebaute Plafond des Festpsielhauses würde einstürzen, als die wuchtigen g-moll-Akkorde zum erstenmal vom Orchester ertönten. Genauso beeindruckend, wenn nicht noch mehr, war das *Agnus dei* mit seinem C-Dur-Unisono, das in engelhafter Reinheit erklang. Die Sänger in dieser Aufführung (wie hätte ich ihre Namen vergessen können?) waren Helge Roswaenge, Ezio Pinza, Elisabeth Rethberg und Kristen Thorborg – ich hoffe, ich habe sie alle richtig behalten.

Ich hatte das Verdi-*Requiem* in Budapest bereits mehrere Male gehört, dies aber war eine Offenbarung – fürs ganze Leben.

Nun ja, ich hörte das *Requiem* seitdem oft, nicht allzuoft, denn ich wollte mich nicht daran gewöhnen. Ich wollte, bewußt, daß mir der Genuß immer frisch und neu bliebe. Zu einigen anderen Werken der Musikliteratur habe ich ein ähnliches Verhältnis. Ich denke hier an die *Neunte* von Beethoven, die *Siebte* von Bruckner und an die große *C-Dur-Sinfonie* von Schubert. Man darf sie nur gut dosiert erleben, sie dürfen nicht »alltäglich« werden.

Da lobe ich das Schicksal, daß ich nicht Musikrezensent wurde. Wie furchtbar wäre es, in einer Saison eines dieser Meisterwerke gleich zwei- oder dreimal anhören zu müssen, noch dazu womöglich in einer unzulänglichen Wiedergabe . . .

Im Juli 1982 hörte ich nun Falstaff zum zweiten Male aus Salzburg, diesmal nicht in persona, sondern dank dem Dritten Programm des Deutschen Fernsehens. Es war eine Übertragung aus Salzburg mit Karajan als Dirigent und Regisseur.

Zwischen den beiden Aufführungen lagen fünfundvierzig Jahre – beinahe mein ganzes Musikerleben. Genau diese zwei Dirigenten sind es, mit denen zusammen ich gern musiziert hätte – das Schicksal wollte es nicht. Damals war ich zu jung und nicht berühmt genug, um an Toscanini heranzukommen. Auch hätte ich Angst von dem oft zornigen Maestro gehabt. Und heute bin ich bereits zu alt, um mit Karajan zu musizieren. Meine musikalischen Auffassungen sind zu ausgeprägt, mein »Stil« ist zu festgelegt – ich befürchte, wir hätten vielleicht sogar Krach miteinander bekommen können.

Königin Margarethe

Da ich der Meinung bin, daß es eine Sache ist, das Bild einer jungen, schönen Königin in einer Zeitung zu sehen, und eine andere, als ihr Tischherr beim Abendessen mit ihr zu plaudern, ihre Meinungen zu hören, sie als Mensch, als Persönlichkeit aus der Nähe zu beobachten, nutzte ich die Gelegenheit, dem dänischen Botschafter in Paris im Januar 1976, als wir ihn bei einer diplomatischen Party trafen, zu sagen, daß ich gern einmal ein Konzert für die bekannterweise sehr musikliebende Königin geben würde. Ich sagte dem Botschafter, daß ich jedes Jahr – damals – mehrere Wochen in Skandinavien verbrächte – auf Konzertreisen in Dänemark, Norwegen, Schweden und Finnland –, und daß es für mich leicht wäre, einen für die Königin passenden Termin für ein Konzert bei ihr zu finden.

Der Termin war gefunden – der 29. März –, nach meinem Konzert in Oslo. Ein königlicher Wagen holte mich am Abend vorher am Flughafen ab, und derselbe Wagen - DK 7, wie ich mir merkte – holte auf meine Bitte am nächsten Morgen auch meine Frau am Flughafen ab, nachdem sie aus Zürich angekommen war. Ich saß schon im Wagen, und wir fuhren vom Flughafen direkt zum königlichen Schloß Amalienborg, wo mein Konzert am gleichen Abend stattfinden sollte.

Ich wollte unbedingt den Saal sehen, in dem ich spielen sollte, und auch den Flügel ausprobieren. Die zeremoniell gekleideten und salutierenden Diener, das großzügige Treppenhaus, wo der Ehemann der Königin, Prinz Hendrik, ein blendend aussehender französischer Graf, bereits auf uns wartete, haben uns beeindruckt. Und als der Prinzgemahl, unzeremoniell auf die Herbeieilenden nicht wartend, den schweren Flügel eigenhändig in die von mir gewünschte Position schob, und einige Minuten, nachdem ich den Flügel ausprobiert hatte, die Königin selber unter der Tür erschien, um uns ein Glas Sherry anzubieten – da wußten wir, was gemeint ist mit einem »sehr demokratischen Königshaus«.

Bei meinem Konzert selber waren übrigens drei Königinnen anwesend. Königin Margarethe, ihre Mutter, Königin Ingrid, und die jüngere Schwester Anne-Marie, Königin (im Exil) von Griechenland.

Zu meinem großen Erstaunen kündigte der Prinz persönlich – in dänisch – mein Programm an, und da Dänisch eine der schwersten Sprachen überhaupt ist und er es, so schien es mir, perfekt sprach, war ich verblüfft. Ich spielte Werke von Mozart, Schumann und Debussy, und nach dem warmherzigen Dank der Königin verließen wir den Saal, um uns an kleine, runde Tische, deren es sechs gab, zu setzen. Es waren sechsunddreißig Leute geladen, einige Minister und Freunde der Königin. Meine Frau saß zur Rechten von Prinz

Hendrik und ich an einem anderen Tisch zur Linken der Königin. Diese antwortete gern auf meine Fragen über ihr großes Hobby, die Archäologie, und erzählte, wie ihr Großvater, der König von Schweden, sie als kleines Mädchen auf seine archäologischen Reisen mitgenommen hatte. Sie schreibe auch gern Märchen, erzählte sie, und male, aber die Erziehung ihrer zwei Söhne nehme ebenfalls viel Zeit in Anspruch; diese waren damals sieben und acht Jahre alt.

Wir sprachen am Anfang englisch, dann aber wechselte sie ins Französische, das ihr anscheinend doch gewohnter war, und ich nahm an, daß sie privat mit ihrem Mann französisch sprach.

Das Abendessen war großzügig, die Zeit verging schnell, wir tranken Kaffee im Salon nebenan, und es war bereits nach elf Uhr, als ich mich mit der Frage an die Königin wandte: »Majestät, wer ist hier Ehrengast, wer muß zuerst gehen?« Sie lachte laut auf und sagte: »Sie saßen an meiner linken Seite – Sie sind der Ehrengast.« Ich sprang von meinem Stuhl auf, aber sie winkte ab. »Bitte, bleiben Sie noch eine halbe Stunde ...« Ein königlicher Befehl, dem ich sehr gern folgte.

Beim Abschied erhielt ich von ihr ein wahrhaftig königliches Geschenk: eine große königlich-dänische Porzellanvase, worauf ganz diskret sie selber und ihr Gemahl im Profil zu sehen sind. Aber sie gab mir auch ein sehr schönes Foto von sich und Prinz Hendrik mit einer persönlichen Widmung.

Wieder einmal wurde mir bewußt, wie schön es ist, eine Berufung zu haben, die es mir ermöglicht, meine Botschaft ohne Worte Menschen aus allen Schichten der Gesellschaft nahezubringen.

Australien

Ich habe von unserem Besuch in Australien die verschiedensten Eindrücke in meinem Gedächtnis aufbewahrt. Nach einem Abstand von mehr als drei Jahrzehnten ist es glaubwürdig, wenn ich behaupte, daß ich nie im Leben so hart gearbeitet habe wie auf diesem fernliegenden Kontinent.

Die Australian Broadcasting Commission lud mich ein, um an vier Abenden binnen zwei Wochen »The Anthology of the Piano Concerto« zu präsentieren. In Klartext übersetzt hieß dies, daß ich an einem jeden der vier Abende drei Klavierkonzerte spielen mußte – in einem Saal ohne Airconditioning in Sydney, wo die Temperatur auf achtunddreißig Grad Celsius stieg. Es war Februar, auf der südlichen Hemisphäre der heißeste Monat des Jahres. Mein Vorschlag, statt »Anthology« mein Unternehmen »Marathon« zu nennen, wurde abgelehnt. Es war aber ein Marathon, das mit Bachs *d-moll-Konzert* begann und nach drei Beethovenkonzerten, zwei Mozartkonzerten, dem *Klavierkonzert* von Schumann, Liszts *Es-Dur-Konzert*, Prokofieffs *Erstem* und Brahms' *Erstem Klavierkonzert* mit Bartóks *Rhapsodie op. 1* endete. Ich glaube, daß die ABC recht hatte, wenn sie behauptete, daß das Publikum nach diesen vier Abenden doch einen ziemlich guten Einblick in einige wichtige Klavierkonzerte, die zwischen Bach und Bartók komponiert wurden, gewinnen konnte.

Wir logierten in einem kleinen, erstklassigen Hotel in Sydneys Künstlerviertel und waren mit unserem Zimmer und dem großen Balkon auf der Gartenseite sehr zufrieden. Die Schwierigkeiten begannen im Restaurant des Hotels. Bei unserem ersten Frühstück sagte ich der Kellnerin, die uns bediente, daß wir vier ganze Wochen im Hotel sein würden und daß es uns wichtig sei, alles so zu haben, wie wir es gewohnt waren. »Bitte, ich möchte meine Rühreier«, die ich damals (leider) täglich zum Frühstück verzehrte, »ganz steif, trocken, mit sehr wenig Butter und ohne Salz.« Die Kellnerin guckte mich mit einem Ausdruck des totalen Unverständnises an – als ob ich chinesisch gesprochen hätte. Einige Sekunden lang war sie sprachlos. »Ich kann doch dem Koch nicht vorschreiben, wie er die Rühreier machen soll«, sagte sie dann mit Empörung in der Stimme. »Er weiß genau, wie er es machen soll, und macht es auch so.« Dies war unsere Einweihung in das meines Erachtens typischste Charakteristikum der Australier: die kämpferische Einstellung zur totalen Unabhängigkeit. Im Grunde genommen macht ein jeder in diesem Lande, was und wie er es will, und niemand, aber überhaupt niemand, kann da dreinreden. Der Taxifahrer nimmt einen Passagier, oder er nimmt ihn nicht, je nach Laune (so war es mindestens 1959), jedenfalls aber nur dann, wenn der Passagier nicht den tödlichen Fehler macht, sich auf den Rücksitz zu setzen, statt neben dem Fahrer, wie es die ungeschriebene, aber unumstößliche Regel befiehlt.

Doch zurück zum Rührei. Ich antwortete der Kellnerin nichts und blieb ganz ruhig, als ich sie freundlich fragte: »Bitte, wo ist die Küche?« Sie zeigte in eine Richtung, ich verließ unseren Tisch und ging in die Küche zu einem jungen Mann, der eine weiße Schürze und eine hohe weiße Kappe trug – also der Küchenchef war. Ich stellte mich vor, wie es sich schickte, erzählte ihm detailliert den Grund meines Daseins, erwähnte, daß ich vier Wochen im Hotel bleiben würde und daß ich sehr schwer arbeiten müsse. Ich sagte ihm auch, daß meine ganze Stimmung von meinem Frühstück abhinge – wäre es unbefriedigend, würde die Probe mit dem Orchester am Vormittag schlecht laufen, und ich würde das Publikum am Abend mit einem unguten Konzert unbefriedigt nach Hause gehen lassen. Die Zuhörer zahlten viel

Geld für die Konzertkarten und hätten Anspruch auf ein gutes Konzert – aber wenn ich mein Rührei flüssig, matschig bekäme und mit zuviel Butter, dann könne ich kein gutes Konzert geben. Würde er bitte so freundlich sein und mir zu meiner guten Laune verhelfen? Er war verständnisvoll und freundlich. Mein Rührei kam jeden Morgen knackig fest auf unseren Frühstückstisch.

Aber nicht alles ging so reibungslos. Der Geist der kämpferischen Unabhängigkeit triumphierte oft, wie ich es aus eigener Erfahrung lernen konnte.

Wie jeder Künstler, muß ich mich auch unmittelbar vor jedem Konzert allein und in Ruhe konzentrieren. Große Konzentration war vor einem Konzert, in dem ich an einem Abend drei Klavierkonzerte in drei verschiedenen Stilen von drei verschiedenen Komponisten aus drei verschiedenen Jahrhunderten in unerträglicher Hitze im Frack und damals noch steifem Kragen spielen sollte, mehr als je sonst angebracht. So schloß ich mich in mein kleines Künstlerzimmer ein und erwartete den Beginn des Konzerts. Da die Konzerte von der ABC live übertragen wurden, fingen alle aufs pünktlichste an, um acht Uhr. Fünf Minuten vor acht Uhr klopfte jemand an meine Tür, und noch bevor ich nein sagen konnte, brach die Publicity-Dame der ABC zu mir herein. »Ein Fotograf ist hier und will Bilder von Ihnen für seine Zeitung machen«, sagte sie. »Könnte das nicht nach dem Konzert stattfinden?« fragte ich höflich, »ich muß mich jetzt konzentrieren.« Die Frau war außer sich. »Sicher nicht«, schrie sie, »später hat er wichtigere Aufgaben. Er kommt *jetzt* zu ihnen und macht schnell drei Bilder.« »Nein«, sagte ich in eindeutigem Ton. »Er kommt jetzt nicht und macht keine Bilder.« Wenn Blicke töten könnten, dann wäre ich damals auf der Stelle tot umgefallen. Sie raste hinaus, ich sah sie während der ganzen vier Wochen nicht mehr, und kein einziges Bild erschien von mir in einer der Zeitungen Sydneys.

Aber das Konzert ging gut. Sehr gut sogar. Ich glaube, es war mein bestes Konzert von allen vieren. Ich hatte mich behauptet unmittelbar vorher, um etwas zu vermeiden, das meinem Spiel geschadet hätte. Ich war also loyal gegenüber dem, was das Allerwichtigste, das einzig Wichtige im Zusammenhang mit einem Konzert war – mein Spiel.

Die Frau, deren einzige Aufgabe es war, soviel wie möglich über den eben anwesenden Künstler in die Zeitungen zu bringen, konnte dies natürlich nicht begreifen. Auch wollte sie es nicht. Schade. Aber alle meine Konzerte waren bis zum letzten Platz ausverkauft auch ohne Zeitungsfotos.

An die Woche, die wir, nach meinem Sydney-Marathon, in Melbourne verbrachten, habe ich nur die allerschönste Erinnerung. Sydney ist eine reizvolle, vom Meer umrahmte Stadt. Melbourne hat nicht die landschaftlichen Schönheiten Sydneys und ist beinahe englisch in Charakter und Atmosphäre, mindestens für den Besucher. Es ist eine freundliche, angenehme, gediegene Stadt, wo wir nur liebe Menschen trafen und uns mit ihnen befreundeten. Echte Kulturmenschen, die sich lebhaft für Musik, Literatur und Theater interessierten und diese auch förderten.

Das einmalige Ereignis, das uns nach Melbourne brachte, bleibt mir ein Leben lang unvergeßlich. Ich wurde eingeladen, bei der Eröffnung des größten Freiluftkonzertsaals der Welt, der Sidney Myer Music Bowl, als Solist mitzuwirken.

Dreitausend Menschen haben Platz unter einem schwungvollen, an Schiffsegel erinnernden Dach, und natürlich ist das riesige Podium mit Platz für hundert Musiker auch unter diesem Dach. Der Rest des Publikums – fünfunddreißigtausend Konzertbesucher – kann auf Bänken sitzen oder gemütlich im Gras. Die Wiese des Bowl ist so groß, daß man das Ende mit bloßem Auge nicht sehen kann. Aber auch diejenigen, die einen Kilometer entfernt von der Bühne gelagert sind, hören die Musik, dank den Bemühungen der Experten und den modernsten technischen Mitteln, so gut wie die Leute in den ersten Reihen.

Dame Merlyn Myer, die Witwe Sidney Myers, des verstorbenen Gründers einer der größten Warenhausketten Australiens, der ein großer Musikliebhaber war, verwirklichte mit diesem Gebäude ihren Wunsch, für ihren geliebten Mann mit Hilfe ihrer Kinder Neilma und Kenneth ein einmaliges Denkmal zu bauen.

Die Eröffnung am 12. Februar 1959 wurde eine Nationalfeier. Ministerpräsident Menzies hielt die Eröffnungsrede, und alle großen Persönlichkeiten Australiens sowie das gesamte Diplomatische Korps von Canberra waren anwesend. Es kam sogar Indonesiens damaliger Außenminister Subandrio mit seiner Frau. Diese trafen wir alle nach dem Konzert bei Dame Merlyn, die ein prachtvolles Fest für uns alle gab.

Ich spielte bei der Eröffnung Gershwins *Klavierkonzert in F* – ein stimmungsvolles Werk, das mir in diesen Jahren Spaß machte. Im zweiten Konzert, zwei Abende später, spielte ich Beethovens *Fünftes Klavierkonzert* – so war für mich eine gesunde Balance hergestellt. Es dirigierte der Amerikaner Alfred Wallenstein, und das Orchester war aus Musikern der beiden Großstädte Australiens, Sydney und Melbourne, zusammengestellt.

Wir behielten eine echte Freundschaft mit den warmherzigen, spontanen Mitgliedern der Myer-Familie, insbesondere mit Dame Merlyn und ihrer Tochter Neilma. Wir trafen sie oft in London und Paris, und sie besuchten uns auch einige Male in Herrliberg.

Die vielen visuellen Eindrücke, die wir in Australien bekamen, wie der von der damals noch halbleeren, unorganisch zustande gebrachten Hauptstadt Canberra, und von zwei kleineren Städten, in denen ich ebenfalls spielte, verblassen mit der Zeit. Ich selber hatte nie den Wunsch, etwas fotografisch festzuhalten. Ich verließ mich immer auf mein

Gedächtnis und auf die Eigenschaft des Gedächtnisses, zu selektieren. Behalten, was einem wichtig scheint, löscht das Unwichtige. Und wie für mich immer: Das wichtigste waren die Menschen. So zum Beispiel Victorias Gouverneur Sir Dallas Brooks und Lady Brooks, deren Gäste wir in ihrem Government House in Melbourne einen Abend lang waren. Ein Buffet-Dinner wurde angeboten, ein jeder Gast mußte sich holen, was er oder sie wollte. Ich entdeckte zu meiner Freude etwas, dem ich seit meiner Jugend in Budapest nie mehr begegnet war: Maiskolben. Ich nahm mir zwei, dann noch einen, und aß nichts anderes. Der Abend endete gegen Mitternacht, und wir verabschiedeten uns voneinander nach dieser ersten Begegnung wie alte Freunde. Am nächsten Vormittag erschien ein Diener des Government House in unserem Hotelzimmer – mit vier heißen Maiskolben und den Grüßen von Lady Brooks. Ich habe seitdem viele Maiskolben gegessen, denn in der Schweiz sind sie zu haben – aber die Maiskolben von Melbourne vergesse ich nie.

Meine Flammen

Trotz langjähriger und überaus glücklicher Ehe habe ich im Laufe der Jahre für einige »Flammen« geschwärmt. Ich stehe heute noch genauso zu jenen Frauen wie damals, als sie für mich »aktuell« waren.

Gizi Bajor

Ich dürfte etwa zehn Jahre alt gewesen sein (oder vielleicht auch schon elf oder gar zwölf?), als meine Eltern mich – zur Belohnung für ein gelungenes Konzert – ins Nationaltheater in Budapest mitnahmen. Wir gingen gleich zweimal hintereinander (schon das war eine kleine Sensation für mich) und sahen dieselbe Schauspielerin in zwei verschiedenen Hauptrollen. Der erste Abend gehörte Shakespeare. Es war das erste Werk dieses für mich vielleicht größten Dichters, der je gelebt hat – dicht gefolgt von Goethe: eine Reihenfolge, die keinesfalls wertend zu verstehen ist. Das Stück, das ich sah, bestaunte, hieß *Ein Sommernachtstraum.* Damit begann eine Liebe, zu der die himmlische Musik Mendelssohns sicherlich einen wesentlichen Beitrag geleistet hat. Die Titania spielte der damals bekannteste und beste Bühnenstar der ungarischen Sprache: Frau Gizi Bajor. Zum erstenmal sah ich eine blühendschöne Frau auf der Bühne »barfuß«, ein damals nicht nur für mich, sondern für die meisten Zuschauer gewagter Regie-Einfall. Doch das allein wäre nicht ausschlaggebend gewesen, vielmehr war es die Einmaligkeit ihrer Stimme: Sie betörte mich wie alle anderen Zuschauer im Saal. Ich habe sie und diesen ersten Abend nie vergessen. Wie verzaubert kam ich aus meinem ersten Theatererlebnis. Am zweiten Abend spielte sie dann die weibliche Hauptrolle in *Die Sonne scheint,* dem ersten Großerfolg des damals noch blutjungen Ungarn Lajos (Ludwig) Zilahy. Was für ein Gegensatz zur Titania! Aber auch hier war sie großartig. Tagelang konnte ich an nichts anderes denken als einzig an Gizi Bajor.

Elisabeth Bergner

Am 27. Oktober 1958 war ich wieder einmal in London. An meinem einzigen freien Vormittag ging ich zur Hauptprobe für das neue Ballett *Ondine* des damals noch jungen Hans Werner Henze. Der Komponist stand persönlich am Dirigentenpult im altehrwürdigen Royal Opera House Covent Garden. Es war mein erster Besuch einer Ballett-Hauptprobe in der englischen Hauptstadt. Ich genoß es, den vielen jungen und auch manch »nicht-mehr-so-jungen« Leuten zuzusehen, die sich da in den merkwürdigsten Gewändern herumtummelten und sich – so hatte es den Anschein – untereinander alle zu kennen schienen. Ich bewegte mich also inmitten einer mir völlig fremden Schar von Menschen. Das Publikum, das sich hier im Foyer herumtrieb, war allein schon so interessant, daß sich mein Kommen auf jeden Fall gelohnt hatte.

Es gab keine Eintrittskarten, so daß sich jeder setzen konnte, wo er einen Platz fand. Ich wählte einen komfortablen Sitz, schätzungsweise in der zehnten Reihe. Kurz bevor die Lichter erloschen, setzte sich eine kleine, zierliche Dame neben mich – ich hatte keine Ahnung, wer sie war. Die Aufführung begann. Mit Interesse lauschte ich der Musik. Henze dirigierte mit Verve und sichtlicher Freude. Es war eine wunderbare Aufführung. Mit Dame Margot Fonteyn an der Spitze tanzten die besten Kräfte des Royal Balletts – nach dieser Feststellung muß ich wohl kaum mehr ein Wort über das hohe Niveau jener Produktion verlieren.

Dame Margot habe ich ein Jahr später, 1959, in Neuseeland wiedergetroffen, wo wir zufällig zur gleichen Zeit auf Tournee waren und sogar im selben Hotel wohnten. Dort lernten meine Frau und ich sie auch näher kennen: eine graziöse, jedoch ziemlich strenge Frau mit einer eisernen Disziplin, die es ihr ermöglichte, bis ins relativ hohe »Ballettalter« auf der Bühne aktiv zu bleiben.

Zurück nach London: In der ersten Pause – zwischen dem ersten und dem zweiten Akt – knüpfte ich eine Konversation mit der neben mir sitzenden Dame an. Bald stellten wir fest, daß uns beiden die deutsche Sprache bedeutend leichter fiel als die englische, und wir unterhielten uns unbefangen über das Werk und schließlich auch über die verschiedenen Aspekte des Londoner Theaterlebens. Viele Zuschauer kamen an uns vorbei und grüßten meine Gesprächspartnerin mit größter Ehrerbietung – ich hatte keine Ahnung, wer sie war, und scheute mich, sie mit der direkten Frage nach ihrem Namen zu konfrontieren. In der zweiten Pause schließlich enthüllte ich, ohne es zu wollen, meine Identität und freute mich, daß offenbar mein Name ihr nicht ganz unbekannt war. Wieder unterhielten wir uns ausgiebig über verschiedenste Dinge, wobei ich zu meinem Erstaunen feststellen mußte, daß meine Nachbarin, deren Alter ich im Halbdunkel des Raumes unmöglich schätzen konnte, in allen Sparten des Theaters, der Literatur und der Kunst höchst bewandert war. Wir befreundeten uns sozusagen, bevor die Generalprobe zu Ende war. Als alle aufstanden, mußte ich mich von ihr verabschieden. Da wagte ich die Frage – und plötzlich leuchteten zwei wunderbare Augen auf, das kleine, unscheinbare Wesen blickte mir in die Augen und sagte mit einer unnachahmlichen Einfachheit nur diese Worte: »Ich heiße Elisabeth Bergner.« Es war mir, wie wenn ein Meteorit plötzlich vom Himmel gefallen wäre und im Zuschauerraum des Covent Garden eingeschlagen hätte.

»Frau Bergner«, stammelte ich, »ich bin glücklich, Ihnen zu begegnen. Seit meiner Kindheit habe ich Sie bewundert, ich sah *Ariane* mindestens viermal nacheinander, ebenso den *Träumenden Mund*, Sie waren einer meiner Kindheitsschwärme ...« Sie lächelte, aber ihr Lachen hatte eine etwas seltsame Traurigkeit: Da gestand ihr ein gestandener Mann im mittleren Alter, daß er sie seit seiner Kindheit bewunderte, eine Kindheit, die doch wohl bereits einige Jahrzehnte zurückliegen mußte! Das stempelte sie zu einer älteren Dame: Dieser Aspekt unseres Treffens hat sie sichtlich nicht erfreut. Die Oper hatte sich inzwischen fast völlig geleert, auch wir mußten das Haus verlassen. So endete mein erstes und einziges persönliches Zusammentreffen mit einer der größten Schauspielerinnen, die ich je das Glück hatte zu sehen und zu hören, auf einer sentimentalen Note. Sie sagte »Auf Wiedersehen« und war auf und davon. Ich sah sie nie wieder. Ich hatte an diesem Vormittag einen Teil meiner Jugend wiedergefunden. Wunderschön, aber es tat auch etwas weh: die Erinnerung daran, daß sie vorbei war.

Greta Garbo und Marlene Dietrich

Greta Garbo hieß die dritte in der Reihe. Ich sah in Ungarn all ihre Filme, auch etliche, die sie in den USA gedreht hatte. Selten nur konnte ein Star so viele Jahre, nachdem er sich von der Öffentlichkeit verabschiedet und mit größter Mühe von der Außenwelt abgeschirmt hatte, derart stark im Bewußtsein seines Publikums bleiben!

Der Zufall wollte es, daß die Garbo und ich in New York denselben, aus Ungarn stammenden Hausarzt frequentierten, einen der besten Ärzte übrigens, die mir das Leben je beschert hat. Er erzählte uns einige Male von Frau Garbo. Mit etwas Glück hätten wir sie auch im Wartezimmer bei ihm antreffen können. Leider geschah dies nie. Ein einziges Mal trafen wir sie an der Fifth Avenue, als sie einige Schritte vor uns spazierte, selbstverständlich mit der obligaten Sonnenbrille! Sie war und blieb eine »ferne Erscheinung« – mysteriös, undurchsichtig, unnahbar. So wollte sie es. Vielleicht hätte sie mehr vom Leben gehabt, wenn sie sich nicht derart hermetisch von allen Menschen abgeriegelt hätte. Doch es ist nicht meine Sache, darüber zu urteilen.

Die vierte Flamme hieß Marlene Dietrich. Merkwürdigerweise war ich vom *Blauen Engel* nie so angetan wie der Rest der Menschheit. Ich fand auch ihre Filme nicht immer umwerfend. Einmalig aber war ihr Lied *Johnny*. Die Stimme bleibt unvergeßlich – ebenso die Faszination, die von dieser wunderbaren Frau ausging. Viel hätte ich dafür gegeben, ihr einmal persönlich zu begegnen.

Ingrid Bergmann und *Marylin Monroe*

Die letzte in dieser illustren Reihe ist Ingrid Bergmann. Als wir einen Sommer in Kalifornien verbrachten, ging ich einmal in ein Schallplattengeschäft am Wilshire Boulevard in Los Angeles – da stand neben mir eine blühendjunge Frau, die ebenfalls eine Schallplatte kaufen wollte. Sie wechselte einige Worte mit der Verkäuferin – ich lauschte wie in einem Traum: Es war Ingrid Bergmann. Sie war die Anmut, die Schönheit in persona. Ich wagte es nicht, sie anzusprechen, was ich noch heute bedaure. Sie war vielleicht nicht die größte Schauspielerin unter meinen »Flammen«. Jedoch machte sie auf mich großen Eindruck. Ich habe auch aus der Ferne ihr nicht immer leichtes Schicksal mit Anteilnahme und Sympathie verfolgt. Einmal sahen meine Frau und ich sie in Paris auf der Bühne in Andersons *Tee und Sympathie*. Übrigens ein recht gutes Boulevardstück eines Amerikaners. Sie sprach ein hervorragendes Französisch und spielte ihre Rolle ausgezeichnet. Später sah ich sie in London in einem Tschechowstück mit dem Engländer Michael Redgrave (Vater der Vanessa). Ich kann mich nur schwach an diesen Abend erinnern – doch meine Bewunderung für Frau Bergmann blieb unverändert.

Damit wäre diese kurze Aufzählung beendet. Am Rande möchte ich gern noch Marylin Monroe erwähnen. Sie gehört zwar nicht im selben Grad wie die anderen in die Reihe meiner »Flammen«. Der Wahrheit zuliebe will ich aber gestehen, daß ich sie in fast all ihren Filmen gesehen und bewundert habe. Sie tat mir unendlich leid – während ihrer allzu kurzen und tragischen Karriere. Sie wurde von jedem ihrer Männer – und sie schien viele gehabt zu haben – benutzt und ausgenutzt. Möge sie im Tod ihre Ruhe gefunden haben!

Hans Knappertsbusch

Mit ganz wenigen Ausnahmen kam ich mit den meisten der ungefähr sechzig Dirigenten, mit denen ich in verschiedensten Erdteilen als Solist musizierte, immer gut aus. Werturteile kann man, soll man nicht abgeben – das verbietet eine ungeschriebene Musikerethik.

Ich darf aber wohl sagen, welche Dirigenten es waren, mit denen zusammen ein Werk in harmonischem Einklang der Auffassung – sei es von Mozart, Beethoven, Brahms oder Bartók – zum Leben zu erwecken mir die innigste Freude bereitete. Es waren deren drei: Erich Kleiber, Otto Klemperer und Hans Knappertsbusch.

Ich traf den großen alten legendären deutschen Dirigenten Hans Knappertsbusch zum erstenmal in seinem Künstlerzimmer in Hamburg, einige Minuten vor unserer ersten gemeinsamen Probe. Ich war von Hamburgs Rundfunkorchester als Solist engagiert, um Beethovens *Drittes Klavierkonzert* zu spielen. Ohne meine Begrüßung zu erwidern näherte sich mir der alte Riese und schüttelte mich kräftig an den Schultern, während er mir mit furchterregender Strenge in die Augen blickte und in einem eindeutig unfreundlichen Ton fragte: »Herr Foldes, haben Sie Rhythmus?«

Ich hatte seit Jahren viele Geschichten über ihn gehört, über seine Unerbittlichkeit und seine Unbeweglichkeit, wenn es darum ging, in seiner musikalischen Auffassung auch nur den geringsten Kompromiß zu machen. Ich war deswegen schon ziemlich eingeschüchtert, bevor ich sein Zimmer betrat. Aber diese Art von »Begrüßung« machte mich lachen. »Herr Knappertsbusch«, sagte ich, »ich kann Ihre Frage mit dem besten Willen nicht beantworten. Wenn wir anfangen zu proben, werden Sie selber feststellen können, ob ich Rhythmus habe oder nicht.« Er murmelte etwas, daß er vor kurzem schlechte Erfahrungen mit einem anderen ungarischen Pianisten gemacht habe, der überhaupt kein Gefühl für Rhythmus gehabt hätte – aber ich reagierte darauf nicht.

Die Probe fing an, und wir spielten den ersten Satz des *Dritten Klavierkonzertes*, ohne daß wir ein einziges Mal unterbrochen hätten, um etwas zu wiederholen. Am Ende dieses ersten Satzes wandte er sich zu mir und sagte in grimmigem Ton: »Aber, Herr Foldes, Sie sind ja ein famoser Musiker ...« Das ganze Orchester lachte. Es war etwas sehr Ungewöhnliches, so etwas hätten sie nie vorher von ihm gehört, sagte mir später ein Musiker aus dem Orchester. Wir begannen den zweiten Satz zu spielen, den langsamen Satz, der mit dem Soloklavier einsetzt. Ich fing also an, aber er klopfte ab und wandte sich zu mir: »Spielen Sie das immer in solch langsamem Tempo?« Ich nahm meinen Mut zusammen und antwortete aufrichtig: »Nein, Herr Knappertsbusch, ich spiele es sonst wesentlich schneller, aber man hat mir gesagt, daß Sie langsame Tempi vorziehen, und ich wollte Ihnen entgegenkommen.« »Unsinn!« schrie er, »kümmern Sie sich nicht um mein Tempo, spielen Sie es so, wie Sie es immer spielen – wir werden schon zusammenkommen.«

Als alles vorbei war und wir reibungslos auch den dritten Satz hinter uns gebracht hatten, flüsterte der Konzertmeister mir zu: »Ich weiß nicht, was da geschehen ist. Noch nie hat Knappertsbusch sich umgedreht, um zu schauen, wann der Solist seinen Lauf beendet hat, um rechtzeitig das Orchester einsetzen zu lassen. Er schlug einfach dann, wenn er es richtig fand, und der Solist mußte mit seinem Lauf zurechtkommen, wie er konnte. Aber bei Ihnen hat er geschaut, gewartet, gelauscht, und er winkte genau im richtigen Moment ein, richtig für Sie – er muß Sie sehr lieb gewonnen haben ...«

Diese Sympathie war wahrhaftig auch auf meiner Seite. Er holte mich zum berühmten Dreikönigskonzert nach

München mit demselben Werk und ein Jahr später wiederum nach München mit dem *Fünften Klavierkonzert* von Beethoven. Ich liebte und verehrte ihn, denn die Musik war so heilig für ihn wie für mich auch.

Flims

Zweimal im Jahr gibt es großen Betrieb im Foldes-Haushalt. Unzählige Koffer, Noten, Bücher, Briefordner und Schreibmaschinen werden aufeinandergetürmt. Dann, morgens um Punkt acht Uhr, erscheint unser Taxifahrer, der uns das ganze Jahr hindurch betreut. Wir haben ja keinen Wagen, nie einen gehabt, nie fahren gelernt.

Statt die übliche Route zu nehmen, zum Flughafen oder Hauptbahnhof, fährt er uns diesmal nach Flims. Hier verbringen wir seit fünfundzwanzig Jahre unsere Ferien. Wir mieten jedes Jahr für zwei Monate dasselbe Chalet, von Mitte Mai bis Mitte Juli. Aber da in dieser Zeit unfehlbar mindestens einmal ein unerwartetes, reizvolles Festival-Angebot kommt, wodurch die Ferien unterbrochen werden, kommt es durchschnittlich nur zu sechs Wochen »Nichtstun«. Aber es ist kein Nichtstun. Ich habe ja im Chalet ein Klavier, und ich übe da ziemlich regelmäßig. Der Unterschied, wie ich Freunden erkläre, liegt darin, daß ich in Flims nur dann übe, wenn ich Lust dazu habe – oder wenn das Wetter schlecht ist. Ich versuche die Hunderte von Pflichten zu vergessen, die ich während der Saison habe, und erlaube mir, launisch zu sein. Während der Saison erlaube ich mir das nie. Ich frage mich nicht, ob ich Lust habe, um sechs Uhr früh aufzustehen, nachdem ich am Abend vorher um zwei Uhr nachts ins Bett gekommen bin. Ich stehe auf, weil ich aufstehen muß, um weiterzufliegen zum nächsten Konzert.

Ich frage mich nicht, ob mir das Hotelzimmer, das mein Manager für mich gebucht hat, gefällt, ob das Bett, besser gesagt die Matratze, in Städten, die abseits der Touristenströme liegen, und manchmal an eine Badewanne erinnert, es mir ermöglicht, zu schlafen. Ob der Flügel spielbar ist und ob der Dirigent sich in dem Stück, das ich mit ihm spielen soll, auskennt. Ich stelle keine Fragen, ich akzeptiere alles – das nennt sich Professionalismus. Ich bin also ein Profi – aber nur während der Saison. In den Ferien bin ich ein Ferienmacher – also kritisiere ich alles: das Wetter, das Restaurant, den Mangel an Ruhebänken im Wald, die langsame Bedienung in der Konditorei. Es ist wunderbar, ein Privatmensch zu sein, launisch sein zu dürfen, zu kritisieren.

Wir kennen alle Postboten in Flims und wissen, um wieviel Uhr der eine und wann der andere unsere Post bringt – oder nicht bringt. Es spielt ja keine Rolle – wir sind in den Ferien. Wir lieben Flims, wir lieben unser Leben während der Wochen, die wir dort verbringen. Nichts geschieht unter Zwang. Wir stehen auf, wann wir wollen, gehen zu Bett, wann wir wollen, und wir tun nichts, wenn wir nichts tun wollen. Wir kennen praktisch jeden hier und nehmen teil an seinem Leben. Wir wissen, wann die Dame vom Schuhgeschäft ihre Tochter in Singapur besucht, wir wissen, wann das Kind der Tochter geboren wurde. Wir sind mit allen Geschäftsleuten befreundet. Diese erzählen uns alles über ihre Familien, und wir freuen uns darüber, wir gratulierten dem Metzger, als sein Sohn sein Wirtschaftsdiplom erhielt. »Der Sommer ist da – die Foldes sind angekommen“, sagen die Leute und freuen sich über unsere Anwesenheit. Das Fräulein im Blumengeschäft weiß genau, wann ich meiner Frau Rosen kaufen will. Sie weiß, daß der erste Juli unser Hochzeitstag ist, und bereitet immer etwas Spezielles vor. Das Leben in Flims ist wunderbar – nur am Ende unseres Aufenthalts fängt es an, ein bißchen zu lang zu sein. Wir haben schon mindestens drei Schichten der »normalen« Feriengäste erlebt. Wir wissen das, denn wir sind mit zwei Hotelbesitzern eng befreundet. Wir gehen auch regelmäßig in ihren Hotelbädern schwimmen.

Allmählich werde ich unruhig vom Nichtstun. Dann ist die Zeit da, um nach Hause zu fahren und wieder auf Konzertreisen zu gehen. In unserem privaten Foldes-Guide-Michelin ist alles vermerkt: wie Flims sich von einem Sommerferienort, was es am Anfang unseres Kommens war, zu einem Wintersportort gewandelt hat, wie das Tal völlig verbaut worden ist, auch die Hügel unter dem drohenden Flimserstein, wie neulich der schöne Caumasee von einem gemütlichen alten Schwimmbad in eine moderne Badeanstalt verwandelt wurde, wie und warum der alte Mann, der den kleinen Lift zum See betreut hatte, nun in Pension ging. Das alles wissen wir, das alles interessiert uns. Das Merkwürdige aber ist, daß – sobald wir am Ende unserer Ferien nach Hause kommen – Flims für uns bis zum nächsten Frühling nicht existiert. Es kommt überhaupt nicht vor, daß wir während der Saison daran denken. Aber dann, so Mitte April, wenn die Kirschbäume zu blühen anfangen, erwischt mich meine Frau beim Lesen von Inseraten der Ferienorte. Es fällt mir nicht im Traum ein, anderswohin in den Ferien zu gehen. Aber mein plötzliches Interesse an Ferienort-Inseraten ist für meine Frau ein untrügliches Zeichen, daß ich von den Konzertreisen ermüdet bin. Dann, genau dann, fängt bei uns das Flims-Fieber an.

Aber das ganze Jahr hindurch könnte ich in Flims nicht leben, es ist zu schön – die Berge, die Wälder sind zu verführerisch, sie könnten mich definitiv zum Nichtstun verleiten, und das könnte ich nicht überleben. Aber jedes Jahr wird der Abschied von Flims etwas schwerer. Die Franzosen sagen es richtig: »Partir, c'est mourir un peu.« Ich denke oft, daß man diesen Spruch auch umkehren könnte: »Mourir, c'est partir un peu.« Da muß sicherlich ein Comeback sein. Etwas muß kommen, nachdem man gegangen ist. Wir wissen nur nicht, was es ist, und da wir es nicht wissen, fürchten wir uns davor.

Die lieben Kollegen

Ach, die lieben Kollegen – eigentlich wollte ich über sie ursprünglich überhaupt nicht schreiben. Es ist wahrhaftig ein heißes Eisen, da man ja im Laufe eines Lebens vielleicht zuviel über diejenigen Mitmenschen, die gleichfalls ihr Brot klavierspielend verdienen, erfahren hat. Ich möchte auch nicht, daß jemand auf die Idee kommt: »Aha, jetzt packt er aus.« Aus der Schule zu plaudern ist zwar interessant für alle, die nicht betroffen sind, aber es gibt auch bei Musikern so etwas wie ein Zusammenhalten unter Dieben, das Zurückhaltung gebietet.

Nun ja, einiges kann man schon über die lieben Kollegen erzählen. Früher sagte ich einmal, daß ich alle Menschen als Kollegen betrachte. Das stimmt natürlich, nur sind meine lieben Kollegen, über die ich jetzt sprechen will, »klavierspielende Kollegen«, also Mitmenschen, die genau wie ich ihr Leben der Musik und speziell dem Flügel gewidmet haben. Sie alle gingen durch die gleichen Strapazen und Nöte wie ich, sie alle erlebten die gleichen Enttäuschungen und Freuden wie ich, und sie sind gleichfalls dem Klavier ein Leben lang treu geblieben. Das also sind die richtigen Kollegen. Ich war bereits dabei, dieses Kapitel »Die guten Kollegen« zu betiteln. Dann begann ich nachzudenken, erst kurz, dann lange, wer denn eigentlich die guten Kollegen wären, die ich im Leben getroffen habe. Ich mußte zu meinem Leidwesen feststellen, daß es für mich nur einen einzigen gab – Wilhelm

Backhaus, der um mehrere Köpfe über alle anderen Pianisten, die ich gekannt habe, hinausragte. Er war ein fabelhafter Mensch und ein wunderbarer Kollege.

Wie steht es in der Bibel? Wenn es nur einen guten Menschen gäbe, dann würde Gott Sodom und Gomorrha verzeihen ...

Ich habe es mir zur Pflicht gemacht, wann immer ich das Konzert eines anderen Pianisten besuche, am Ende des Abends im Künstlerzimmer dem Kollegen die Hand zu drücken und ihm meine Bewunderung auszusprechen. Nicht viele Kollegen tun das, und die Freude des Künstlers ist immer groß.

Ein sehr berühmter Pianist ging einmal zum Klavierabend eines Kollegen, setzte sich ganz vorn hin, nur um zwischen dem ersten und zweiten Satz der *Appassionata* hinauszulaufen. Sicherlich hat ihm das Spiel des Kollegen nicht gefallen, aber er hätte ja doch aus Höflichkeit bis zum Ende des Schlußsatzes bleiben können. Gerade das aber wollte er nicht. Er wollte, daß sein Abgang von jedermann wahrgenommen würde, denn nur so war der Effekt, den er anstrebte, total. Es ist eine wahre Geschichte, ich schwöre es. Sorry, keine Namen ...

Ganz niedlich ist auch die ebenfalls wahre Geschichte über Wanda Landowska und die junge amerikanische Pianistin, die sich (es geschah vor noch mehr als dreißig Jahren in New York) wie Frau Landowska in ihrem Repertoire auf Bach konzentrierte. Eines Tages trafen sich die beiden Bachspielerinnen im Salon einer reichen Dame der New Yorker Gesellschaft. Beide waren im ersten Moment sprachlos (das gehört zum guten Ton). Dann fand Frau Landowska, die doch einiges älter und erfahrener war, den »richtigen« Satz: »Meine liebe Rosalyn«, fing sie an, »ich freue mich, Sie zu treffen. Warum sollten wir nicht gute Freunde sein? Wir beide verbringen unser Leben auf der Suche nach dem echten, dem wahren Bachstil. Sie tun es auf Ihre Art, ich tue es auf Bachs Art ...« Dem ist nichts hinzuzufügen.

In Budapest, als ich jung war und noch studierte, gab es einen etwas älteren Pianisten (älter als ich, d. h. mindestens fünfundzwanzig Jahre alt), der über uns alle hinausragte und dem jeder eine große Karriere prophezeite. Er hat nicht gehalten, was man von ihm erwartete, aber darüber soll jetzt nicht die Rede sein. Hingegen erzählte man über ihn, daß er jeden Tag ganz früh aufstehe und bis Mittag seine fünf bis sechs Stunden geübt habe. Dann, nach dem Essen, ging er zu einer seiner erfolgreichsten Kolleginnen, lud sie in eine Konditorei ein und überredete sie, mit ihm ins Kino zu gehen. Aus Verehrung? Nein, aus Heimtücke. Die betreffende Dame stand im Ruf einer Spätaufsteherin, sie übte meist erst am Nachmittag. Da unser Held bereits sein Übungspensum hinter sich hatte, meinte er, der beste Weg zum Ruhm wäre, wenn er die Konkurrenz durch Behinderung ausschaltete. Die Arme nahm gar nicht wahr, was gespielt wurde, und freute sich, daß sie dem Kollegen so gut gefiel. Guter Kollege? Nein, eher ein lieber ...

Vor vielen Jahren spielte ich in einem Promenadenkonzert in der Albert Hall, dem riesigen Saal in London, der über achttausend Menschen faßt. Es war ein Mozart-Konzert, und wie üblich wählte ich mir einen der beiden zur Verfügung stehenden Flügel, die im Saal stationiert waren, aus – den, der mir für das anstehende Werk am geeignetsten schien. Ich hatte großen Erfolg; ich selbst (was nicht oft der Fall ist) war ziemlich zufrieden mit dem Resultat. Es muß bemerkt werden, daß es nicht immer leicht ist im »Prom« (wie diese Konzerte, die besonders preisgünstig und der Jugend zugedacht sind, heißen) gut zu spielen. Es gibt sehr wenig Probenzeit – eine einzige Orchesterprobe für Solisten, Dirigenten und Orchester ist das übliche Arrangement.

Die Geschichte, die ich erzählen will, begann tags darauf. Ein sehr bekannter Pianist, der seitdem leider sehr schwer erkrankt ist und nicht mehr spielen kann, war anwesend, aber es fiel ihm nicht im Traum ein, mich am Ende des Konzertes zu begrüßen. (Nun, das ist seine Sache, ich kann und will nicht den Kollegen vorschreiben, was sie tun und lassen sollen.) Stattdessen ging er am nächsten Morgen zu Steinway and Sons und machte ihnen bittere Vorwürfe, warum sie ihm nie ihren besten Flügel zur Verfügung stellten und er immer auf einem der beiden, seiner Meinung nach unzulänglichen, Instrumente, die ohnehin im Saal stünden, zu spielen hätte. Als man ihm erklärte, daß ich auf einem dieser beiden Flügel gespielt hätte und daß dieser Flügel in keiner Weise für mein Konzert bearbeitet worden sei, ging er enttäuscht wieder weg. Ich fühlte mich, als wenn ich das Große Kreuz der Ehrenlegion erhalten hätte.

Die Kritiker

Am Anfang steht der Spruch (berechtigt oder nicht): Wer kann, macht's selbst, wer's nicht kann, kritisiert ...

Seit frühester Kindheit mußte ich mich mit dem Menschenschlag »Kritiker« auseinandersetzen. Ich war etwa zehn Jahre alt, als mein Vater für mich in seiner Geburtsstadt Komarom ein kleines Konzert organisierte. Besser gesagt, ich wirkte in einem Konzert mit und spielte einige Stücke. Anwesend war auch bei meinen Großeltern meine Großtante Rosa, die Schwester meines Großvaters. Sie hatte überhaupt kein Musikverständnis – niemand auf Vaters Seite hatte die leiseste Ahnung von Musik, es waren alles anständige Bürgersleute, die mit Dingen dieser Art nichts zu tun hatten. Bei dieser Gelegenheit geschah's, daß jemand

Tante Rosa fragte, was sie eigentlich von ihrem kleinen Neffen hielt. Sie antwortete mit redlicher Überzeugung: »Erst muß ich Frau B. sprechen, und dann werde ich meine Meinung sagen können.« Frau B. war die Klavierlehrerin vom Dienst in Komarom und die allerhöchste Instanz in Sachen Musik weit und breit.

Genau dasselbe geschah in den vierziger Jahren nach einem Konzert der New Yorker Philharmoniker (man muß bedenken, daß New York immerhin etwas größer ist als Komarom) bei einem Empfang zu Ehren des damals jungen amerikanischen Komponisten Norman Dello Joio. Eines seiner Werke war an jenem Abend von den New Yorker Philharmonikern uraufgeführt worden, und verständlicherweise befand sich der sympathische Komponist in einer Art Euphorie. So wagte er die Frage, sich zu einer der wichtigen Damen der Gesellschaft wendend: »Wie hat Ihnen mein Werk gefallen?« Die Antwort blieb mir unvergeßlich – sie wurde auch ein oft zitierter Satz bei uns. Sie sagte: »Well, young man – tomorrow will tell the story–after we've read the review in *The New York Times*.«

In meinem bisher schon ziemlich langen Berufsleben habe ich sowohl glänzende als auch abschätzige Kritiken erhalten. Das geht jedem Musiker so. Die guten Kritiken freuen einen, die negativen versucht man zu vergessen. Auf jeden Fall spricht man nicht darüber. Vor vielen Jahren hatte ich gelegentlich das Verlangen, einem dieser Kritiker in einem Schreiben zu antworten, habe aber, Gott sei Dank, rechtzeitig davon Abstand genommen. Nicht schreibend, *spielend* muß man's ihnen zeigen.

In einer großen deutschen Stadt gab es vor einigen Jahren einen Mann, der früher Sportrezensent war und dann irgendwie (ja *wie*, könnte man sich fragen) in das Ressort Musikkritik gerutscht ist. In dieser Stadt spielte ich ein Mozartkonzert so, daß der Dirigent (ein weltberühmter Mann) mich nach dem Konzert auf beiden Wangen küßte und sagte: »Andor, Du hast wie ein Engel gespielt.« Am nächsten Morgen stand in der Kritik, daß ich aus dem Mozartkonzert eine Liszt-Rapsodie gemacht hätte.

Mein Liebchen, was willst du noch mehr?

Seit Jahren schon hatte ich vor, einmal alle Kritiker (oder mindestens die meisten, die ich im Laufe der Jahre aktiv oder passiv getroffen habe) in verschiedenen Kategorien zu klassifizieren. Ich wollte ihnen keine schlechten oder guten Noten geben, Gott behüte, damit hätte ich ihnen ja ins Geschäft gepfuscht. Ich wollte lediglich diejenigen, die besonders gut waren in der Sparte »Adjektive« in eine Kategorie tun, die anderen, die sich in musikgeschichtlichen Recherchen hervorgetan hatten, in eine zweite, dann noch eine dritte Kategorie für diejenigen schaffen, die mit besonderer Eloquenz die Stimmung im Saal vor dem, während des und nach dem Konzert beschreiben konnten. Ich muß gestehen, daß ich die Kritiker, die mit auserwählten Adjektiven arbeiten, ganz besonders zu schätzen weiß, noch mehr, um ganz aufrichtig zu sein, wenn sie einige dieser kostbaren Wörter auch nach einem Konzert von mir benutzen.

»Gut, tadellos, vorzüglich, vornehm, exzellent, elegant, hervorragend, ausgezeichnet, überwältigend, Spitzenleistung, unübertrefflich, einmalig, bezaubernd, dem Ohre wohltuend, notentreu, im Geiste des Meisters, musikalisch, virtuos, gekonnt« – das ist nur eine winzigkleine Auswahl, die aber immerhin schon einen kleinen Überblick geben kann, was so alles in einer Berichterstattung vorkommen kann. Natürlich gibt es auch eine Kehrseite. Doch soll ich dem »Feinde« Munition liefern? Die Frage ist berechtigt, doch ich bin nicht kleinlich. Hier sind einige Stichworte, eine Ausgangsposition, von der aus die Damen und Herren der Presse dann selbst weitergehen können: »Dürftig, armselig, unzureichende Technik, ganz im Gegensatz zum Geiste

Beethovens, ein trauriges Erlebnis, verpfuschte Läufe, zuviel Pedal, zuwenig Pedal, verpedalisiert, zu langsame Tempi, zu rasche Tempi, Effekthascherei, stümperhaft, miserabel, der geistige Inhalt des Werkes und die Wiedergabe standen in keinem Verhältnis zueinander.« Ich sehe, es geht ins Uferlose, ich muß einhalten.

Unbedingt möchte ich noch von einem bekannten und gefürchteten Kritiker der angelsächsischen Welt sprechen, der in eine ganz spezielle Kategorie gehört. Als ich diesen Herrn vor vielen Jahren traf, sagte er mir ohne viel Herumschweifen mit einer Endgültigkeit, die umwerfend war: »You know, I am an Emperor man.« (In der englischsprachigen Welt wird mit »Emperor« das *5. Klavierkonzert* von Beethoven bezeichnet, wegen seiner Widmung an Erzherzog Rudolf.) Ich verstand nicht genau, worum es ging, und wollte Näheres wissen. Mit einer etwas enttäuschten Miene, daß ich das nicht wußte, erklärte er mir, daß er sich ganz besonders auf Beethovens *Es-Dur-Konzert* spezialisiert habe. Er habe es mindestens zweihundertmal im Leben gehört, kenne jede Note und die Interpretation eines jeden Pianisten seit Arthur Schnabel. Natürlich erwiderte ich nicht, was ich nur zu gern getan hätte, daß durch das oft wiederholte Anhören der kritische Beobachtungssinn völlig abstumpft und genau das, was man von einer Kritik erwarten kann, die Frische der Beobachtung, ganz zunichte gemacht wird. Wenn ich ein Werk zu oft gespielt habe, lege ich es mindestens für eine Saison beiseite, damit es sich von mir und ich von ihm ein wenig ausruhen soll. Eine »schöpferische Pause« kann allen Betroffenen, dem Werk, mir und dem Publikum nur zugute kommen. Ob es vielleicht nicht besser wäre, wenn dieser sehr wichtige Herr gerade vom *Emperor Concerto* eine Zeitlang Abstand nehmen und sich anderen, genauso wichtigen Werken widmen würde? Ich werde in der betreffenden Stadt dieses Beethovenkonzert eine Zeitlang nicht spielen. Bis der Herr chief-critic es sich anders überlegt hat – oder aber in Pension geht.

Schon seit sehr langem wollte ich immer eine kurze Abhandlung über meine Freunde und Richter von der anderen Seite des Gartenzauns schreiben. Ich kam nie dazu. Ich hatte scheinbar immer etwas anderes zu tun – mal *1. Bartók* in Paris, mal *4. Beethoven* in Zürich, mal einen Beethoven-Soloabend in New York oder das Brahms *d-moll-Konzert* in Tokio zu spielen.

Mit Entsetzen sehe ich, daß das Kapitel, das sich hier seinem Ende zuneigt, so etwas wie diese nie geschriebene Abhandlung geworden ist. Ich muß mich entschuldigen. Zur Zeit, da ich diese Zeilen schreibe, ist Fastnacht, und die halbe Stadt tobt auf den Straßen. Im Fernsehen bringt man lange Ausschnitte aus dem Mainzer, Kölner, Basler, Münchner Karneval. Diese Seiten sollen dann auch als mein bescheidener Beitrag zum schönen Fest der Fastnacht aufgefaßt werden. Auch ein Pianist darf sich, wenn auch nur ein einziges Mal, als Bänkelsänger betätigen. Es war immer meine Meinung, daß diejenigen, die die Bänkelgesänge vortragen, eigentlich immer mehr Spaß haben als ihre Zuhörer. In meinem Fall dürfte es ebenso sein – ich habe mich jedenfalls köstlich amüsiert.

Warum ein Pianist zu dirigieren anfängt

Auf die Frage, warum ein Pianist zu dirigieren anfängt, kann ich keine Antwort geben. Höchstens könnte ich auf die Frage »Warum haben Sie zu dirigieren begonnen?« antworten, obwohl ich gestehen muß, daß mir auch *diese* Antwort nicht leichtfällt. Da ich trotzdem versuchen möchte, eine einigermaßen begründete Erklärung zu finden, erlaube ich mir die folgende, nach reichlicher Überlegung aufgestellte Behauptung: Irgendwann im Laufe eines langen Lebens kommt unvermeidlich der Augenblick, in dem der instrumentale Musiker sich vorstellt, daß Dirigieren eigentlich doch etwas leichter sei. Das Dirigieren per se ist es sicher nicht, vielleicht jedoch das Leben des Dirigenten. Das sind natürlich zwei grundverschiedene Dinge. In dem Augenblick, in dem dieser Gedanke zum erstenmale auftaucht, sind die Würfel bereits gefallen. Der Pianist (Cellist, Kontrabaßspieler, Flötist, Baßtubaspieler usw.) ergreift unweigerlich den »leichteren« Beruf. Erst viele Jahre später wacht er auf, um reuevoll zu konstatieren, daß Dirigieren überhaupt nicht leicht ist. An diesem Punkt kommt die Ernüchterung. Je nachdem, wie tief er in die »verbotene« Frucht gebissen hat, kommt der Entschluß, das eine oder das andere zu »wählen« – als ob man eine Wahl hätte.

Ich muß hier an den Kollegen Sowieso denken, dessen Klavierspiel immer noch besser oder, sagen wir es ganz aufrichtig und etwas schärfer, dessen Dirigieren eigentlich noch ärger ist als sein Klavierspiel. An wen denke ich? In dieser Branche kann man sich Indiskretionen nicht erlauben, aber ich meine, der einigermaßen bewanderte Leser wird den einen oder anderen Fall selbst vor Augen haben.

Zurück zum Thema. Sehr bald kommt dann der Zeitpunkt, da man nicht mehr zurückkann. Teils, weil man bereits einen winzigen Teil des Orchesterrepertoires mühsam einstudiert hat und es gern an den Mann, in diesem Fall an zwischen fünfzig und achtzig Musiker, bringen möchte, teils, weil man ja von seinem vorherigen Leben her so viel Kredit genießt, daß viele Orchester blindlings den Pianisten oder Geiger engagieren, den sie bereits seit einer Anzahl von Jahren als Solisten geliebt und bewundert haben.

Die Bewährungsprobe läuft meistens nach folgendem Schema ab: Das Instrumentalkonzert in der Mitte des Programmes ist beglückend gut geworden. Selbstverständlich muß der dirigierende Solist doch am besten wissen, wie er sich die Begleitung »seines« Mozart- oder Beethovenkonzertes am besten vorstellt, und er weiß auch genau, wie diese Vorstellung realisierbar ist, nachdem er das Werk bereits an die hundert Male mit großen, mittleren und leider auch vielen »kleinen« Dirigenten durchexerziert hat. Also wird das Paradestück des Abends zu einer Glanznummer, und schon hat der Solist-Dirigent seinen beträchtlichen Vorschußkredit. Aber lange kann er sich nicht in der Sonne dieses Kredits wärmen. Denn schon kommt nach der Pause die »große« Sinfonie, die er nun vorzeigen will, nachdem er sie von den Großen ihres Faches bereits zigtausendmale gehört hat. Wie? Gut oder schlecht – er wird sie anders machen. Und schon lehnt sich das Orchester auf. »Wir haben dieses Stück bereits unter Furtwängler, Böhm, Knappertsbusch und so weiter so gespielt, daher muß es richtig sein.« Das scheint ein gültiger Einwand zu sein, wenn es auch kein korrekter ist.

Unkorrekt ist er deshalb, weil die Tatsache, daß ein anderer, »echter« großer Dirigent ein Werk in einer anderen, in »einer« Weise interpretierte, noch nicht der endgültige Beweis dafür ist, daß es »anders« falsch sein muß. Nachdem der Möchtegern-Dirigent sich durch eine Anzahl von Orchestern durchgekämpft hat, muß er sich schließlich entscheiden. Will er diese Tortur weitermachen, oder begibt er sich unwiderruflich zurück ins große Heer seiner früheren Kollegen, die alle ein wenig Schadenfreude empfinden, wenn sie sehen, daß es dem Kollegen also doch auch nicht gelungen ist, sich als Pultheros durchzusetzen?

Wenn der betreffende Künstler genug Sitzfleisch hat (oder vielleicht Stehvermögen), versucht er es noch einmal und dann noch ein letztes Mal. Weh dem, der dann plötzlich entdeckt, daß die »Droge« nun doch schon zu sehr gewirkt hat. Nun will er sich Zeit nehmen und studiert seine Partituren noch besser. Er schaut sich nochmals den einen oder anderen Dirigenten an und kann nun die verschiedenen so wichtigen Äußerlichkeiten trefflich nachahmen.

Die Augen geschlossen, mit den Armen ständig in der Luft rührend, als ob man Angst hätte, der Brei könnte anbrennen, ab und zu einen winzigen Einsatz gebend, kämpft sich der arme Mann nun durch die Sinfonie seines Lebens.

Das Schöne für einen Dirigenten, der als Solist begonnen hat, ist, daß er sich, allerdings nur am Anfang, die Werke auswählen darf, die er am liebsten interpretieren würde. Er darf sich, da ja ursprünglich »nicht vom Fach«, auf ein beschränktes Repertoire berufen.

Der Leser mag erstaunt fragen, wieso ein Pianist, der ebenfalls unter die Dirigenten gegangen ist, sich über diese Exkursionen so unverfroren äußern kann? Natürlich gibt es Ausnahmen, wie überall im Leben, und zu diesen Ausnahmen hofft sich der Schreiber dieser Zeilen zählen zu dürfen.

Schließlich hat er über dreißig verschiedene Orchester in drei Erdteilen (Europa, USA, Asien) dirigiert, und manche dieser Orchester – horribile dictu – haben ihn sogar wieder verpflichtet: der einzige Prüfstein des Erfolges. Alles andere (Kritiken, schöne Worte, Gratulationsbriefe) zählt nicht. Die Zeit allein wird entscheiden, wie viele der heute vor den Augen des Publikums agierenden Künstler sich auch als Orchesterleiter behaupten können. Die ersten fünf Jahre sind, wie auch am Klavier, relativ leicht. Die Pianisten und die Dirigenten, die sich ein Leben lang halten können, die immer wieder gefragt werden wegen ihres Könnens, wegen ihrer künstlerischen Aussage und ihrer Durchsetzungskraft, ja, die haben das Spiel gewonnen. Auf die Länge der Karriere kommt es an. Es gibt nur einen Maßstab, der gültig ist: Wer lange im Beruf steht und sich dort behaupten kann, der hat gewonnen.

Musikalische Freundschaften

Zu den schönsten Seiten des Lebens eines Musikers gehören die echten, ungetrübten Freundschaften, die er mit anderen Musikern, mit Kollegen, eingeht und pflegt. Ohne diese Beziehungen wäre das Musikerleben ziemlich einsam – und ich darf wohl sagen: beinahe öde.

Menschen mit den gleichen Freuden und Sorgen, das sind Musikerfreunde, mit denen man Gedanken austauschen kann, fachsimpeln, Probleme besprechen, Zukunftspläne schmieden und vieles andere mehr, was die Außenwelt, die »Fremden«, kaum verstehen würden.

Man diskutiert über Tempo, über Schattierungen, Wiederholungen in langen Sinfoniesätzen, in seltenen Fällen sogar über Manager – aber von diesen soll hier nicht die Rede sein.

Mein liebster Freund ist Ferdinand Leitner. Ich kenne ihn seit 1956. Damals trafen wir uns zum erstenmal in Buenos Aires; er kam aus Stuttgart, ich aus Bad Homburg, wo meine Frau und ich damals lebten. Ferdinand dirigierte in einem der schönsten Opernhäuser der Welt, dem Teatro Colon, *Don Giovanni* und den *Rosenkavalier*, beide mit Starbesetzungen, wie man sie heute kaum noch findet. Birgit Nilsson sang die Donna Anna und ihre erste Marschallin. Sie war einfach phantastisch; ebenso hinreißend waren Lisa della Casa als Donna Elvira und George London als Don Giovanni. Leitners Strauss klang wie Mozart – so etwas hatte ich bislang nie erlebt.

Ich selbst spielte ebenfalls im »Colon« in derselben Woche das *Zweite Klavierkonzert* von Bartók. Leitner und seine Frau waren anwesend, und an diesem Abend begann eine Freundschaft, die noch heute unvermindert andauert und blüht, eine Beziehung, die dauern wird, solange wir leben. Gisela und Ferdinand Leitner, die seit einigen Jahren in unserer Nähe wohnen, sind seither unsere engsten Freunde. In all der Zeit, die inzwischen verflossen ist, kam es kein einziges Mal zu einem Zerwürfnis, aber auch nicht zum leisesten Mißverständnis, was bei Musikerehepaaren immerhin schon einiges heißen will! Ich spielte mit Ferdinand außer unzähligen Konzerten in Stuttgart, wo er lange Zeit zu Hause und Generalmusikdirektor war, in Zürich, Paris, in Den Haag und Rotterdam. Mit ihm gelang mir meine schönste Wiedergabe des *Ersten Klavierkonzertes* von Brahms. Es war an einem 4. März, an Ferdinand Leitners Geburtstag, mit dem Orchestre Philharmonique de la Radiodiffusion in Paris. Quasi als Gegengeschenk dirigierte er mich an meinem fünfundsechzigsten Geburtstag in Zürich im großen *C-Dur-Konzert* von Mozart (KV 503). Auf meinen Wunsch war er auch mein Dirigent anläßlich meines siebzigsten Geburtstages, ebenfalls in Zürich, mit einem anderen Mozartkonzert. Beide Male spielte das Tonhalle-Orchester.

Zu meinen langjährigen Freunden zählt auch Horst Stein, einst Chef des OSR in Genf. Mit ihm spielte ich zum erstenmal in meinem Leben an zwei Abenden in Mannheim die fünf Beethoven-Klavierkonzerte – es war für mich ein großes Erlebnis. Er dirigierte in Paris mit dem Orchestre Pasdeloup ebenfalls die fünf Beethovenkonzerte in der Salle Pleyel – der Höhepunkt meiner Karriere in dieser wunderschönen, von mir heißgeliebten Stadt.

Ein anderer Freund ist Heinz Wallberg. In Bayreuth, Wiesbaden, Essen, Bamberg und Wien musizierten wir zusammen – meistens Mozart und Beethoven.

Mit Rafael Kubelik verbindet mich eine schöne musikalische Beziehung, seit er in Kopenhagen anläßlich eines Gesprächs in der Bar des Hotels Angleterre auf meine Frage, ob ich neben dem Klavierspiel auch dirigieren solle: den schicksalsträchtigen Satz aussprach: »Man muß alles machen –

spielen, dirigieren, komponieren, unterrichten ...« Wie recht hatte er! Zweimal hatte ich die Freude, mit ihm und dem Orchester des Bayrischen Rundfunks Mozart zu spielen. Viel zu wenig ...

Die ansteckende Vitalität meines Freundes Edmond de Stoutz, Chef des Zürcher Kammerorchesters, seine unermüdliche Freude am Musizieren, machen das Zusammenspiel mit ihm zu einem immer neuen großen Vergnügen.

Mit drei bedeutenden Dirigenten der ehemaligen DDR musizierte ich öfters und gern zusammen: Kurt Sanderling, Kurt Masur und Günther Herbig.

Von den verstorbenen großen Dirigenten habe ich am meisten von Otto Klemperer, Erich Kleiber und Hans Knappertsbusch gelernt. Gern denke ich an den genialen Hans Rosbaud (mit ihm spielte ich Grieg im Südwestfunk), an Schmidt-Isserstedt, Rudolf Kempe, an den meiner Ansicht nach hervorragendsten französischen Dirigenten, nämlich an Roger Desormière, sowie an Jean Martinon zurück.

Leider kam es nie dazu, daß ich mit Willem Mengelberg hätte musizieren können. Im Frühjahr 1939, anläßlich eines Soloabends in Amsterdam, spielte ich ihm nach einer Orchesterprobe im Künstlerzimmer des Concertgebouw vor. Er arbeitete an jenem Vormittag an der *Vierten Sinfonie* von Tschaikowskij – es war für mich unvergeßlich. Er sprach sehr viel und gern. Hob er dann den Taktstock, sprangen die Funken. Die Probe dauerte sehr lange, eine Ewigkeit, bis er mich endlich zu sich kommen ließ. Er wusch sich, zog sich um, öffnete die Tür zum Künstlerzimmer und stand fröhlich lächelnd vor mir: »Kommen Sie, kommen Sie! Was haben Sie mir zu spielen?«

Ich begann mit dem *d-moll-Konzert* von Brahms. Es waren wohl kaum fünf Minuten vergangen, da unterbrach er mich: »Wir werden dies in der übernächsten Saison zusammen hier spielen«, eröffnete er mir, mit umwerfender Endgültigkeit. Für mich hätte der Himmel nicht schöner klingen können!

Das war, wie gesagt, im Frühjahr 1939. In der übernächsten Saison war Krieg, Holland von den Deutschen besetzt, ich lebte in den USA. Mengelberg habe ich infolgedessen nie wiedergesehen, schade! Er war ein überragender Dirigent, ein großer Despot, eine echte Persönlichkeit, wie sie heute sehr rar geworden sind. Nach dem Krieg konnte ich des öfteren in Holland auftreten: mit Willem van Otterloo, dem Chef des Haager Residentie-Orchesters – so genannt, weil es in der Residenzstadt des holländischen Herrschers beheimatet ist. Van Otterloo war ein lieber, musikalisch äußerst versierter, zugänglicher Herr. Wir verstanden uns auf Anhieb. Dem jungen Hans Vonk, einem der aufgehenden Sterne am holländischen Dirigentenhimmel, begegnete ich vor einigen Jahren zum erstenmal in London. Wir sollten abends um acht Uhr ein Mozartkonzert spielen und sahen uns zum erstenmal zwei Stunden zuvor bei der Probe. Dies ist eine englische Spezialität – beinahe hätte ich gesagt: Unsitte. Trotz großer Hitze, trotz Zeitmangel und Streß ging es recht gut, da wir beide notgedrungen alles daransetzten, die Aufführung erfolgreich über die Runden zu bringen.

Bei den Italienern steht für mich an erster Stelle Carlo Maria Giulini, der große, hagere, immer leicht traurige Meister des Taktstocks. Mit ihm brachte mich das Schicksal – oder war es der Zufall? – in München zusammen. Dort sollte ich mit den Philharmonikern die *Rhapsodie op. 1* von Bartók spielen. Wir taten dies, so gut wir konnten. Er, der arrivierte und weltbekannte Dirigent, fügte sich all meinen Wünschen in der berechtigten Hoffnung, daß ich als Ungar und Mitstreiter des Komponisten sicherlich wissen müsse, wie das Stück zu interpretieren sei. Es wurde ein Erfolg, aber das Schönste kam erst ein paar Monate später: Ein Anruf aus Italien; Maestro Giulini war am Telefon: »Könnten Sie am 7. Dezember ein Konzert mit mir in Florenz annehmen?« – »Ich muß zuerst meine Frau fragen«, antwortete ich. Der 7. Dezember fiel damals auf einen Sonntag, zudem war es der Geburtstag meiner Frau. Wir wollten ihn ganz privat irgendwo zu zweit feiern.

Auf meine Frage, ob wir das besagte Wochenende in Florenz verbringen könnten, antwortete sie spontan: »mit der allergrößten Freude!« Umgehend rief ich Giulini an. »Wir kommen, wir kommen«, sagte ich ihm, noch bevor er sich die Sache anders überlegen konnte. Erst dann stellte ich die sonst immer als Gretchenfrage geltende wichtigste aller Fragen: »Welches Werk verlangen Sie von mir, und wie hoch ist das Honorar?« »Ich möchte mit Ihnen nochmals die *Rhapsodie* von Bartók spielen, und zwar in meinem Konzert vom 7. Dezember im Palazzo del Cinquecento. Das Programm steht bereits seit vielen Monaten fest, aber ich will es ändern, damit die Florentiner durch Sie dieses Werk kennenlernen.« Ich war übergklücklich. Ein schöneres Geburtstagsgeschenk hätte ich meiner Frau nicht machen können. Ohne Konzert wären wir wohl kaum nach Florenz, einer der schönsten Städte der Welt, geflogen. Jetzt durfte ich dort mit Maestro Giulini spielen; zudem eines meiner Lieblingsstücke, und obendrein gar ein schönes Honorar kassieren. »Mein Liebchen, was willst du noch mehr?«

Was ich jedoch nicht wissen konnte, war, daß Florenz an jenem 7. Dezember einen der kältesten Wintertage erleben würde, und daß der Saal, in dem sonst keine Konzerte stattfinden, nicht beheizbar war. Mit froren beinahe die Finger weg, doch vermochte auch dies an meiner guten Laune nichts zu ändern.

Ein weiterer Italiener war Sanzogno. Mit ihm führte mich das Schicksal in Lugano zusammen. Es war mein einziges Konzert, bei dem Wilhelm Backhaus – er lebte damals dort und war zufällig zu Hause – anwesend war. Für mich sehr aufregend, doch ich spielte ein Mozartkonzert, von dem ich zu wissen glaubte, daß es der verehrte Meister nicht oder zumindest nicht mehr im Repertoire führte, was mich einigermaßen beruhigte.

Ich besuchte Backhaus am Nachmittag vor dem Konzert – zum Tee – eine große Ausnahme, da ich sonst nie am Konzerttag eine gesellschaftliche Verpflichtung wahrnehme. Wir hatten ein interessantes Gespräch, was sicherlich dazu beigetragen hat, daß ich am Abend trotz der Anwesenheit des größten Pianisten, den ich je zu treffen das Glück hatte, einigermaßen anständig spielen konnte.

Auf meine Frage nach seiner Kritik an meinem Spiel kam ein für ihn großes Lob. »Ich kann an nichts denken, was ich beanstanden könnte.« – Das genügte mir: Das Konzert war für mich ein großer Erfolg.

Um die Reihe meiner italienischen Freunde zu beenden: Mit Massimo Freccia spielte ich in der Accademia di Santa Cecilia in Rom, mit Amfiteatroff im San Carlo in Neapel, mit rotem Marmor und vergoldeten Fassaden eines der schönsten Opernhäuser, die ich je gesehen habe.

Nun nach England! Ich spielte mit allen großen Briten, außer mit Sir Thomas Beecham, ein Manko, das ich mein Leben lang bedauert habe. Mit Sir Malcolm Sargent, dem eleganten Engländer, der immer mit einer roten Nelke im Knopfloch aufs Podium trat, verband mich eine echte Freundschaft. Wir haben unzählige Male bei den Promenadenkonzerten gespielt und außerdem oft während der Wintersaison in der damals noch neuen Festival Hall, die – so glaube ich – 1953 eröffnet wurde. Er war ein echter »Bon vivant«, ein Gourmet und Liebling der höchsten Gesellschaft in London. Er ging selbst im Buckingham Palace ein und aus. Als ich einmal allein in London war, lud er mich zu einer Vorstellung von Shakespeares *Sommernachtstraum* ein. In seiner Begleitung waren zwei junge Damen. Die eine stellte er mir als Lady Bowes-Lyon vor, und dabei flüsterte er mir ins Ohr: »Sie ist die Kusine der Königin.« Ich war entzückt. So etwas hätte ich mir nie träumen lassen, als ich als zehnjähriger Knabe stolz darauf war, Mitbürger von Altofen zu sein. Die Kusine der englischen Königin als Theaternachbarin und danach gar als Tischdame! – Daß ich einige Jahre später an der linken Seite der Königin von Dänemark, also auf dem Ehrenplatz, sitzen würde – nach einem Hauskonzert, das ich bei ihr in Amalienborg gegeben hatte, wie schon berichtet –, daß meine Frau und ich des öfteren beim Kronprinzenpaar in Japan zum Tee eingeladen würden, das konnte ich an jenem Abend kaum erahnen. Es war märchenhaft, es war toll. Ich genoß es und war sehr stolz. Man muß die Feste feiern, wie sie fallen!

Bei einem Festkonzert der »Victoria League« – einem bedeutenden gesellschaftlichen Ereignis in London – konnte ich Beethovens *Klavierkonzert Nummer drei in c-moll* mit Sir Adrian Boult zur Aufführung bringen. Für meine Begriffe war Boult einer der wirklich hervorragenden Dirigenten des Inselreiches, der jedoch wegen seiner legendären Bescheidenheit nie den Platz erringen konnte, der ihm, wie ich glaube, eigentlich gebührt hätte.

Sir John Barbirolli war ein Fall für sich: Mit ihm führte ich das *Zweite Klavierkonzert* von Bartók gleich an vier Abenden hintereinander auf. Zweimal spielten wir in Manchester, je einmal in Bradford und Preston. Auf dem Programm stand immer dieselbe Werkreihenfolge: Die Ouvertüre zu *Semiramide* von Rossini (Rossiniouvertüren waren eine besondere Spezialität des Italo-Engländers Barbirolli), das *Klavierkonzert* von Bartók und zum Schluß die *Vierte Sinfonie* von Bruckner, welche ich – ich muß dies zu meiner Schande gestehen – bei dieser Gelegenheit erstmals in einem öffentlichen Konzert hörte. Nicht nur einmal, sondern gleich viermal. Jeden Abend schlich ich mich nach der Pause ins Publikum, das erstemal aus purer Neugier, das zweitemal aus Interesse und die beiden letzten Male aus Leidenschaft. Ich habe mich einfach in dieses herrliche Werk verliebt – und es ist heute noch eines meiner großen »Faibles« unter den neun wunderbaren Sinfonien des großen einsamen Meisters aus Linz.

In meinem Vaterland spielte ich mit allen Dirigenten, angefangen bei dem alten Stefan Kerner, dem Doyen der ungarischen Maestros, der noch ein Kollege von Franz Schalk gewesen war. Unter seiner Leitung spielte ich als Achtjähriger zum erstenmal mit Orchester öffentlich ein Mozartkonzert (KV 450 in B-Dur).

Natürlich spielte ich oft mit meinem Lehrer Ernst von Dohnányi. Genau erinnere ich mich an das erste Konzert: Ich war fünfzehn Jahre alt und wirkte bei der Fünfundzwanzig-Jahrfeier der Privatmusikschule Fodor mit, bei einem Konzert, in dem vier der besten Schüler dieses altehrwürdigen Institutes sich produzieren durften. Es war mein erstes Liszt-*Es-Dur-Konzert*; und anscheinend bestand ich die Prüfung mit Anstand, denn nach einigen Monaten bekam ich eine höchst merkwürdige Aufforderung: Der Privatsekretär Dohnányis kam unter Voranmeldung zu uns auf Besuch und erklärte, der Meister sei sehr erstaunt, daß ich mich nicht in seiner Meisterklasse als Schüler angemeldet hätte. Das war keine Anfrage, sondern ein Befehl! Über Nacht wurde ich Meisterklassenschüler und Anwärter des Klaviermeisterdiploms an der Hochschule für Musik in Budapest, einem bedeutenden Institut, das viele Jahre zuvor Franz Liszt persönlich gegründet hatte. Soweit ich mich erinnern kann, spielte ich dann bald auch das *Es-Dur-Konzert* von Beethoven sowie Schumanns *Klavierkonzert* unter Leitung von Dohnányi, beide übrigens erstmals in meinem Leben.

Der bedeutendste Dirigent der nächsten Generation in Ungarn war mein leider verstorbener alter Freund Janos

Ferencsik. Mit ihm verband mich eine lebenslange musikalische Freundschaft, die auf interessante Art begann: In den zwanziger und dreißiger Jahren gab Dohnányi jedes Jahr einen Beethoven-Abend mit dem Philharmonischen Orchester von Budapest. Er dirigierte selbst vom Flügel (sogar die »großen«, das *Dritte, Vierte* und *Fünfte Konzert*!) und variierte das Programm jedes Jahr immer wieder ein klein wenig. Diese Abende hatten sich eingebürgert; das Publikum wartete auf *den* Beethoven-Abend des größten ungarischen Pianisten; die Karten waren innerhalb einer Stunde ausverkauft. So weit – so gut. Einmal – ich glaube, es muß 1934 oder 1935 gewesen sein – erkrankte Dohnányi. Er litt unter einer langwierigen Thrombose und mußte monatelang das Bett hüten. Mir kam da eine ziemlich verwegene Idee: Ich wollte den Orchesterabend mit den Beethovenkonzerten geben! – Ich wollte diese Marktlücke schließen – wie man heute so schön zu sagen pflegt. Meine Eltern waren entsetzt – es konnte als »lèse-majesté« aufgefaßt werden – zudem bedeutete es ein großes finanzielles Risiko. Wer weiß, ob die Leute auch zu meinem Beethoven-Abend in hellen Scharen kommen würden? Ich hatte indessen keine Bedenken. Meines Erachtens kamen die Leute, um drei Beethovenkonzerte zu hören! Ich unternahm den Abend also in eigener Regie, mietete den Saal, das Orchester (nur zwei Proben) und engagierte den Dirigenten. Der junge Ferencsik war bereits fester Dirigent an der Oper, hatte sich aber mit Konzerten noch nicht so hervorgetan. Sein Debüt mit dem Ballett *Scheherazade* von Rimskij-Korssakow war ein fabelhafter Erfolg. Die Leute gingen in die Oper, um Scheherazade mit Ferencsik zu hören, und schauten auch gelegentlich mal auf die Bühne, wo Frau Karola Szalay, die Primadonna assoluta der Budapester Oper während vieler Jahre, wirklich ganz vorzüglich tanzte. Ich sah jede Aufführung von Scheherazade. Dies war möglich, weil ich als Schüler der Musikhochschule eine Jahreskarte erhielt und jeden zweiten Abend gratis in die Oper gehen konnte. Ob ich wohl wegen der Musik, wegen Ferencsik oder wegen Frau Szalay so oft in die Aufführung ging, überlasse ich der Phantasie des Lesers. Für damalige Verhältnisse war Frau Szalay als Prinzessin merkwürdig spärlich bekleidet; jedenfalls konnte ich mich nicht satt genug sehen. Man ist nur einmal jung, und das Leben war in jenen Tagen nun mal besonders aufregend! Mein Wagnis, anstelle von Dohnányi drei Beethoven-Klavierkonzerte mit dem Philharmonischen Orchester von Budapest und Ferencsik als Dirigent an einem Abend zu spielen, hat sich gelohnt. Das Haus war ausverkauft, das Publikum restlos begeistert.

Mit dem heute berühmtesten ungarischen Kapellmeister (ungeachtet seines englischen Namens), Sir George Solti, habe ich nie zusammen musiziert. Wir drückten zwar viele Jahre gemeinsam dieselbe Schulbank auf der Musikhochschule in Budapest, als Kollegen bei Dohnányi, ebenso bei Waldbauer (Kammermusik) und Ernst Unger (Dirigentenschule). Ich wunderte mich oft, weshalb eine Zusammenarbeit nie zustande kam. Ich habe keine richtige Antwort darauf gefunden. Wenn irgendeiner meiner Leser sie kennt und mir mitteilt, bin ich ihm sehr dankbar. Längere Zeit störte mich diese Frage – heute bin ich geneigt, darüber den Schleier des Vergessens zu breiten.

Die vielen anderen Dirigenten, mit denen zu musizieren ich die Freude hatte, haben mich dafür mehr als genug entschädigt. Könnte es gar sein, daß Solti selbst dabei etwas verpaßt hätte? Ich würde dies gern annehmen.

Exotische Erlebnisse

»Erzählen Sie!« fordern mich Bekannte auf, die ich seit Jahren nicht gesehen habe und die ich unverhofft im Kreise anderer Bekannter bei einem improvisierten Zusammensein treffe. Es ist ein milder Spätsommerabend, die Luft ist beinahe süß, und die großen alten Bäume im Garten unserer Gastgeber, unter denen wir sitzen, schirmen uns vor der lärmenden Außenwelt ab. Niemand ist in Eile an diesem Abend, und der Wunsch der Bekannten, von meinen Erlebnissen in exotischen Ländern zu hören, ist echt.

So erzähle ich über den tropischen Abend 1959 im Garten von Indonesiens Außenminister Subandrio, wo starkgewürzte Gerichte auf einem mit betäubend duftenden Blumen dekorierten Tisch serviert wurden. Unser dreitägiger Besuch in Djakarta kam anläßlich der Feier nach der Eröffnung der Sidney Myer Music Bowl zustande, wo Subandrio und seine Frau mich baten, nach meiner Australientournee und der nachfolgenden Konzertreise in Neuseeland auch ihr Land zu besuchen und ein Konzert in der Hauptstadt zu geben. Ich nahm die Einladung freudig an. Noch ein exotisches Land, in dem ich nie vorher gewesen war, würde ich so kennenlernen! Ich gab mein Konzert in der Aula der Universität, die zwar Seitenwände, aber kein Dach hatte – der großen Hitze wegen. Das Abendessen im Garten fand nach dem Konzert statt, und inmitten der Mahlzeit hörte ich den neben mir sitzenden Verteidigungsminister leise etwas vor sich hinsingen. Es kam mir so bekannt vor, aber ich wollte meinen Ohren nicht trauen. »Was singen Sie, Herr Minister?« fragte ich meinen stämmigen, dunkelhäutigen, äußerst streng wirkenden Nachbarn. »Schubert«, antwortete er und begann lauter zu singen: »*Leise flehen meine Lieder durch die Nacht zu dir ...* – Ich liebe es sehr ...«, sagte er.

Auf den Straßen Djakartas, erzählte ich weiter, trafen wir immer wieder bildschöne junge Männer – vielleicht waren sie zwanzig Jahre alt –, die vergnügt Arm in Arm, eng miteinander verschlungen, ihre Spaziergänge machten. Und nachdem ein sehr junger Indonesier barfuß, in kurzen Hosen und offenem Hemd zu mir gekommen war, um mich für ein Interview vom Radio Djakarta einzuladen, entdeckte ich im Studio an seinem Mischpult eine Komposition von Arnold Schönberg, die er, wie er mir erklärte, in seinen freien Minuten studierte. In der Nacht vor unserer Abreise aus Indonesien, erzählte ich dann, fand das größte Fest des Jahres statt, das Ende des mohammedanischen Fastenmonats Ramadan, während dessen die Gläubigen nur nachts essen dürfen. Sukarno, der damalige Herrscher – Diktator – Indonesiens, gab an diesem Abend ein Tausendundeine-Nacht-Fest in seinem Marmorpalast, zu dem Subandrio uns mitgenommen hatte. Umrahmt von bildschönen, sehr jungen und zarten Mädchen in ihren bunten Trachten, stand Sukarno in seiner ganz mit Dekorationen bedeckten Uniform, die schon bekannte Samtkappe auf dem Kopf – ein überwältigend selbstsicherer, urvitaler Macho, der uns mit westlicher Höflichkeit begrüßte und sich den ganzen Abend lang um unser Wohlsein kümmerte.

Da wäre noch so vieles zu erzählen über andere exotische Länder, sagte ich meinen Freunden. Zum Beispiel über die sehr traurige Frau in einem heiligen Schrein in Bangkok, die eine Schale mit halbflüssiger Erde in ihrer linken Hand hielt, um mit ihrer rechten, immerzu daraus schöpfend, mit Ehrfurcht einen riesigen Steinphallus zu beschmieren. Mit diesem zeremoniellen Akt, erklärte man uns, hoffte sie zu erreichen, daß ihr heißester Wunsch – einen Sohn zur Welt bringen zu dürfen – in Erfüllung gehen würde.

Dann sprach ich über Hongkong. Hongkong ist keine exotische Stadt, und es war mir trotz mehrmaligem Aufenthalt dort nicht gelungen, einmal eine Opiumhöhle zu besuchen. Eine Tatsache, die mich noch jetzt traurig macht, gestand ich meinen Zuhörern.

Dafür gewannen wir mehrere Freunde, die uns immer wieder einluden. Ich denke in erster Linie an ein chinesisches Ehepaar, er Arzt, sie Erbin in Australien erworbenen Vermögens, das auf dem allerhöchsten, allerschönsten Punkt Hongkongs ein palastartiges Haus hatte. Einmal in den sechziger Jahren fragte ich unseren Hausherrn, ob es nicht ein furchterregendes Gefühl für sie wäre, so nahe beim Roten Nachbarn zu leben. »Nahe?« staunte unser Freund – »China ist doch mehr als dreißig Kilometer entfernt von uns ...« Dabei besaß er zwei Rolls-Royces, die sicherlich diese Entfernung in einer halben Stunde bewältigt hätten. Aber damals war er frei von allem Kummer. Zwei Jahrzehnte später, als wir wieder einmal bei ihnen waren und das Stichdatum 1997, an dem die englische Herrschaft in Hongkong automatisch aufhören muß und die Stadt wieder zu China gehören wird, sich rasch näherte, beschrieb unser Freund die Art und Weise, wie er sich diese historische Übergabe vorstellte. Der Gouverneur von Hongkong würde eines Tages einen Telefonanruf aus China bekommen, und die Stimme von dort würde ihm sagen: »Morgen kommen wir.« Der Gouverneur würde dann fragen: »Um welche Zeit, bitte – wann paßt es Ihnen am besten ...« Dann erzählte ich unsere eigenen Erfahrungen in Rotchina, gesammelt während unseres einwöchigen Aufenthalts dort im April 1978, als sich die ersten behutsamen Öffnungen nach den grausamen Jahren der sogenannten Kulturrevolution abzeichneten.

Es war nach Beendigung meiner sechsten Japantournee, wo wir noch eben vor unserer Abreise beobachten konnten, wie gläubige Frauen der Schinto-Religion Papierkirschblüten an den Kirschbäumen der Straßen Tokios befestigten, damit die echten Kirschblüten Lust bekämen, so bald wie möglich zu blühen.

Wir wurden von unserem Freund Werner Sigg, dem Schweizer Botschafter in Peking, eingeladen und waren seine Hausgäste. An den von ihm arrangierten zwei Soloabenden in Pekings International House (nur ein Konzert war geplant, aber die Nachfrage war so groß, daß ich das Konzert wiederholen mußte), hatte ich die Freude und die Genugtuung, mindestens die Hälfte des Publikums, nämlich die junge Generation (die während der Kulturrevolution aufwuchs, als die »bourgeoise« westliche Musik strengstens verboten war), zum erstenmal mit Meisterwerken von Beethoven, Brahms, Schumann, Debussy und Bartók bekannt zu machen.

Nach meinem zweiten Konzert wurde ich vom Direktor des Pekinger Musikkonservatoriums für den nächsten Vormittag zu einem Besuch eingeladen. Der Direktor ließ einige Schüler mir vorspielen, dann fragte er: »Möchten *Sie* nicht auch etwas für meine Schüler spielen?« Selbstverständlich sagte ich zu. »Aber bitte nicht hier«, sagte der Direktor, »gehen wir hinüber in einen anderen Raum, wo der Flügel besser ist.« Er führte mich durch den Hof zu einem Konzertsaal, der bereits mit Hunderten von Schülern vollgestopft war. Die wußten wahrscheinlich schon seit geraumer Zeit, daß ich kommen würde. Nur ich wußte es nicht.

Der hochgewachsene, hagere chinesische Pianist, der in der neuen, freieren Ära eine der führenden Musikpersönlichkeiten war, wie mir gesagt wurde, fuhr mich in seinem großen schwarzen Luxuswagen, der mit den damals als Statussymbol für hohe Beamte geltenden weißen Spitzenvorhängen an den Fenstern ausgestattet war, zur Botschaft zurück. Während der Fahrt erzählte er mir über sein Leben während der Kulturrevolution. Die Wärter, die ihn jahrelang gefangenhielten, schickten sich eines Tages gerade an, ihm die Finger abzuschneiden, denn Pianisten waren wie alle Künstler schädliche Parasiten der Gesellschaft. Da fiel er in Ohnmacht und wurde dadurch gerettet.

Bevor ich mich vom Direktor verabschiedete, fragte ich ihn, wie viele Schüler es im Konservatorium gebe. »Vierhundert«, antwortete er. »Und wie viele Lehrer haben Sie?« fuhr ich mit Fragen fort. »Fünfhundert«, antwortete er gelassen, dann fügte er schnell hinzu: »Das ist alles die unverantwortliche Planung der Viererbande.« In der Zeit, als wir in China waren, schimpften die Menschen zwanghaft über die sogenannte »Viererbande« – die vier Herrscher der blutigen Terrorwirtschaft unter der Führung von Maos Witwe –, jetzt, da sie endlich davon befreit waren. Als wir über den unübersehbar großen Tienanmen-Platz spazierten, wo der Sage nach eine Million Menschen Platz haben, war er beinahe leer. Niemand ahnte, welches Blutbad hier einige Jahre später das Militär unter revoltierenden Studenten anrichten würde. Nur an der Ecke, wo Mao Tse-tungs Mausoleum stand, sammelten sich einige hundert Leute in Viererreihen, wie die Regel das erheischt, um den stark balsamierten, lila- und gelb-farbigen Mao besichtigen zu können.

Männer und Frauen waren aus einer gewissen Entfernung schwer voneinander zu unterscheiden, da sie alle, junge Mädchen sowohl als auch alte Männer, gleich angezogen waren – alle in ausgemusterten, viel zu großen Militärmänteln und allzugroßen Militärschuhen.

Da die Schlange der Wartenden lang war, mußten die meisten ein bis zwei Stunden in der Reihe stehen, bevor sie ins Mausoleum hinein konnten. Die meisten hielten große Thermosflaschen in den Händen, aus denen sie in regelmäßigen Abständen heißes Wasser tranken, um sich zu stärken. Geld für Tee hatten sie nicht.

Auch Erlebnisse, die mit der üblichen Bezeichnung »exotisch« nichts zu tun haben, sagte ich meinen Bekannten, können exotisch wirken. Und da sie anscheinend Freude hatten, mir bei meinen in freier Assoziation geformten Berichten zuzuhören, erzählte ich ihnen von unserem Besuch in den Anfängen der fünfziger Jahre bei einem Chirurgen in New Jersey, der uns zum Abendessen eingeladen hatte. Ich wußte, daß er ein großer Musikliebhaber war. Was ich aber nicht wußte, war, daß er vorhatte, nach dem Abendessen seiner Liebe zur Musik mit mir gemeinsam Ausdruck zu geben. Er hatte einen Geiger und auch einen Cellisten eingeladen und wollte mit mir ein Mozart-Klavierquartett spielen. Nach dem Essen, das sehr hastig verlief, da er es kaum erwarten konnte, mit dem Musizieren anzufangen, bat er mich zum Flügel, die beiden Herren stellten ihre Notenpulte auf, und schon ging es los. Mitten im zweiten Satz klingelte das Telefon. Es war ein Notruf aus dem Spital. Der Herr Doktor solle sofort zu einer Blinddarmoperation kommen. Hastig zog er seinen Mantel an, und rief von der Tür her: »Bitte, bleiben Sie – ich bin in einer Stunde zurück.« Er war tatsächlich in einer Stunde zurück, nach der durchgeführten Blinddarmoperation, und wir spielten dort weiter, wo wir aufgehört hatten.

Mit dieser kleinen Geschichte ist alles in Ordnung, erklärte ich meinen Zuhörern. Ein Chirurg darf als Freizeitbeschäftigung Kammermusik betreiben, er darf seine Freunde und Bekannten für sein Hobby einspannen, nur – und hier ist der Haken – die Kehrseite der Medaille sieht nicht so günstig aus. Schon immer wollte ich auf die Frage von Journalisten, die sich nach meinem Lieblingsfreizeitsport erkundigten, »Neurochirurgie« antworten. Sicher wären sie empört gewesen, daß ich scheinbar völlig unverantwortlich und unvorbereitet etwas auszuüben beabsichtigte, das für die Profis blutiger Ernst ist. Es ist wohl nicht recht, daß das, was bei dem einen mit hoher Gefängnisstrafe geahndet, bei dem anderen als Liebe zur schönen Kunst mit einem wohlwollenden Lächeln quittiert (und verziehen) wird. Für mich war die Musik immer heilig, und als heilig muß sie behandelt werden.

Glauben die Leute denn wirklich, daß die Musik leichter zu erlernen sei als Gehirnchirurgie? Es ist sicherlich weniger gefährlich, aber das ist dann auch alles.

Je mehr Abstand ich von meinen unregelmäßigen, intensiven Begegnungen mit meinem lieben Freund Fritz Dürrenmatt gewinne, um so klarer wird es mir, daß diese auch zu meinen exotischen Erlebnissen gehören. Für unser erstes persönliches Zusammensein – nach vielen, schönen, langen Telefongesprächen und einem regen Austausch von seinen Büchern und meinen Platten, wodurch wir uns schon eigentlich befreundet fühlten –, trafen wir uns samt unsren Frauen anfangs der sechziger Jahre zum Mittagessen in einem berühmten Restaurant über dem Zürichsee.

Die Schlagzeilen der Zeitungen an diesem Tag kündeten von der spektakulären Akrobatik der englischen Posträuber, die aus einem rasenden Zug Postsäcke mit Millionen an sich nahmen und mit ihrer Riesenbeute spurlos verschwanden. Die Tische in diesem Restaurant standen dicht nebeneinander, und wie es sich in einem solch eleganten Lokal schickt, liefen die Gespräche im vollen Saal in leisestem Ton. Fritz trank Rotwein und tröstete sich mit einem Steak, ohne das frische Brot anzurühren, wonach er sich zwar sehnte, das aber dem schwer Zuckerkranken strengstens verboten war. Plötzlich sagte er in voller Lautstärke mit seinem sonoren Tenor: »Andor, das hast du aber mit dem Postraub sehr geschickt gemacht. Hast du die Beute hier, oder haben sie deine Komplizen mitgenommen?« Die Gabeln in den Händen der Gäste blieben in der Luft stehen. Offenen Mundes starrten sie alle in eisiger Stille auf mich. Das war genau, was Fritz wollte. Er war glücklich und lachte von Herzen. Seine Regie war ein voller Erfolg. Denn Fritz machte Regie, machte Theater, inszenierte Szenen in allen seinen wachen Stunden. Das war sein Leben. Und er tat das auch mit der eigenen Familie tagtäglich, unermüdlich. Als wir ihn einmal in seinem wunderschönen Haus oberhalb von Neuchâtel im französischen Teil der Schweiz besuchten und vor dem Tor standen, ließ er seine blutrünstigen Wolfshunde um den Zaun herumtoben, bevor die Bedienstete sie einsperrte und wir eintreten konnten. Fritz wartete auf uns beim Eingang des Hauses und fragte in aller Unschuld: »Was ist mit euch – warum seid ihr so nervös?« Und nachdem er mich viel später gebeten hatte, etwas von Schubert für ihn zu spielen, ließ er die zwei Papageien – die ich vorher nicht bemerkt hatte und die auf einer Stange über dem Flügel saßen – kreischend über meinem Kopf kreisen, während ich spielen sollte. Dabei murmelte er ständig: »Ich verstehe nicht, was heute mit dir los ist – du bist ja so nervös ...«

Dafür zeichnete er mich bei der Feier seines sechzigsten Geburtstags als Engel und schrieb dazu: »An meinen Andor von seinem Fritz«.

Er amüsierte sich immer köstlich über Leute, die uns nur von Bildern kannten und uns in der Oper, im Theater oder anderswo miteinander verwechselten (obwohl weder ich noch er, noch unsere Frauen eine so große Ähnlichkeit wahrnehmen konnten). Nach der Premiere der Opernversion von *Ein Engel kommt nach Babylon* gratulierte beim Empfang ein englischer Verleger mir statt Dürrenmatt, und mindestens einmal verlangte jemand von Fritz, er möge eine Foldes-Platte signieren.

Fritz Dürrenmatt war ein Mensch mit einem glühenden, pulsierenden Herzen und einer grenzenlosen Phantasie.

Daß die Sache mit dem Gesichtverlieren im Orient etwas sehr Ernstes sein kann (meines Erachtens nicht nur dort), ist allgemein bekannt. Doch welche Ausmaße es annehmen kann, hätte ich nie geahnt, wenn ich es nicht hautnah erlebt hätte, erklärte ich den Zuhörern.

Mein japanischer Konzertagent, der damals – die Geschichte geht zurück in die sechziger Jahre – ein keineswegs wohlhabender junger Manager war – hatte sich entschlossen, auf eigenes Risiko ein Konzert für mich zu arrangieren. Er investierte viel Geld und hoffte auf ein volles Haus und dadurch auf einen Gewinn für sich, da ich in den vorangegangenen Wochen in Tokio volle Häuser mit meinen Konzerten als Solist mit den verschiedenen Orchestern gehabt hatte. Er mietete den großen Konzertsaal Bunka Kaikan, holte mich und meine Frau eine Stunde vor Konzertbeginn im Hotel mit einem Taxi ab, und wir rechneten damit, daß wir in einer halben Stunde im Saal ankommen würden.

Es verstrich jedoch eine ganze Stunde seit unserem Aufbruch, ohne daß wir auch nur in die Nähe des Saales gekommen wären. Der Mann fuhr in eine falsche Richtung – sogar ich merkte es, da ich des öfteren schon in Bunka Kaikan gespielt hatte. Der Konzertagent, der neben dem Fahrer saß, wußte das mindestens so gut wie ich, sagte aber kein Wort. Ziemlich nervös auf die Uhr schauend, wandte ich mich an ihn und bat ihn – auf englisch –, dem Chauffeur zu sagen, daß er falsch führe, er solle doch jemanden fragen, wie man zum Saal komme. Mein Agent nickte lautlos, meine Bitte zur Kenntnis nehmend – und schwieg weiterhin. Er schwieg und schwieg. Bald hätte das Konzert beginnen sollen, und ich drängte ihn nochmals: »Bitte, sagen Sie ihm, er solle jemanden fragen.« Mein Agent nickte wieder und schwieg. Der Fahrer durfte sein Gesicht nicht verlieren – auch wenn mein Agent sein ganzes Geld verlieren müßte, falls das Konzert ausfiele. Endlich kamen wir dann doch an – mit riesiger Verspätung. Das Konzert begann eine halbe Stunde nach der angekündigten Zeit. Völlig erschöpft von der großen Aufregung, begann ich zu spielen.

Der Taxifahrer aber, der den vierfachen Betrag dessen erhalten hatte, was es hätte kosten dürfen, trat mit strahlendem Gesicht seine nächste Fahrt an.

Kleines philosophisches Zwischenspiel

Die Jahre vergehen: Erkenntnisse bleiben oder verflüchtigen sich. Verflüchtigen sie sich wirklich – werden sie mit der Zeit nicht eher stärker?

Erkenntnisse oder Erlebnisse? Bringen Erlebnisse auch Erkenntnis mit sich? Und ist es die *richtige* Erkenntnis? Ja, – welche Erkenntnis ist denn überhaupt die richtige?

Eilt die Zeit mit Siebenmeilenstiefeln und wird der Mensch durch ihr rasches Fortschreiten vorzeitig älter? Oder bleibt sie manchmal stehen und hält dadurch im tiefsten Innern eines Menschen Kindheit, Jugend, all die verstrichenen Jahre immer gegenwärtig? War es erst gestern, oder geschah es vor Jahrzehnten? Was ist überhaupt geschehen? Wo fängt das Bild an? Wie lange werde ich von einem Geschehen, das bereits vierzig Jahre zurückliegt, noch immer etwas in meinem Gehirncomputer behalten?

Wie war es eigentlich? Wie sah ich es damals? Oder wie empfinde ich es heute? War die Kindheit nur ein Traum – oft schlimm, oft wunderschön –, oder war sie derbe, handfeste Wirklichkeit?

Wenn man in äußersten Situationen oft verzweifelt denkt: Das *kann* doch nicht die Wirklichkeit sein – War sie wirklich so trostlos oder kommt sie mir in diesem Augenblick nur so trostlos vor? Und wenn dann tatsächlich die Sonne wieder zu scheinen begann? – Gott sei Dank tat sie das des öfteren, der Gewißheit zum Trotz, die ich manchmal spürte, daß es nie wieder einen hellichten Tag geben würde. Warum konnte ich die Sonne nicht festhalten, mich mit allen meinen zehn Fingern an sie klammern, sie festnageln, damit es nie wieder dunkel werde?

Warum kommen oft nach Stunden irdischer Wonne, nach Tagen des Wohlbehagens (ich traue mich nicht, »Glück« zu schreiben) Monate des düsteren, regnerischen Wetters mit Blitz und Donner, daß ich es kaum ertrage? Warum sehe ich an traurigen Tagen, in verzweifelten Situationen nicht die Silberwolke oder den Regenbogen, der schon am Firmament steht, aber noch vor meinen Augen verschleiert bleibt, für mich *noch* nicht sichtbar? Und wenn er nicht sichtbar ist, warum glaube ich, daß es vielleicht nie wieder einen geben wird?

Sind alle Menschen, wie ich, Sklaven ihrer Gefühle, oder ertragen andere das Leben etwas leichter, sind unbekümmerter? Kann ein Mensch überhaupt unbekümmert sein? Kann man das Leben je »leicht« nehmen?

Wenn jemand tausendmal fällt, wird er noch die Kraft, den Willen, den Mut, die Ausdauer, die Geschicklichkeit finden, um wieder aufzustehen und weiterzugehen? Warum tut einem der flüchtig ausgesprochene Satz eines Fremden so weh, daß man sich lange darüber grämt? Und warum kann ein anderer Mensch über Ereignisse, die von jedem anderen als Schicksalsschläge empfunden würden, lachen, wortlos über sie hinweggehen?

Ist es besser, mit Worten auszudrücken, was einen im tiefsten Innern bewegt, oder wäre es besser, zu schweigen?

Was ist die bessere, erfolgreichere, innere Diplomatie: forsch und sofort zu antworten, wenn man – wie man im Augenblick glaubt – tödlich verletzt wurde, oder lachend ein anderes Gesprächsthema anzuschlagen, wodurch unser Gegenüber unmißverständlich erfährt, daß er einen doch nicht so tief getroffen hat, wie er es vermutlich hoffte?

Wann ist Schweigen Gold und wann Reden Silber?

Die Vergangenheit (die eigene, die ich meine): macht sie mich weiser oder nur nachdenklicher? Die Gegenwart – wie leicht ist sie in ekstatischen Phasen zu ertragen – und wie unsagbar schwer, wenn sie momentan unerträglich scheint!

Warum kann man das Glück, ähnlich wie das Goldstück, nicht im Tresor aufbewahren, festhalten, um es im gegebenen

Fall hervorzuholen und dann davon zu zehren? Wie leicht wird man glücklich und wie viel leichter zutiefst unglücklich? Warum ist das eine so beseligend und das andere so schmerzvoll?

Wenn ich auch nur ein Drittel dieser Fragen beantworten könnte, hätte ich schon längst einen Bestseller geschrieben mit dem Titel *Wie man das glückliche Leben erlangt*. Leider kann ich das nicht. All jene, die solcherart Bücher verfaßt haben und verlegen ließen – sie lügen.

Nachgedacht habe ich oft, manchmal halbe Nächte lang, ohne den Antworten auch nur um eine Spur näher gekommen zu sein. Doch bereits das Nachdenken hat mich ein ganz klein wenig – ja, wie soll ich das sagen – »klüger« (nein, das stimmt nicht), vielleicht »weiser« (das schon überhaupt nicht), aber vielleicht doch *nachdenklicher* gemacht. Weise wollte ich nie sein: Das ist Sache der Weisen, und die sind alle schon über achtzig Jahre alt.

Ja, so ist es richtig, jetzt stimmt es. Ich habe viel *nachgedacht* und bin dadurch mit der Zeit *nachdenklicher* geworden. Damit bin ich nun einverstanden.

Platon, Aristoteles, Sophokles, Descartes, Spinoza, Kant, Hegel, Sartre, Heidegger – denkt ruhig weiter, wie bisher!

»Eure größte Konkurrenz« hat es aufgegeben und kehrt zum Flügel zurück. Ihr habt oft meine Gedanken beflügelt, darf ich euch jetzt als kleinen Dank vom Flügel aus etwas Musik anbieten?

Vielleicht einen kleinen Mozart? – Nein, einen kleinen Mozart gibt es nicht. Auch der kleinste Mozart ist groß. Darin liegt Mozarts Größe. Mit Mozart tröste ich mich immer wieder, wenn ich – wie einst Faust – mit der Philosophiererei nicht weiterkomme. Wie sagte doch Beethoven? »Musik ist höher als alle Philosophie.«

Recht hat er!

Reisen

Da alle Reisen, die ich im Leben unternahm, ausschließlich Konzertreisen waren, bei denen für mich nur eines wichtig und entscheidend war: daß ich meine Konzerte in Topform spielen konnte, bagatellisierte ich alle unvermeidbar gefährlichen Reiseerlebnisse. In der Tat verbrachte ich die meiste Zeit der unzähligen Stunden, die ich im Laufe von Jahrzehnten im Flugzeug saß, damit, in aller Seelenruhe und ganz unabhängig vom Geschehen um mich herum, die Werke, die ich in meinen nächsten Konzerten im Programm hatte, Note für Note in meinem Kopf durchzuspielen. Die Noten, die Klänge, waren ja in meinem Gehirn, in meinem Herzen, tief eingeprägt.

Bei unseren vielen Flügen gab es natürlich mehrere abenteuerliche und gefährliche Ereignisse: Als, unterwegs nach Kenia, über dem Meer zwischen Europa und Afrika der Blitz in unser Flugzeug schlug, oder als wir vom damaligen Belgisch-Kongo – noch vor Radarzeiten – nach Brüssel flogen, dessen Flughafen in tiefstem Nebel lag, so daß eine Landung nicht möglich schien, andererseits nicht genügend Benzin vorhanden war, um nach Amsterdam weiterzufliegen. Nach nervenaufreibenden vier Fehlanflügen brachte es der Pilot dann doch noch fertig, in Brüssel zu landen.

Es war auch ein etwas beängstigendes Gefühl in Wellington, New Zealand, als alle Passagiere zur Waage gebeten wurden, um jeden, der für die alte DC 3 gebucht hatte, zu wiegen. So gering war die Tragkraft der alten Maschine – jedes Kilo zählte. Und vor ganz wenigen Jahren, als wir nach Amsterdam flogen, meldete der Pilot, daß die Bremsen plötzlich zu heiß geworden seien und wir aus diesem Grunde ganz tief und ganz langsam fliegen. Tatsächlich flogen wir knapp mit Schneckengeschwindigkeit über die unter uns stehenden Bäume – aber wir kamen unverletzt an. Ich hatte keine Minute Angst. Wie die Amerikaner sagen, fühlte ich, daß »My number is not up yet«, ich also noch eine Weile am Leben bleiben würde.

Einmal jedoch – anfangs der siebziger Jahre, als wir nach einer Japantournee in Hongkong Station machten, weil ich dort zwei Konzerte zu geben hatte –, geschah etwas, was sowohl mir als auch meiner Frau echte Angst bereitete. Ich ließ mich damals von meinem Konzertagenten überreden und erklärte mich bereit, nach den Konzerten in Hongkong auch in der naheliegenden portugiesischen Provinz, der Halbinsel Macau an der Südküste Chinas, ein Konzert zu geben. Man fuhr von Hongkong mit dem Schiff nach Macau – es war eine sehr angenehme Reise. Da Macau nicht auf Konzertaktivitäten eingestellt war (das Spielkasino war ihre größte Attraktion damals), befand sich der einzige zur Verfügung stehende Saal im portugiesischen Kulturhaus. Es kamen vielleicht zweihundert Menschen zu meinem Konzert, das auch in anderer Hinsicht ungewöhnlich, ja einmalig war. Das Zimmer, in dem wir untergebracht waren, war nur durch eine kleine Glastür vom »Konzertsaal« getrennt. Zwischen Pyjama und Frack mußte man nicht mehr als zwei Schritte machen. Sehr bequem, wenn auch etwas befremdend.

Ich habe gut gespielt und infolgedessen mit gutem Gewissen tief geschlafen – so daß ich am Morgen von meiner Frau mit Staunen vernahm, daß in dieser Nacht ein furchtbarer Taifun über Macau getobt hatte. Aber in der Früh war alles schön und ruhig, und wir bestiegen das Luftkissenboot, das kleine Schifflein, das sozusagen über Wasser und nicht auf dem Wasser fährt. So würden wir viel schneller in Hongkong zurücksein als mit einem gewöhnlichen Schiff. Alle zwanzig vorhandenen Plätze im Boot waren besetzt, und wir saßen entspannt an Deck. Ungefähr fünfzehn Minuten nach unserer Abfahrt begann das Boot, komische Geräusche von sich zu geben – stockende Geräusche, und dann war nichts mehr zu hören. Da trat der Kapitän aus seiner Kabine und machte eine für uns Passagiere unmißverständliche Bewegung: Der Daumen seiner rechten Hand zeigte nach unten. Es war also eine Krise eingetreten, die er offensichtlich nicht bewältigen konnte. »Werden wir nun sinken?« fragten wir, und er zuckte nur mit den Schultern, antwortete nichts und verschwand wieder in seine Kabine. Nach zehn endlosen Minuten erschien er wieder, lächelnd. »Es wird uns möglich sein, trotz der Panne in den Hafen zurückzugelangen«, meldete er. »Von dort aus werden dann alle Passagiere mit einem anderen Boot nach Hongkong gebracht.«

Ende gut – alles gut. Aber es hat doch ziemlich viel Nerven gekostet. Fazit: Man soll in Macau keine Konzerte geben wollen.

Doch rückblickend bin ich restlos zufrieden und froh, daß dieses Konzert stattgefunden hat. Ganz besonders wegen der rührenden Lebensgeschichte, die mir ein alter Franziskanermönch erzählte, der am Ende des Konzertes zu mir kam und mich, mit Tränen in den Augen auf ungarisch ansprach. »Seit fünfzig Jahren habe ich meine Muttersprache nicht mehr gesprochen«, begann er und erzählte von seinem Gelübde, Mönch zu werden, als er wundersamerweise im Ersten Weltkrieg eine hoffnungslos aussehende Situation überlebt hatte.

Sein Erscheinen bestätigte eine Erfahrung, die meine Frau und ich seit Jahrzehnten gemacht hatten: Daß es nämlich keine Stadt der Welt gibt, in der nicht am Ende meines Konzerts ein Ungar auftauchte.

Für mich lag die Schwierigkeit des Hin- und Herfliegens ausschließlich in den großen Zeitunterschieden, die man in der modernen Sprache »jetlag« nennt. In meinen jungen Jahren, konnte ich es mir noch nicht leisten, von einem Kontinent zum anderen fliegend mehrere Tage »draufzugeben« – das heißt, früher anzukommen, als es die Konzerttermine verlangten. So kam es oft vor, daß ich nach meiner inneren Uhr zwischen zwei und drei Uhr morgens ein Konzert geben mußte.

Les risques du métier, nennt der Außenstehende leichtfertig diese Dinge. Wenn man aber sein Allerbestes geben möchte und mit Herz und Seele schwere Stücke spielen muß, sind diese Umstellungen nicht besonders leicht. Als ich noch sehr jung war und die Flugzeuge noch sehr langsam flogen, brauchte ich in den fünfziger Jahren nicht weniger als achtundvierzig Stunden von Frankfurt nach Buenos Aires. Die Vereinbarung mit meinem südamerikanischen Konzertagenten war, daß ich vier Tage nach meiner Ankunft zu spielen hätte. Ich mußte in Rio de Janeiro das Flugzeug wechseln, und als ich ausstieg, hörte ich, wie im Lautsprecher mein Name ausgerufen wurde. Ich eilte zum angegebenen Schalter, nur um zu erfahren, daß es unvermeidbar sei, sofort nach meiner Ankunft in Buenos Aires ein Bartók-Konzert zu geben. Ich telegrafierte meiner Frau die schlechte Nachricht (damals waren Telefonverbindungen so gut wie unmöglich). Sie telegrafierte zurück: »Ich spiele jede Note mit dir«, *nur* deswegen war ich fähig, diese unmenschliche Aufgabe zu erfüllen.

Achtzehn »crossings« mit der Queen Elizabeth und Queen Mary zwischen Amerika und England in den späten vierziger und anfangs der fünfziger Jahre, Flüge in uralten Maschinen der burmesischen oder andern exotischen Fluggesellschaften, das Überqueren des Äquators währenddessen die Stewardessen Champagner servierten, das eigenartige Gefühl, zwei Mittwoche zu haben, wenn man von Japan nach San Franzisko durch die Zeitzone flog – all diese Erlebnisse gehörten zu unserem Alltag, und wir lernten sie als so selbstverständlich zu empfinden wie das Atmen.

Kaiserin Michiko

Zwischen 1959 und 1988 war ich mehrfach auf ausgedehnten Konzertreisen in Japan. Während vier dieser Tourneen wurde ich, wie schon erwähnt, von Japans jetzigem Kaiser, dem damaligen Kronprinzen Akihito und seiner Frau, jetzt Kaiserin Michiko, zu Privatkonzerten in ihren Palast eingeladen. So ein Palastkonzert mußte natürlich rechtzeitig vorbereitet werden. Monate vor einer kommenden Japantournee, sobald die Termine der Konzerte festgelegt waren – Termine mit Orchestern in Tokio, Osaka, Soloabende in Kioto, Utzunomia, Sapporo, Yokohama – informierten wir das Sekretariat der Kronprinzessin über unseren Konzertplan und boten diejenigen Tage, die zeitlich möglich waren, für ein Palastkonzert an. Prompt kam immer die Antwort, daß einer der von uns vorgeschlagenen Termine für dieses Konzert geeignet sei. Da Kronprinzessin Michiko selbst Klavier spielte, war es ihr wichtig, mich mit gewissen Stücken, die sie selber gern spielte, zu hören. So kam es immer zu einer höflichen Anfrage durch ihre Sekretärin, ob »Maestro Foldes« bereit sei, diese oder jene Mozart- oder Beethovensonate zu spielen, oder einen Brahms- oder Chopinwalzer oder ein Schubert-Impromptu – oder eine Schumann-Kinderszene. Einmal bat sie mich um eine Arabeske von Debussy. Nach einigem Zögern sagte ich zu. Und nachdem ich sie als Abschluß meines damaligen Palastkonzertes gespielt hatte und wir wieder einmal, wie es schon die Gepflogenheit war, zu viert um den kleinen Teetisch saßen, wandte ich mich der Kronprinzessin zu. »Ich möchte Ihnen eine kleine persönliche Geschichte erzählen ...« Meine Frau erblaßte, denn sie wußte, was ich jetzt zu erzählen vorhatte. Obwohl sie sich während unseres jahrzehntelangen Zusammenlebens daran gewöhnt hatte, daß ich immer haargenau und mit totaler Aufrichtigkeit alles sagte, was mir einfiel, war sie jetzt ziemlich verlegen in Erwartung dessen, was kommen würde – und dann auch kam.

»Als wir jung verheiratet waren«, fing ich an, »bat mich meine Frau, dieses Stück von Debussy, das ich jetzt eben gespielt habe, für sie zu spielen. Als ganz junges Mädchen hat sie nämlich das Stück selber gespielt. Ich lehnte ihren Wunsch damals ab. Das Stück sei für junge Mädchen viel eher geeignet als für mich, sagte ich. Sie nahm diese Ablehnung ein wenig beleidigt zur Kenntnis.«

Der Gesichtsausdruck der Kronpinzessin verriet keine Reaktion auf diese Äußerung. Sie saß da wie eine schöne Statue und blickte erwartungsvoll auf mich. Ich fuhr dann auch prompt mit meiner Geschichte fort: »Als ich dann den Brief Ihrer Sekretärin erhielt, fühlte ich, daß ich diesen Wunsch Ihrer Majestät würde erfüllen müssen. Ich sagte zu. Mit voller Berechtigung bemerkte daraufhin meine Frau: ›Für mich wolltest du diesen kleinen Debussy nicht spielen, für die Kronprinzessin hingegen tust du es . . .‹.«

Das Gesicht meiner Frau war vor Verlegenheit glühendrot. Das Gesicht der Kronprinzessin blieb – wie es immer war – alabastern. Dann erhob sie sich von ihrem Stuhl und ging mit direktem Schritt auf meine Frau zu. Mit ihrer sanften Stimme und einem warmen Lächeln sagte sie: »Von nun an gehört das Stück uns beiden« – und umarmte meine Frau.

Worauf ich stolz bin

Jeder Mensch ist (wenn ich mich da einmal verallgemeinern darf) besonders stolz auf Leistungen, die er nicht auf seinem ureigensten Gebiet erbracht hat. Daß ich ein Buch über das Klavierspiel geschrieben habe, das inzwischen in vierzehn

Sprachen erschienen ist, ist so eine Tat, auf die ich mit Genugtuung zurückblicke. Es handelt sich um das kleine Buch *Wege zum Klavier*, das auf deutsch bei Limes vier Auflagen erlebte und bei Ullstein neu aufgelegt wurde. Eine Art Lehrbuch des Klavierspiels, kombiniert mit einer kurzen Einführung in die »Philosophie der Interpretation«.

Ich schrieb das Buch 1947 auf englisch. Wir wohnten damals in New York City, und ursprünglich erschien es in den USA. Die altehrwürdige Firma E. P. Dutton, die ein Jahr früher das erste Buch meiner Frau über unser Leben in den USA herausbrachte (*Two On A Continent*) nahm sich liebenswürdigerweise meines Versuches in den literarischen Gefilden an. Kurz danach übernahm Oxford University Press in London die Ausgabe für das Empire, worauf es über drei Jahrzehnte im Katalog figurierte. Es folgten verschiedene Ausgaben in Finnisch, Portugiesisch, Holländisch, Italienisch und so fort.

Auch in Japan erschien das Büchlein – unter dem Titel *Piano eno michi*. Bitte, fragen Sie mich nicht, was das heißt. Es ist in Tokio in besseren Musikalienhandlungen immer noch erhältlich.

Als wir anläßlich einer Fernostreise zum erstenmal in Seoul, der Hauptstadt Südkoreas, weilten und ich dort konzertierte, nahm ich ein Exemplar des Buches mit und gab es dort einem Musikwissenschaftler mit der Bitte, zu versuchen, es auch auf Koreanisch verlegen zu lassen.

Als ich bei unserem zweiten Besuch in Seoul in einer Runde koreanischer Bekannter und Musikbegeisterter saß, sprach ich unbefangen meinen Freund darauf an, daß sich für mein Buch wohl kein Verleger gefunden habe. Ich erkannte sofort, daß ich einen Fehler gemacht hatte. Es folgte beklommenes Schweigen, und das Thema wurde abrupt gewechselt. Gegen Ende des Abendessens, zu später Stunde, nahm mich einer der Anwesenden beiseite und flüsterte mir leise ins Ohr: »Ihr Buch ist längst erschienen. Der Übersetzer ist Präsident des Vereins der Klavierpädagogen in Seoul und war bei dem Abendessen anwesend. Wir wollten nicht, daß er sein Gesicht verlöre und hatten Angst, daß Sie über das Erscheinen Ihres Buches vielleicht verärgert sein würden.«

Nie hätte ich sonst erfahren, daß mein Werk als »Raubdruck« im fernen Korea erschienen ist und sich, wie ich später erfuhr, ziemlich gut verkaufte. Das einzig Wichtige war, daß ein Anwesender sein Gesicht nicht verlor. Der mir eventuell zugefügte materielle Schaden bedeutet den lieben Leuten nichts. Ich mußte überhaupt froh sein, daß das Buch unter meinem Namen erschien und daß ich wenigstens »moralisch« nicht zu Schaden kam.

Daß ich überhaupt nicht verärgert war, im Gegenteil mich sogar ungemein gefreut hatte, daß die Kinder und Klavierlehrer Koreas von meinem Buch eventuell profitiert haben könnten, darf man mir glauben. Auch daß ich der einzige in Herrliberg bei Zürich lebende Einwohner bin, der ein Buch über das Klavierspiel, das ins Koreanische übersetzt wurde, geschrieben hat – diese Tatsache genügte mir als »Gegenleistung« vollauf.

Stolz war ich zum Beispiel auch auf die kleine Rede, die ich vor einer Probe mit dem Kölner Rundfunkorchester hielt, als ich unter der Leitung von Christoph von Dohnányi Beethovens *Fünftes Klavierkonzert* spielte. »Vor genau vierzig Jahren war es«, so begann ich meine Ansprache, »ich war fünfzehn Jahre alt, als ich dieses Klavierkonzert in Budapest mit Herrn von Dohnányi spielte – Herrn Ernst von Dohnányi, dem Großvater von Christoph ...«

Und wieviel Herzensfreude bereitete mir die Bemerkung eines Mitgliedes der Berliner Philharmoniker, als ich meine allerersten Einspielungen mit ihnen für die Deutsche Grammophon in den fünfziger Jahren machte! Es waren die zwei Liszt-Konzerte aufzunehmen, und das erste wurde Mitte des ersten Aufnahmetages bereits fertig. »Herr Foldes, Sie sind kein Künstler für uns«, sagte der Geiger. Und als ich verstört auf ihn blickte, fuhr er lachend fort: »Wir werden nach Stunden bezahlt, und Sie patzen überhaupt nicht. Mit einem anderen Pianisten hätte diese Aufnahme dreimal so lange gedauert ...« Aber der Geiger hatte den Vorwurf so ernst nicht gemeint. Das waren die Zeiten, in denen die Berliner Philharmoniker alle pure Idealisten waren, wo einer ihrer Sprecher bemerkte: »Für uns gilt nur eines – die Leistung.« Es war eine Liebesaffäre zwischen den Philharmonikern und mir vom ersten Augenblick an. Am zweiten Tag der Aufnahmen, als ich das andere Liszt-Konzert spielen mußte, ging dann aber einer der schweren Läufe schwer daneben. Er ging beim erstenmal schief und dann beim zweiten Anlauf auch wieder. Ich wurde nervös und wollte ihn sofort ein weiteres Mal wiederholen. Bevor ich aber zum drittenmal anfangen konnte, um den Lauf endlich zu bewältigen, erhob sich ein Cellist von seinem Sitz und sagte zu mir: »Herr Foldes, seien Sie nicht nervös – *wir alle* spielen diesen Lauf mit Ihnen.« Und diesmal gelang der Lauf traumhaft schön.

Stolz war ich auch auf die Kritik in Frankreichs renommierter Zeitung *Figaro Littéraire*, in der einer der berühmtesten Kritiker des Landes, Claude Rostand, Ende 1968 über mein Konzert in Paris, bei dem ich nicht nur als Pianist, sondern auch als Dirigent mit dem Pariser Pasdeloup Orchestre auftrat und neben dem *Ersten Klavierkonzert* von Beethoven die *Coriolan-Ouvertüre* und seine *Siebte Sinfonie* interpretierte, schrieb: »Foldes als Pianist erinnert an Artur Schnabel, Foldes als Dirigent an Carl Schuricht.« Rostand fragte am Ende seiner Kritik, die von der Überraschung über Foldes als Dirigenten diktiert schien, ob man in ihm nicht den richtigen Chef für das neue, durch den Tod von Charles Munch dirigentenlos gewordene Orchestre de Paris sehen müsse. »Kennzeichnend für das allgemeine Musikleben in seiner festgefahrenen Struktur, daß nicht Foldes gefragt wurde, sondern Karajan kam«, wie Wolf-Eberhard von Lewinski in der Biografie, die er 1970 über mich schrieb, bemerkt. Ebensoviel Freude hatte ich auch an der Mitgestaltung eines Wohltätigkeitskonzertes in Washingtons Constitution Hall – als Solist mit der Washington Symphony, in einem Liszt-Konzert, das im Herbst 1956, unmittelbar nach der blutigen russischen Besetzung Ungarns, stattfand, und an den einhundertfünfundachtzigtausend Dollar, die das Konzert einbrachte. Sie wurden tags darauf nach Wien geflogen und unter meinen nach Österreich geflüchteten Landsleuten verteilt.

Ich war ebenfalls stolz darauf, daß ich für beinahe alle deutschen Bundespräsidenten und Bundeskanzler in deren Residenz Privatkonzerte gab. Und daß ich 1978 als erster westlicher Künstler in Peking die ersten klassischen Klavierabende nach der Kulturrevolution gab und für eine ganze Generation jüngerer Chinesen Werke spielte, die sie zuvor nie hatten hören können – Meisterwerke von Beethoven, Schumann, Schubert, die alle in den Jahren der Grausamkeiten auf der Verbotsliste standen.

Außerordentlich anregend war auch unser letzter Besuch beim japanischen Kronprinzenpaar am Tag, an dem der alte Kaiser Hirohito schon im Sterben lag und sein Sohn Akihito bereits alle kaiserlichen Pflichten auf sich nehmen mußte, also, obwohl noch nicht offiziell, so doch de facto bereits Japans Kaiser war. Da begleitete er mich und meine Frau nach meinem Konzert an diesem Nachmittag zum Palasttor. Und als ich fragte: »Wenn wir wieder in Japan sind, dürfen wir Sie dann auch als Kaiserpaar wieder besuchen?«, antwortete Kaiserin Michiko: »Selbstverständlich, wir sind doch Freunde ...« Als ich mich im Herbst 1987 von meinen Schülern nach einem einmonatigen Meisterkurs in der größten Musikhochschule der Welt, der Musashino-Akademie in Tokio, verabschiedete, fingen zwei stämmige junge Männer, die eher wie Boxer als wie Pianisten aussahen, hemmungslos zu weinen an. Die zwölf Mädchen und jungen Männer, die ich aus den dreitausend Pianisten ausgewählt hatte – durch Vorselektion meines ehemaligen Saarbrücker Meisterschülers János Ceglédy, der jetzt selbst Professor an der Musashino-Akademie geworden ist –, hatten beim Abschied allesamt Tränen in den Augen. Ich war gerührt. Ungemein stolz war ich aber auf die Bemerkung des Direktors der Akademie, der uns zum Flughafen fuhr. Irgendwann während der langen Fahrt wandte er sich zu mir: »You taught them humanity«, sagte er einfach. »Nobody ever thought of teaching them that before«, fügte er hinzu.

Im Laufe einer Konzertkarriere stoßen allen Künstlern, die in der Welt herumreisen, auch viele kleine Ärgernisse zu. Während ich mich immer mit einem Schulterzucken darüber hinwegsetzte, waren die Bewältigung der Geschehnisse aus der Sicht meiner Frau jeweils echte Heldentaten.

Ich denke zum Beispiel an das Sonntagvormittagskonzert in Tokio, wo ich vor einem mit dreitausend Menschen vollgestopften Saal spielte. Inmitten des lyrischsten Teils eines verträumten Schubert-Impromptus begann der Flügel von mir wegzurutschen. Er entfernte sich rasch, und ich, keine Note auslassend, rutschte mit meinem Stuhl nach. Sobald ich aber nachgerückt war, fing der Flügel wieder an davonzurollen, und wieder nahm ich blitzschnell meinen Stuhl mit, die ganze Zeit weiterspielend. Während dies geschah, hörte man ein ungeheures, tiefes, ominöses Brummen von irgendwoher. All dies war furchterregend, und Leute aus den ersten Reihen verließen ihre Plätze und liefen zum Ausgang. Ich aber blieb an meinem Platz und spielte weiter. Als die Zuhörer meine Ruhe sahen, beruhigten sie sich wieder und blieben ebenfalls sitzen. Es war ein Erdbeben, und die Zeitungen berichteten am nächsten Tag über des Künstlers

»Heldentat«, durch die eine mögliche große Panik vermieden wurde.

Daß ich eine der schwersten Beethovensonaten, das *Opus 110*, in Rom bei einem Konzert, in dem das Licht für fünf ganze Minuten ausfiel, in voller Seelenruhe und ohne eine einzige falsche Note in totaler Dunkelheit zu Ende spielte, betrachtete ich als eine Selbstverständlichkeit. Als kleines Kind hatten mir die Eltern manchmal die Augen zugebunden, damit ich mich auch ohne dauerndes Betrachten der Tastatur auf derselben auskennen lernte.

Schon Jahre vorher war mein »Fall« mit Beethovens *Opus 110 e*twas Merkwürdiges. Ich habe das Stück viel geübt, heiß geliebt und spielte es auch recht gut – bis auf eine Stelle in der Fuge. Die wollte lange Zeit nicht gelingen. Da fiel ich immer heraus. Üben half wenig. Als ich dann wieder einmal in Bonn war, ging ich zu Beethovens Geburtshaus und schaute mir des Meisters Originalskizzen des *Opus 110* an. Und siehe da – da konnte ich feststellen, daß Beethoven immer wieder Änderungen vorgenommen hatte, just an dieser Passage, daß er also nicht recht wußte, wie es weitergehen sollte. Nach dieser Entdeckung, nachdem ich seine eigenen Skizzen und Korrekturen gesehen hatte, ging die Stelle wie geschmiert.

Wir frühstückten gemütlich in unserem Brüsseler Lieblingshotel Amigo, einige Stunden bevor ich ins Palais des Beaux Arts gehen mußte, um dort Beethovens *C-Dur-Konzert* mit dem Orchestre National zu proben. Plötzlich bekam ich einen Telefonanruf vom Direktor des Orchesters. Der weltberühmte alte Dirigent Carl Schuricht – er war schon über achtzig damals, zu Anfang der sechziger Jahre – war erkrankt. Ob ich das ganze Programm übernehmen würde? Ich hätte ja noch zwei Tage bis zum Konzert. Es gäbe eine Sensation, wenn ich nicht nur »mein« Klavierkonzert vom Flügel aus leiten, sondern auch die *Erste* und *Zweite Sinfonie* dirigieren würde. Es handelte sich um einen Beethoven-Abend. »Der Orchesterdiener ist schon unterwegs zu Ihnen mit den Partituren der zwei Sinfonien«, sagte der Direktor energisch.

Ich habe es gemacht. Und dank der Begeisterung und Kooperation des ganzen Orchesters, das meine schwierige Aufgabe zu ermessen wußte – und dank meiner wahrhaftigen Euphorie, daß ich diese herrlichen Werke mit so wenig Vorbereitung dirigieren durfte, war mein Auftritt als Dirigent ebenso erfolgreich wie mein Klavierspiel.

Meine eiserne Disziplin fiel auch den sprichwörtlich kaltblütigen Engländern auf, die am nächsten Tag in den Zeitungen berichteten, daß ich inmitten des langsamen Satzes einer Mozartsinfonie, die ich damals in Newcastle dirigierte, keinen Augenblick lang innehielt, während von irgendwo ganz oben ein riesiges Holzgestell, allem Anschein nach tonnenschwer, die hinter der Bühne aufgestellte Treppe herunterpurzelte.

Für das Publikum nicht sichtbar, aber deshalb nicht weniger dramatisch war es, als ich plötzlich während eines im Freien abgehaltenen, vom französischen Rundfunk übertragenen Konzerts im Rahmen des Rocque-d'Antheron-Klavierfestivals in der Provence ein riesengroßer schwarzer Käfer (und ich hatte mein Leben lang eine außergewöhnliche Furcht vor Käfern) auf der glänzendweißen, mit Reflektoren beleuchteten Klaviatur niederließ, mitten in einem außergewöhnlich heiklen Lauf des *G-Dur-Klavierkonzerts* von Mozart (KV 453), das ich spielte. Zwei Tage vor mir hatte bei diesem Festival Swjatoslaw Richter gespielt, einen Tag vorher Martha Argerich – beide Weltstars. So wollte ich mir keine Blöße geben eines Käfers wegen. Mit äußerster Selbstbeherrschung spielte ich, in Begleitung des Käfers, den Lauf makellos. Und am nächsten Tag stand die Schlagzeile in der Marseiller Zeitung: »Andor Foldes, un des plus grands«.

Es war auch mein Stolz, daß ich niemals einen Flügel, der mir zur Verfügung gestellt wurde, kritisierte. Viele meiner Kollegen, besonders in den letzten Jahrzehnten, bauten für sich Legenden daraus, daß sie nie mit dem angebotenen Flügel zufrieden waren und noch und noch andere Flügel verlangten, oder aber Minuten vor dem Konzert, wenn das Publikum schon auf seinen Plätzen saß, das Konzert absagten.

Wie anders ich eingestellt war, bezeugte durch einen Zufall der berühmte deutsche Dirigent Rudolf Kempe. Zufällig waren wir einmal gleichzeitig in London und wohnten im selben Hotel. Kempe dirigierte in der Londoner Oper Covent Garden am gleichen Abend, an dem ich in der Royal Festival Hall Brahms' *d-Moll-Klavierkonzert* mit dem Royal Philharmonic Orchestra spielte. »Ich will Sie aber doch hören«, sagte Kempe und entschloß sich, zur Hauptprobe zu kommen. Er saß in der leeren Festival Hall neben meiner Frau. Als die Mitglieder des Orchesters langsam anfingen, auf die Bühne zu kommen, Minuten bevor die Probe ihren Anfang nahm, ließ ich meine Finger über die Klaviatur gleiten.

»Das ist doch ein furchtbares Instrument«, wandte sich Kempe zu meiner Frau, wie sie mir später erzählte. »Es klingt wie Glasscherben – wie kann man Andor so einen Flügel anbieten?« Meine Frau sagte nichts. Die Probe begann, und etwa fünf Minuten später wandte sich Kempe mit großem Staunen zu Lili: »Was ist da geschehen – der Flügel klingt ja wunderschön ...«

Mein Argument war immer das gleiche: Ein Pianist *muß* ein Tonkünstler sein. Das heißt, er soll und muß Künste mit dem Ton machen – und das tue ich. Nicht der Flügel muß sich dem Künstler anpassen. Die Kunst des Künstlers muß darin bestehen, das vorhandene Instrument zu verzaubern.

Eine für das Publikum unbemerkbare »Heldentat«, wie meine Frau meinte, war auch mein Konzert in Mexico City. Der riesengroße moderne Konzertsaal mit dem etwas schwer auszusprechenden Namen *Nasahuelkojeto* lag im Universitätsviertel, ziemlich weit von unserem Hotel entfernt. Da das Konzert mit meinem Auftritt begann, wollte ich mindestens eine halbe Stunde vor Beginn ankommen. Ich hatte Beethovens *Viertes Klavierkonzert* mit dem Staatsorchester zu spielen. Der Taxifahrer, der für die Fahrt allerhöchstens eine Stunde vorsah, rechnete nicht mit dem tropischen Regen und dem daraus folgenden Verkehrschaos. Unsere hektische Fahrt dauerte über zwei Stunden. Wir kamen eine halbe Stunde nach dem angekündigten Konzertbeginn an. Ich sprang aus dem Taxi, und eine halbe Minute später war ich mit totaler Hingabe verträumt mitten drin, das äußerst heikle Konzert zu spielen. Keine Spur von Unruhe oder Nervosität war in meinem Spiel zu hören. Als meine Frau später ihre Bewunderung über meine Leistung äußerte und sie einen Triumph der Selbstbeherrschung nannte, antwortete ich einfach: »Ich werde doch unser heiligstes Stück nicht mit Nervosität verderben ...«

Beethovens *Viertes Klavierkonzert* war unser heiligstes Stück. Es war das Stück, das ich in New York bei meinem amerikanischen Debüt spielte, als wir uns zum erstenmal im Leben begegneten.

Farah Diba

Es wurde zur steten Gewohnheit, daß wir nach jeder Japantournee einige Tage Zwischenstation in Teheran machten. Bei dieser Gelegenheit wurde ich einmal auch aufgefordert, für den Schah und Kaiserin Farah ein Privatkonzert zu geben. Damals, in den Sechzigerjahren, unternahmen der Schah und seine Frau große Anstrengungen, westliche Kultur in ihrem Land zu verbreiten. Bei unserem ersten Besuch fragte mich der Schah, was zu tun wäre, um das Niveau des Teheraner Symphonie-Orchesters zu heben. Ich riet ihm, eine Anzahl Musiker aus Deutschland und anderen europäischen Ländern zu holen, und das geschah auch sehr bald.

Die Kaiserin ließ in Teheran einen prachtvollen Konzertsaal bauen, und bei unserer letzten Visite in Schah Pahlevis Iran spielte ich hier mit dem Teheraner Orchester Beethovens *Fünftes Klavierkonzert.* Der Schah, der sich vor Attentaten fürchtete, besuchte keine öffentlichen Veranstaltungen. Die Kaiserin aber war da. Sie saß unmittelbar unter der Bühne, also vor der ersten Reihe, auf einem goldenen, thronartigen Sessel. Mit offensichtlicher Freude lauschte sie den herrlichen Klängen dieses majestätischen Werkes. Beim hochdramatischen Ende des ersten Satzes brach die Kaiserin in begeisterten Applaus aus. Die tausend Zuhörer hinter ihr folgten ihrem Beispiel.

Eine iranische Herrscherin muß nicht unbedingt wissen, daß Beethovens *Fünftes Klavierkonzert* aus drei Sätzen besteht und die internationalen Konzertregeln es gebieten, daß das Publikum erst am Ende eines Werkes applaudiert, damit die Einheit der Stimmung nicht unterbrochen wird. Eine Sekunde lang zögerte ich. Dann war es für mich klar, daß meine Loyalität Beethoven und seinem Werk gehört, es meine einzige Pflicht war, ihm zu dienen, so wie er es wünschte. Ich verbot mir, aufzustehen und für den unzeitigen Beifall zu danken. In der Schahdiktatur war das praktisch eine Todsünde: nicht aufzustehen und sich in Demut tief zu verbeugen, wenn die Kaiserin lebhaft ihr Gefallen kundtat. Doch ich kam auch aus dieser verzwickten Situation heil heraus. Kaiserin Farah war nicht nur eine hochintelligente, sondern auch eine verständnisvolle Frau.

Willy Brandt und Helmut Schmidt

Des zweihundertsten Geburtstages von Ludwig van Beethoven wurde 1970 in der ganzen Welt mit großen Feierlichkeiten gedacht. Die Höhepunkte der musikalischen Ereignisse fanden natürlicherweise in seiner Geburtsstadt, Bonn, statt. Die größten Orchester, die größten Dirigenten, die berühmtesten Solisten versammelten sich hier, um jeden Abend während des Monats September Festkonzerte in der Beethovenhalle zu geben. Die New Yorker Philharmoniker waren da mit Leonard Bernstein, die Berliner Philharmoniker mit Karajan, Londons Philharmonic Orchestra mit Otto Klemperer, die Wiener Philharmoniker mit Karl Böhm, das Concertgebouw-Orchester von Amsterdam mit Eugen Jochum. Der Sänger Dietrich Fischer-Dieskau, der Geiger David Oistrach waren auch dabei, neben vielen anderen Weltstars.

Ich hatte die Ehre, fünf Beethovensonaten in einem Konzert zu spielen, einen Abend nach Karajans Konzert und einen vor Klemperers. Ich gab mein Bestes zur Ehre Beethovens und dieser festlichen Angelegenheit und wurde gebührend gefeiert.

In der Pause wollte ich mich in Ruhe für die zweite Hälfte meines Konzertes sammeln und bat den Saaldiener, niemanden in mein Zimmer zu lassen. Doch erschien ein junger Mann bei mir und stellte sich als der Sekretär des Bundeskanzlers Willy Brandt vor. »Der Herr Bundeskanzler genießt ihr Konzert sehr, und alle anderen Mitglieder seines Kabinetts, die hier sind, haben ebenfalls viel Freude. Der Herr Bundeskanzler läßt Ihnen sagen, daß er eine nette Idee habe«, sagte der junge Mann und hielt inne. Ich flüsterte meiner Frau auf ungarisch zu: »Nette Idee – was könnte das sein? Eine neue Friedensinitiative?« Aber es war nichts dergleichen, wie sich im nächsten Augenblick herausstellte.

»Der Herr Bundeskanzler läßt fragen, ob Sie und Ihre Frau frei wären, um nach Ihrem Konzert ein Abendessen im Kanzlerbungalow einzunehmen. Er würde sich sehr freuen«, fügte der junge Mann hinzu. »Ob ich frei wäre?« lachte ich. »Natürlich mache ich mich frei für den Herrn Bundeskanzler, und wir kommen gern – sehr gern.«

Des Kanzlers schwarzer Mercedes holte uns beim Künstlereingang der Beethovenhalle ab, und wir fuhren zum Kanzlerbungalow. Als wir beim Eingang vorbeikamen, salutierten zwei Soldaten. »Wen begrüßen die?« fragte ich meine Frau erstaunt, da ich niemanden sah. »Die begrüßen dich«, lachte sie, und ich mußte glauben, daß dies wirklich der Fall war.

Es wurde ein sehr schöner Abend. Da das Autogrammgeben im Künstlerzimmer lange gedauert hatte, waren schon alle Gäste da, als wir eintraten. Willy Brandt machte mit uns die Runde, um uns einem jeden vorzustellen. Helmut Schmidt, damals Finanzminister, war da, Carlo Schmid, die Graue Eminenz der deutschen Sozialdemokraten, Minister Egon Bahr, der damalige Regierungssprecher Conrad Ahlers, die Gesundheitsministerin Katharina Focke, einige Botschafter, und viele andere, an die ich mich nicht mehr erinnere.

Während die Getränke serviert wurden, folgte, stehend, eine allgemeine lebhafte Plauderei. Helmut Schmidt kam zu mir, um zu gratulieren. »Alle Sonaten, die Sie gespielt haben, kenne ich sehr gut – ich spiele sie ja auch", sagte er. »Was mir an Ihrem Spiel ganz besonders gefallen hat«, fuhr er dann fort, »war, daß Sie sich ganz hinter das Werk gestellt haben, daß Sie offensichtlich nur eines wollten – Ihren Zuhörern die Größe Beethovens zeigen. Sie haben sich nicht nur nicht vorgedrängt, Sie waren praktisch nicht da – nur der pure Beethoven war gegenwärtig ...« Sein Lob hat mich natürlich beglückt. »Herr Minister«, sagte ich, »es hat fünfundzwanzig Jahre gedauert, bis ich es erreicht habe, auf alle persönliche Eitelkeit zu verzichten und nur Beethoven zu dienen.« »Merkwürdig«, sagte Schmidt, »bei uns Politikern ist genau das Gegenteil der Fall. Es dauert Jahrzehnte, bis wir lernen, welches unser bestes Profil ist, um dieses dann immer zu zeigen, damit wir die Leute beeindrucken.«

Seine unprätentiöse Offenheit und Aufrichtigkeit beeindruckte mich sehr. Das Abendessen wurde an kleinen Tischen serviert, an denen jeweils sechs oder acht Leute saßen. Es war ein feudales Essen, und es dauerte zwei Stunden, bis ich mein Vorhaben, mit Willy Brandt ein privates Gespräch zu führen, verwirklichen konnte. Ich sagte zu meiner Frau: »Als wir bei Einstein waren, durfte ich ihn aus Taktgefühl nicht bitten, mir seine Relativitätstheorie zu erklären. Als wir beim zweiundneunzigjährigen Bertrand Russell in seinem Haus in London zum Tee eingeladen waren, wagte ich es nicht, dem alten, gebrechlichen Wissenschaftler die mich so sehr beschäftigenden Fragen über seine Philosophie, die mir nicht ganz klar war, zu stellen. Beide Versäumnisse bedaure ich seitdem lebhaft. Jetzt werde ich aber diese Gelegenheit nicht verpassen. Ich werde Herrn Brandt fragen, wie er die Zukunft von seiner so umfassend informierten Warte aus sieht.« Das war 1970, als die Machenschaften des Ostens für die Öffentlichkeit gänzlich undurchsichtig waren. Wie sah er die Zukunft Deutschlands, des Westens, der Welt? – Fragen, die mich brennend interessierten, und er würde wie kein anderer imstande sein, diese Fragen zu beantworten. Ich war also entschlossen, ihn zu fragen.

Nach dem Abendessen bat ich ihn, mit mir ins ruhigere Nebenzimmer zu kommen, da ich ihm einige Fragen stellen wolle – falls er damit einverstanden sei. Mein Interesse freute ihn offensichtlich. Ich sagte zu ihm: »Herr Bundeskanzler, ich bin kein Diplomat. Ich möchte Ihnen gern einige sehr direkte Fragen stellen über die Lage im Osten, die

Einstellung des Westens, da ich den brennenden Wunsch habe, von höchster, meistwissender Stelle zu erfahren, was wirklich in der Welt, in der ich lebe, wo ich friedlich und ungehemmt überall hinreisen möchte, geschieht und geschehen wird. Sehen Sie«, fuhr ich fort, »ich bin Pianist. Das bedeutet, daß ich täglich hunderttausendmal aufs genaueste entscheiden muß, welchen Ton ich spielen, welche Taste ich herunterdrücken soll. Ich muß hunderttausendmal am Tag ›Farbe bekennen‹, bei mir gibt es kein ›Vielleicht‹ – ob ich vielleicht ein C statt eines G spielen soll. Ja oder nein muß es sein – niemals ein ›jein‹.«

Brandt lachte herzhaft und antwortete mit großer Geduld auf alle meine Fragen. Am Ende prophezeite er die große Versöhnung zwischen Ost und West mit der Bemerkung: »Wie Sie sehen, bin ich ein Optimist.« Ich war von Brandts großer Überlegenheit, seinem Über-den-Dingen-Stehen sehr beeindruckt.

Als wir dann um zwei Uhr nachts in unserem Hotel zurück waren, überraschte ich meine Frau mit der Frage: »Weißt du, wie der kommende Kanzler Deutschlands heißt?« Sie schaute mich verblüfft an. Brandt war damals auf der Höhe seiner Popularität und seiner Macht. »Brandt wird doch ewig bleiben«, meinte sie. »Der neue Kanzler Deutschlands heißt Helmut Schmidt«, sagte ich mit Entschiedenheit. Er hatte mich als eine überwältigend kluge Persönlichkeit mit Führungsqualitäten beeindruckt. Ich fühlte, daß er »drankommen« mußte, und zwar bald.

(Das war meine zweite stichhaltige politische Prophezeiung. Als wir nämlich von unserem Mittagessen mit Nehru und seiner Tochter im Jahr 1959 in unserem Hotel zurück waren, wandte ich mich an meine Frau mit derselben Frage: »Weißt du, wie Indiens zukünftiger Ministerpräsident heißt?« Und ohne ihre Antwort abzuwarten, sagte ich: »Indira Gandhi." Obzwar zwischen Nehru und Indira Gandhi auch Lal Bahadur Schastri für kurze Zeit Ministerpräsident Indiens war, war meine Prophezeiung am Ende doch stichhaltig.)

Begegnung mit mir selbst

Ich bin im Leben vielen Menschen begegnet. In den letzten sechs Jahrzehnten begegnete ich täglich Menschen, die mir teils sympathisch, teils weniger sympathisch waren. Darauf kommt es nicht an. Ich freute mich auf jede Begegnung, und falls es eine unangenehme war, freute ich mich auf die nächste, die sicherlich freundlicher, angenehmer und ansprechender sein würde als die vorangegangene. Aus diesen Begegnungen ist teilweise dieses Buch entstanden. Ich, der als Knabe sehr schüchtern war, habe mich später daran gewöhnt, mit jedermann ein Gespräch anzuknüpfen, sei es ein japanischer Reisender im Speisewagen oder ein Hirte auf einer entlegenen Alm, die ich als Ausflügler besuchte.

Jetzt aber will ich nicht über Begegnungen mit Mitmenschen berichten. Ich denke an die nicht allzuoft vorkommenden Begegnungen mit mir selbst. Es ist nicht unbedingt eine freudige Begegnung, wenn man sich plötzlich selbst gegenübersteht. Ich spreche nicht von den morgendlichen Begegnungen, die einem das Waschen und Rasieren im Badezimmerspiegel beschert. Das sind mehr oder weniger obligate Pflichtübungen, bei denen man gerade nur feststellen kann, ob man schon wieder einige weiße Haare mehr hat als in der vergangenen Woche und ob eine Falte mehr unter dem rechten Auge festzustellen ist. Nein, darüber will ich kein Wort verlieren – dies sind völlig uninteressante Momente, über die man nicht einmal sich selbst Rechenschaft geben möchte.

Die Begegnung, von der ich berichte, ist von ganz anderer Natur. Heute habe ich, nach sehr langer Zeit, wieder einmal eine kleine Beethovensonate gespielt, die in *F-Dur, Op. 10 No. 2* – die ich seit meinem vierzehnten oder fünfzehnten Lebensjahr spiele. Es war die zweite Beethovensonate in meinem Leben. Die erste war, aus irgendeinem unerfindlichen Grunde, die in *Fis-Dur, Op. 78* – viel zu schwer für ein Kind. Ich habe seitdem bei Beethoven des öfteren Abbitte getan, hoffentlich hat er es mir verziehen. Ich studierte damals die *F-Dur-Sonate* mit allergrößter Lust und erinnere mich noch daran, wie ich sie ziemlich am Anfang bei einer Begegnung mit Bruno Walter in Budapest dem großen Dirigenten vorspielte. Er hörte sich das Werk ruhig an und sagte mir am Ende: »Könnte man dies nicht viel einfacher spielen?« Ich war verblüfft, da ich überhaupt keine Ahnung hatte, wovon er sprach. Gern hätte ich ihn gefragt, was er damit meinte, es fehlte mir jedoch der Mut dazu. Es blieb dabei. Seitdem habe ich dieses Werk in aller Welt gespielt. Es gab kaum eine Stadt, in der ich ein Konzert gab, ohne daß diese Sonate auf dem Programm gestanden hätte. Später habe ich sie in meiner sogenannten »Recital-Platte« bei der Deutschen Grammophon eingespielt – jetzt war also meine Interpretation ein für allemal für die Ewigkeit aufbewahrt. So dachte ich es mir. Aber es kam nicht so. Erstens wurde die Platte nach etwa zehn Jahren aus dem Katalog genommen, und nicht viel später hörte ich auf, dieses Stück, das ich mindestens zweihundertmal öffentlich gespielt hatte, auch weiterhin in meinem Repertoire zu halten. War es eine gewisse Müdigkeit? Oder hatte ich eingesehen, daß es so nicht weiterging? Auf jeden Fall habe ich dieses Stück etwa fünfzehn Jahre lang nicht angerührt.

Heute nun kam mir der Gedanke, als ich im ersten Band der Beethovensonaten blätterte, daß es vielleicht an der Zeit wäre, gerade dieses reizende Jugendwerk wieder ins Leben zu rufen. Gesagt, getan. Während ich spielte, merkte ich plötzlich, daß ich nach vielen Jahren meinem eigenen Ich wieder begegnete. Nicht mir, wie ich heute bin und lebe, sondern dem jungen Andor Foldes – einem guten Bekannten aus alten Zeiten, der in mir, hinter mir, neben mir weiterlebt, weiterexistiert, den ich aber lange nicht mehr gesehen, gesprochen, getroffen habe. Ja, mein Alter ego, oder soll ich mein jüngeres Ich sagen, hat sich in diesen Jahren seltsam verändert. Es ist – seelisch – schlanker geworden, eine gute Prise Sentimentalität ist evaporiert, dafür aber kamen andere wesentliche Züge zum Vorschein.

Die einzige Weise, in der ich mir selbst wiederbegegnen, in die Augen schauen kann, ist für mich nicht der Badezimmerspiegel. Die Begegnung geschieht am Flügel, wenn eine Komposition, mit der ich mich zeitlebens befaßte und die ich seit längerer Zeit nicht berührte (weil ich mit ihr nicht weiterkam oder auf dem gewohnten Wege nicht weitergehen wollte) mich mit mir selbst konfrontiert.

Der Impakt des Zusammentreffens, oder soll ich des Aufeinanderprallens sagen, war gewaltig. Ich entschloß mich, ab sofort die Sonate wieder in mein Repertoire aufzunehmen. Das bedeutete Üben, und zwar so, als hätte ich dieses Stück noch nie vor Augen gehabt. Ich mußte es von Grund auf wieder einstudieren – und das ist das Schönste an der ganzen Sache. Zwei Andor Foldes gehen in meiner Seele durch das ganze Leben – ein jüngerer, manchmal ganz junger – und der, der ich heute bin, der ich durch all diese Jahre geworden bin.

Ob andere Menschen, die nicht Musiker sind, nicht Klavier spielen, nicht seit fünfzig Jahren Konzerte geben, ebenso gut dran sind wie ich? Ich weiß es nicht. Eins jedoch weiß ich. Ich muß versuchen, mit meinen Problemen irgendwie ins reine zu kommen. Ich meine: mit den für mich lebenswichtigen Problemen der Interpretation. Es ist eine schöne Beschäftigung, und sie gibt mir die Möglichkeit, mein Leben auf verschiedenen Ebenen zur gleichen Zeit zu leben.

Die Orchestration dieser Lebenspartitur ist fabelhaft – und wenn dann das ganze Orchester am Ende richtig erklingt, wird die Musik sehr schön sein. Ich kann es kaum erwarten.

Zoltán Kodály

Anläßlich eines Gesprächs über Wunderkinder äußerte Kodály einmal mir gegenüber, daß »nichts, was ein Musiker leistet, ehe er das achtzehnte Lebensjahr erreicht hat, von Bedeutung ist – was zählt, ist allein das, was er zwischen achtzehn und fünfundsiebzig erreicht ...« Höchstwahrscheinlich gelangte Kodály aufgrund seiner persönlichen Erfahrung zu diesem Schluß.

Am 16. Dezember 1882 in Kecskemét geboren, einer verschlafenen Provinzstadt der ungarischen Pußta, verbrachte Kodály seine ersten Lebensjahre in ständigem Umherziehen von einer Stadt zur anderen. Der Beruf seines Vaters, eines Eisenbahnbeamten, brachte das zwangsläufig mit sich. Ungeachtet dieser häufigen Ortswechsel war Kodálys Kindheit glücklich. Wo immer sich die Familie niederließ, war sie vom ersten Tag an von Musik umgeben. Frigyes Kodály war ein beachtlicher Geiger, seine Frau eine gute Pianistin und ausgezeichnete Sängerin. Beinahe allabendlich wurde in ihrem Hause Kammermusik gespielt, wobei zu Besuch kommende Nachbarn ein Streichquartett bilden halfen. Nachdem er eine Zeitlang dem Musizieren der Erwachsenen gelauscht hatte, beschloß Zoltán im Alter von drei Jahren, daß nunmehr für ihn die Zeit gekommen sei, sich aus einem passiven Zuhörer in einen aktiv Teilnehmenden zu verwandeln.

Er brachte auch gleich sein eigenes Instrument mit und zupfte die selbstgefertigten Saiten, die über den Schaumlöffel aus der Küche gespannt waren. Bald nach diesem Versuch lernte Kodály Geige und anschließend Cello spielen. Zu dieser Zeit wurden sich die Eltern seiner überragenden musikalischen Begabung bewußt – um so mehr, als sie ihn wiederholt damit beschäftigt fanden, Melodien zu transkribieren, die er nirgendwo gehört haben konnte.

Ungeachtet des so offensichtlichen Talents seines Sohnes widersetzte sich Frigyes Kodály heftig der Idee, Zoltán zum Berufsmusiker ausbilden zu lassen. Er wollte, daß er Professor werden solle, und da er darauf bestand, ließ sich der Jüngling als Philologiestudent an der Pázmány-Universität in Budapest einschreiben. Bald jedoch wurde die Leidenschaft des jungen Kodály für die Musik stärker als das väterliche Veto, und er wechselte zur Franz-Liszt-Musikakademie über, wo er Kompositionsschüler von Hans Koessler wurde. Begierig lernte er alles, was es dort zu lernen gab, fand es jedoch bald unmöglich, den von seinem Lehrer, einem berühmten Brahmsschüler, vorgezeichneten Weg weiterzugehen.

Je mehr Einblick in die Struktur des damaligen Musiklebens in der ungarischen Hauptstadt Kodály gewann, desto stärker wurde in ihm der Wunsch, Neuland zu erschließen und die Grundlagen für eine neue, wahrhaft ungarische Musikkultur zu schaffen. Ihre Basis sollten die schönen alten Volksweisen bilden und nicht die verwässerten Imitationen westlicher Musik.

Während der folgenden Jahre verbrachte Kodály die Sommerferien mit Streifzügen durch die vergessenen Gegenden der ungarischen Provinz. Er wanderte von Dorf zu Dorf auf der Suche nach Weisen, die vor Hunderten von Jahren im Bergland und in den Großen Ebenen entstanden waren.

Immer häufiger begegnet Kodály auf diesen Ausflügen

einem andern jungen Musiker, Béla Bartók, der ganz wie er selbst jeden freien Augenblick auf dem Lande verbringt und mit an Besessenheit grenzender Begeisterung die Melodien aufzeichnet, die die sonnverbrannten, des Lesens und Schreibens unkundigen Bauersfrauen und die alten Männer mit den runzligen Gesichtern singen – die Dorfältesten, die sich der Lieder noch in ihrer ursprünglichen Form erinnern, so wie ihre Väter und Vorväter sie sangen, und sie nicht verfälschen, wie es die verstädterte jüngere Generation zu tun pflegt. Es dauert nicht lange, bis sich die beiden jungen Musiker zusammentun und die verschiedenen zu erforschenden Gebiete unter sich aufteilen. Das Ergebnis sind Tausende und Abertausende von Volksliedern – ein unschätzbares Geschenk zweier großer und hingebungsvoller Männer an die Musikwelt.

Es war nur natürlich, daß sowohl Bartóks wie Kodálys Kompositionen von den Volksweisen befruchtet wurden, die sie zutage gefördert hatten. Nichtsdestoweniger besaß jeder der beiden seinen eigenen, unverwechselbaren Kompositionsstil. Der grundlegende Unterschied besteht vielleicht darin, daß im Gegensatz zu Bartóks mehr dramatischer Persönlichkeit Kodály eher als Lyriker bezeichnet werden könnte. Dies erklärt zugleich die entscheidende Rolle der Vokalmusik in Kodálys Œuvre. Sein *Psalmus Hungaricus,* 1923 komponiert, seine Lieder, seine unvergleichbaren Chorwerke für Kinder, a capella und mit Begleitung, von seinen Kompositionen für Frauen- und Männerchor ganz zu schweigen, gehören zu den bedeutendsten Werken der Jahre von 1920 bis 1940. Nicht zu vergessen seine komische Oper *Háry János,* die er 1925/27 komponierte und die sowohl in ihrer ursprünglichen Fassung wie als Orchestersuite mehr als irgendeines seiner anderen Werke dazu beitrug, ihn berühmt und populär zu machen.

Es gereichte mir zu großer Freude, in Kodálys Anwesenheit New York mit meiner Klavierbearbeitung der *Háry-János-Suite* bekannt zu machen. Es war im Jahr 1947, als Kodály und seine Frau ihre erste Auslandsreise nach dem Krieg unternahmen und unter anderen Ländern auch die USA besuchten. Die League of Composers (Komponistenverband) veranstaltete Kodály zu Ehren ein Konzert, und bei dieser Gelegenheit spielte ich meine Bearbeitung sowie die *Marosszéker Tänze* und die *Kindertänze für schwarze Tasten,* deren Manuskript Kodály mit herübergebracht hatte.

Kodály und seine Frau Emma saßen in der ersten Reihe, unmittelbar vor mir. Ob ihm meine Bearbeitung gefiel, die er zuvor weder gesehen noch gehört hatte? Ich blieb im ungewissen darüber, obwohl ich ihn während meines Spiels ständig aus dem Augenwinkel beobachtete. Sein gepflegter Bart war während der Jahre, in denen wir einander nicht gesehen hatten, weißer geworden, doch seine Gedanken und Empfindungen blieben so enigmatisch wie je hinter seinen schon legendär gewordenen sphinxhaften Zügen verborgen. Um so tiefer war ich gerührt, als ich nach dem Konzert seine Zustimmung und sein gütiges Lob entgegennehmen durfte.

Kodálys berühmte Undurchdringlichkeit hatte einigen seiner minder begabten Schüler so manche schlaflose Nacht bereitet. Häufig fanden sich diese jungen Musiker, die seinen hohen Anforderungen nicht gerecht zu werden vermochten, Auge in Auge mit dieser Maske, durch die zwei oder im Höchstfall drei kommentierende Worte drangen – in denen dann aber doch mehr enthalten war, als gewöhnlich Sterblichen in einer Fünfminutenrede unterzubringen gelingt. Denn Kodálys sparsame Äußerungen waren gleichermaßen sprichwörtlich. An der Musikakademie kursierten zahllose Anekdoten, die anschaulich machten, was für vernichtend komische Bemerkungen man mit einer Handvoll sorgfältig gewählter Worte formulieren kann. Eine der beliebtesten dieser Anekdoten ist die von dem jungen Mann, der versehentlich Kodálys Unterrichtsraum in der Musikakademie betrat und entschuldigend erklärte, er suche eigentlich Professor X – einen höchst mittelmäßigen Harmonielehrer. Kodály wandte sich dem jungen Mann zu und sagte mit größter Ernsthaftigkeit: »Er besucht nicht meine Klasse.«

Wenngleich er im Kampf gegen Mittelmäßigkeit von äußerstem Sarkasmus sein konnte, geizte Kodály nie mit Lob und Ermutigung, wenn er es für angebracht hielt. Gütig und völlig selbstlos, wie er war, verbrachte Kodály einen beträchtlichen Teil seines Lebens damit, eine ganze Generation ungarischer Komponisten heranzuziehen. Nicht weniger als vierzig volle Jahre hat er an der Budapester Franz-Liszt-Akademie Komposition gelehrt – seit er 1907 mit fünfundzwanzig Jahren dies Amt übernommen hatte. Und noch im hohen Alter betrachtete er es weiterhin als seine Aufgabe, die Arbeit der jüngsten ungarischen Komponistengarde zu überwachen. Vielleicht war es gerade diese pädagogische Tätigkeit, die ihn bis an sein Lebensende jung, inspiriert und schöpferisch erhalten hat.

Die von ihm erfundene einfache, natürliche Methode, mit der er sogar die kleinsten Kinder, auch in verstecktesten Dörfern Ungarns, singen lehrte, verbreitete sich auf der ganzen Welt und machte ihn wie die *Kodály-Methode* unsterblich.

Eulen nach Athen?

Wenn möglich, sollte man es vermeiden, Eulen nach Athen zu tragen. Genau das habe ich jedoch mein ganzes Leben lang getan. Seit meiner Kindheit habe ich Werke der verschiedensten Komponisten gespielt, studiert, bearbeitet und in aller Welt aufgeführt. Immer schon war es mein Bestreben, manche dieser Werke auch in den Städten und Ländern zu spielen, aus denen sie stammen. Das ist mir oft, aber nicht jedesmal gelungen.

Zu gerne hätte ich Werke Johann Sebastian Bachs in Eisenach, seiner Geburtsstadt, gespielt. Dafür habe ich in Bonn bei verschiedenen Gelegenheiten alle fünf Klavierkonzerte von Beethoven, auch seine selten gespielte *Chor-Phantasie,* des öfteren aufgeführt, eine Tatsache, die mir riesige Genugtuung bereitete. Ich habe zwar die fünf Klavierkonzerte an zwei Abenden in Paris gespielt, was für mich ein großes Erlebnis war, aber die richtige Feuerprobe habe ich an Ort und Stelle bei verschiedenen Beethoven-Festspielen in Bonn bestanden.

Daß ich den »Österreicher« Mozart (mit dem großen *C-Dur-Klavierkonzert, KV 503*) 1973 im Wiener Musikvereinssaal spielen konnte und dabei die äußerst schwierige und anspruchsvolle Kritik in Wien auf meiner Seite hatte, bleibt eine meiner schönsten Erinnerungen. Ganz interessant ist es, wie ich dazu kam, in Paris einmal Debussy zu spielen. Debussy ist eine »späte« Liebe von mir. Ich habe diesen großen Meister verhältnismäßig spät, in meinen Fünfzigern erst, »für mich« entdeckt. Es stellte sich heraus, daß ich viele Klangfarben in mir »trage«, die unbedingt gehört werden wollen, da sie mich sonst innerlich belasten, Farben, die ich irgendwo »einsetzen muß«.

Es sind dies Klavierfarben, die ich in den großen Klassikern, die ich seit längerer Zeit beinahe ausschließlich in meinem Repertoire habe, nicht verwenden kann. Aber sie sind großartig für Debussy. Und so gelangte ich endlich zur Klaviermusik des großen Impressionisten Claude Debussy, des eigentlichen Vaters aller Modernen, ohne dessen Schaffen sowohl Bartók als auch Strawinskij nicht denkbar wären.

Zaghaft fing ich an, die *Préludes* von Debussy mit wachsendem Selbstvertrauen in »Arbeit zu nehmen«, und ich setzte sie auch hie und da aufs Programm. Schließlich kam ein Konzert mit einem gemischten Programm in Paris. Als Zugabe spielte ich kurz entschlossen das herrliche kleine Stück *La fille aux cheveux de lin* (Das Mädchen mit dem flachsfarbenen Haar). Mit Herzklopfen verließ ich das Podium, dem Publikum schien es gefallen zu haben. Am Aufgang zur Bühne erwartete mich mein damaliger Manager in Frankreich, der unvergeßliche Maurice Dandelot, ein Grandseigneur des französischen Musiklebens. »Mais, mon cher«, begann er, »si quelqu'un joue Debussy comme vous, pourquoi est-ce que vous ne le jouez jamais ici, chez nous?« Ich mußte ihm versprechen, beim nächstenmal eine Anzahl *Préludes* aufs Programm zu setzen. So geschah es, und ich erspielte mir den größten Erfolg, den ich je in Paris hatte.

Lange mußte ich warten, bis ich Bartók in Budapest spielen konnte, verließ ich doch Ungarn bereits 1939, als ich noch »sehr jung« war ... Beinahe dreißig Jahre vergingen, bis ich ein größeres Werk von Bartók in Budapest spielte. Es war die *Rhapsodie Op. 1*, aus dem Jahr 1904 stammend, ein Werk, das selbst in Ungarn sehr selten gespielt wird. Erst 1968 kam ich nach langer Abwesenheit wieder einmal in die ungarische Metropole, für einige Tage und für zwei Konzerte.

Natürlich gab es Erfolg, wovon ein Teil vielleicht der Tatsache zu verdanken war, daß das »Enfant prodige«, das ich war, wieder einmal »heimgekehrt« war, wenn auch nur für sehr kurze Zeit ...

In Amerika spielte ich oft die beiden Klavierkonzerte von George Gershwin, die sehr populäre *Rhapsody in Blue* und das etwas weniger häufig gespielte *Klavierkonzert in F.* Bei einer Gelegenheit traf ich in Miami nach einem Konzert eine alte, unscheinbare Dame, von der sich herausstellte, daß sie

Gershwins Mutter war. Wie groß war ihre Freude, zu hören, daß ich als gebürtiger Ungar die Werke ihres großen Sohnes oft und mit Begeisterung gespielt habe! Das war vor mehr als vierzig Jahren ...

Geschichten, die ich gern erzähle

Als wir wieder einmal vor einer Fernostreise standen, trieb mich die Neugierde auf ein exotisches Erlebnis dazu, unterwegs die geografische Nähe für einen Besuch in Nepal nutzen zu wollen. Dort waren wir noch nie gewesen. Dort wollte ich ein Konzert geben. Da bekam ich von der nepalesischen Botschaft in London folgende Antwort: »Leider gibt es in unserem Land keinen Flügel, aber unser Botschafter gibt während Ihres Londoner Aufenthalts zu Ehren von Prinz und Prinzessin Himalaya eine Cocktailparty, zu der wir Sie gern einladen möchten.«

Wir gingen hin, wurden dem auffallend kleingewachsenen Prinzenpaar Himalaya vorgestellt und machte dann, wie die anderen, im dichtbesetzten Saal die Runde. Wie sich herausstellte, waren außer uns alle Eingeladenen Diplomaten der verschiedensten Länder. So war es eigentlich nicht erstaunlich, daß sich ein vornehmer Engländer an mich wandte: »Und welches Land vertreten Sie, Sir?« Ohne einen Augenblick zu zögern, antwortete ich: »Das Königreich der Musik, Sir«, worauf sich der elegante Herr erschrocken und rasch entfernte.

Ich kannte beinahe das ganze *Stundenbuch* meines heißgeliebten Dichters Rainer Maria Rilke und zitiere es oft. Vielleicht am allerliebsten waren mir die folgenden Zeilen:

Ich kreise um Gott, um den uralten Turm
Und ich kreise Jahrtausende lang;
Und ich weiß noch nicht:
Bin ich ein Falke, ein Sturm
Oder ein großer Gesang.

Mit diesen Zeilen hängt eine weitere meiner Lieblingsgeschichten zusammen, die ich so gern Freunden, die sie noch nicht gehört haben, erzähle. »Gestern, mitten in der Nacht«, fange ich meine Geschichte an, »rüttelte ich meine Frau aus dem Schlaf. Ich sagte zu ihr: Endlich weiß ich es – ich bin kein Sturm und kein Falke –, ich bin ein großer Gesang ...« – ›*Das* bist du‹, antwortete sie im Halbschlaf, und wir schliefen dann glücklich weiter.

Der Zufall wollte es, daß der große französische Dramatiker Eugène Ionesco eben in Düsseldorf war, als ich dort mit den Düsseldorfer Symphonikern das *Zweite Klavierkonzert* von Bartók spielte. Ionesco kam in mein Konzert und lud mich anschließend zur deutschen Premiere seines berühmten Stückes *Die kahle Sängerin* ein, die am folgenden Abend stattfinden sollte. Ich war sehr traurig, ihm sagen zu müssen, daß ich am folgenden Mittag von Düsseldorf wegfliegen müsse, da ich am Abend schon in einer anderen Stadt spielen würde. »In diesem Fall mache ich für Sie morgen früh eine Extra-Hauptprobe«, sagte Ionesco – und so geschah es. Ich fühlte mich etwa wie Ludwig XIV., als die Schauspieler im völlig leeren Theater dieses herrliche Stück mit vollem Einsatz nur und ausschließlich für mich und meine Frau aufführten.

Ende der vierziger Jahre verbrachten wir einen Sommer in Kalifornien. Ich wurde vom berühmten Mills Girls College in Berkeley eingeladen, um eine Meisterklasse zu halten und um mit dem ebenfalls anwesenden Budapester Streichquartett einige Konzerte zu spielen. Der sogenannte »Composer in Residence« war der berühmte Franzose Darius

Milhaud. Als ich ihm einmal begegnete, sagte ich ihm: »Im Herbst gebe ich ein Konzert in der Carnegie Hall. Würden Sie für mich ein kleines Stück schreiben, das ich dort aufführen könnte?« »Unmöglich«, sagte er. »Ich bin mitten drin, eine Oper zu komponieren ...« Ich akzeptierte seine Antwort und setzte meinen Weg fort. Am nächsten Abend erschien er bei mir mit Noten unterm Arm. »Ich habe doch etwas für Sie geschrieben«, sagte er. Es ist eine reizende Komposition die *Une Journée* heißt. Und er hat sie tatsächlich in einem Tag geschrieben – mir zuliebe.

Dann spielte ich vor einigen Jahren in Zwickau, weil ich unbedingt das Geburtshaus Schumanns sehen wollte. Damals kamen nicht viele weltbekannte Künstler nach der ziemlich düsteren Stadt, und der Saal, in dem ich spielte, war übermäßig vollgestopft. Am Ende meines Konzerts, das stürmisch beklatscht wurde, hielt ich eine kleine Rede: »Zwickau schenkte der Welt den großen Komponisten Robert Schumann – und ich schenke Ihnen als Zugabe die ganzen *Kinderszenen.*« Es war die längste Zugabe, die ich in meinem Leben gab, und eine der am meisten geschätzten.

Leben – nach Noten?

Bis vor etwa fünf Jahren verlief mein Leben wie »nach Noten«. Seit frühester Jugend war ich gewohnt, Noten zu lesen, nach Noten zu spielen, Noten zu erlernen. Immer wieder versuchte ich den Sinn dessen, was hinter dem Notenbild verborgen war, zu entziffern, auf das Klavierspielen zu übertragen. Natürlich habe ich auch die Musik, die ich von den Noten gelesen habe, auswendig gelernt, mir zu eigen gemacht, einverleibt. Das gedruckte Notenblatt blieb für mich jedoch die heilige Quelle, zu der ich immer wieder zurückgehen konnte, der Wahrheit letztes Wort, etwas Unverrückbares, etwas, woran man nicht zweifeln durfte, worauf man sich immer beziehen konnte, woran man glauben konnte.

Obwohl in meinem Leben oft nicht alles nach Wunsch ging, hatte ich durchaus das sichere Gefühl, das meiste, was mit mir passierte, was mir über den Weg lief, auch Zufälligkeiten, Unvorhergesehenes, ja Unannehmlichkeiten – all dies stünde in einer großen Partitur, die irgendwo von oben gesteuert wurde. Man mußte sie nur lesen können, und falls es Mißverständnisse gab, so waren es meistens eigene Fehler: Vielleicht hatte ich die Noten nicht gründlich studiert, die Zeichen nicht richtig verstanden oder alles einfach falsch interpretiert. Der Fehler mußte bei der Auffassung liegen; vielleicht habe ich mein Leben zu langsam oder zu schnell, vielleicht auch zu leise oder am Ende zu laut gelebt. Vielleicht wäre alles in Ordnung gewesen, wenn ich mich nur an die Vorlage gehalten hätte.

Dieses Gefühl, »nach Noten zu leben«, war mir so selbstverständlich, daß ich nie daran dachte, es könne auch anders sein. Ich bedauerte sehr jene Menschen, die keine feste Vorlage hatten, oder sie nicht als solche erkannten oder aber – und das ist wohl das schlimmste – es ablehnten, sich an sie zu halten. Ich fühlte mich geborgen mit dem »Schnittmuster«, dem ich nur richtig folgen mußte – so einfach habe ich mir die Sache vorgestellt.

Kurz vor dem Ende des sechsten Jahrzehnts änderte sich die Lage allmählich. Mit Staunen merkte ich, daß die Vorlage plötzlich verschwand – wie eine Schäfchenwolke –, und eines Tages kam die Erkenntnis über mich, daß ich von nun an bis in alle Ewigkeit ohne ein vorgedrucktes Lebensnotenbild weiter würde existieren müssen.

Für Nichtmusiker muß ich etwas hinzufügen, um besser verstanden zu werden. Es gibt zweierlei Arten von Musizieren. Bei der einen hält man sich strikt an das gedruckte Notenbild – bei der andern setzt man sich ans Klavier und fängt an zu improvisieren. Als Kind frönte ich dieser zweiten Art, oft und mit besonderer Wonne. Zwar gehörte ich nicht zu jenen Improvisatoren, die gern über ein gegebenes Thema phantasieren, nein, ich suchte mir selbst ein Thema aus und schwelgte dann in einem Dunst von romantischem Rausch, bis mir der Atem ausging – oder meine Zuhörer müde wurden, mir zu lauschen. Natürlich kannte ich die verschiedenen alten Tricks, wie etwa ein gewisses musikalisches Thema in den verschiedensten Manieren zu reproduzieren sei, von Bach über Bartók zu Strawinskij. Schon als Kind fand ich diese Art von Spielerei etwas abgeschmackt und billig. Ich phantasierte viel eher nach meiner eigenen Laune und Disposition, je nach Gelegenheit. Am liebsten machte ich »in Mozart«. Das war für mich immer eine unfehlbare sichere Angelegenheit und verhältnismäßig leicht. Heute wäre es undenkbar – dafür verehre ich das Genie von Mozart viel zu sehr, und ich bin mir auch meiner völligen Unzulänglichkeit genügend bewußt. Aber mit der Vermessenheit eines Kindes ging alles leichter.

An der Schwelle des siebten Jahrzehnts begann mein Leben, statt einem gedruckten Notenblatt einer freien Improvisation zu ähneln, einer Phantasie, in der ich eher freier Mitarbeiter als entziffernde, ausführende Person war.

Am Anfang wehrte ich mich dagegen, mit allen Kräften, doch half alles nichts. Seitdem sind etliche Jahre vergangen, und ich habe eingesehen, daß es auch im Improvisieren eine gewisse Ordnung geben kann, und das beruhigt mich einigermaßen. Ich sträube mich nicht mehr dagegen, sondern versuche, die ganze Sache eher zu genießen.

Das merkwürdigste ist, daß ich im Gegensatz zu aller Erwartung diese »improvisierte Lebensweise« viel sicherer und bequemer empfinde als das sogenannte vorgedruckte

Notenbild. Wie ich es jetzt sehe, hatte ich früher das Gefühl, daß ich gegen die Musik, die fix und fertig vor meinen Augen lag, mit meinen eigenen Vorstellungen und Wünschen nicht aufkommen konnte. Dafür sollte mich eine, wie sich jetzt herausgestellt hat, falsche »Sicherheit«, die mir das Notenbild zu geben schien, entschädigen. Was ich täglich mit mehr und mehr Freude entdecke: Die »Notenlosigkeit« von heute gibt mir eine Handlungsfreiheit, die kostbar und zugleich befreiend ist.

Die Japaner, dieses weise, alte Volk, von dem wir viel lernen können, sind der Meinung, daß nach Vollendung des sechzigsten Lebensjahrs ein Wendepunkt im Leben eintritt. Ein neues Kapitel beginnt – schade, daß es nicht nochmals sechzig Jahre dauern wird. Aber darüber wollen wir jetzt keine Tränen vergießen!

Die Fernsehreparatur

Vor einiger Zeit ging unser Fernsehapparat plötzlich kaputt. Das heißt, um ganz ehrlich zu sein, er ging nicht völlig kaputt, doch die Bilder, die er uns zeigte, waren verzerrt. Nicht irgendwie verzerrt, sondern schön regelmäßig. Erstens waren sie nur in der Mitte des Schirms zu sehen, ganz klein und niedlich, und zweitens brachten sie uns Bilder der Welt, wie man sie sonst nicht sehen kann.

Eine Zeitlang war es ganz lustig. Wir vermochten die verschiedenen Politiker mit den Augen eines Karikaturisten zu sehen. Das Dumme war nur, daß der Apparat die von uns sonst sympathischen Leute genauso verzerrt zeigte wie diejenigen, die wir nicht ausstehen konnten. Es kam also der Moment, wo wir beide, meine Frau und ich, genug hatten. Wir wollten unsere bekannten und gewohnten Gesichter zurückhaben: den Derrick, den *Tatort*-Kommissar, den *Dalli-Dalli*-Mann und die vielen anderen, die uns helfen, einen einförmigen Samstagabend (gibt es das denn?) noch ein klein wenig einförmiger zu gestalten, als es sonst von sich aus der Fall wäre.

Dem Entschluß (und es war kein leichter) folgte die Tat: Ich rief den einzigen Fernsehfachmann in unserem Dorf an, und bereits nach fünf Tagen holte er den Apparat ab. »Was ist an ihm wohl verdorben?« fragte ich und fügte gleich hinzu: »Und wieviel würde es denn kosten?« Auf keine der beiden Fragen gab es eine klare, einfache und endgültige Antwort. Man müsse erst einmal den ganzen Kasten auseinandernehmen, und dann erst könnte man feststellen, was denn eigentlich los sei. Und was den Preis anbelange, so könne er sich selbstverständlich nicht festlegen. Aber die Honorare für die jeweiligen Dienstleistungen seien ohnehin vom Verband der Fernsehtechniker felsenfest festgelegt, und es werde hier keinen einzigen Rappen Differenz geben; darauf könne ich mich blindlings verlassen.

Leider habe ich die schlechte Gewohnheit, daß ich mich auf nichts, aber auch gar nichts felsenfest verlasse, und schon gar nicht blindlings. Das habe ich dem guten Mann nicht mitgeteilt, sonst hätte er unseren schönen und teuren Fernsehapparat gar nicht einmal mitgenommen. Wir übergaben ihm also schweren Herzens den großen Kasten und waren angenehm überrascht, in den nächsten zehn Tagen plötzlich über so viel Zeit am Abend zu verfügen, daß wir endlich einige wichtige Probleme, die uns seit Wochen plagten, besprechen konnten. Daß wir von den Fußballweltmeisterschaften, die im Gange waren, nichts mitbekamen, war natürlich ein dummes Pech, da wir dadurch in der Gesellschaft eine recht blöde Figur machten. Aber das sind halt kleine, unausweichliche Nebenprodukte, die man in Kauf nehmen muß. Eines Tages war es soweit: Das Telefon klingelte, um die Wiederkehr unseres geliebten Fernsehapparats anzukündigen. Ein verlorenes Kind hätte man nicht mit größerer Liebe und Freude empfangen können. Ein jedes Bild wurde extra bestaunt und bewundert. Alles klappte – tja, daß der zweite Kanal nicht mehr in Farbe kam, haben wir natürlich lebhaft bedauert, aber verstanden. Auf unsere besorgte Anfrage hieß es, daß es wohl am Wetter liege, und da an diesem Tag sehr schlechtes Wetter mit Nebel und Wolken herrschte, konnte man sich das leicht vorstellen. Sicherlich würde das Gerät bei Sonnenschein wieder richtig funktionieren (das tut es bis heute nicht). Damit waren wir einverstanden, und der Mann ging weg, nicht ohne uns zu versichern, daß die Rechnung nach einem gebührenden Zeitabschnitt folgen würde. »Und mit wieviel müssen wir rechnen?« fragte ich mit zitternder Stimme und bebendem Herzen. »Zweihundertfünfzig und keinen Rappen mehr«, war die stolze Antwort, und dabei blieb's.

Und jetzt fängt meine Geschichte eigentlich erst an. Nach längerer Wartezeit (sicher war der Computer daran schuld – man darf nicht ungeduldig sein, alles braucht halt seine Zeit, und warum auch Ungeduld zeigen in Erwartung einer Rechnung, es wäre ja völlig sinnlos, die Sachen zu beschleunigen, sie kommen ja ohnehin auf einen zu, so oder so), also, wie gesagt, nach längerer Wartezeit kam die Rechnung per Post. Sie lautete auf zweihundertfünfzig Franken, wie bereits festgestellt, und sie war detailliert. Und wie das schon oft der Fall war – im Detail lag der Teufel.

Ich dachte, dies sei eine gute Gelegenheit, endlich etwas Näheres über Fernsehtechnik zu lernen und begann die Rechnung gründlich zu studieren. Gleich der erste Satz machte mich stutzig. »Defekt in der Horizontalstufe behoben«, hieß es da, und schon wußte ich, daß ich völlig verloren war. Na ja, ein Defekt in so einer Horizontalstufe ist nicht leicht zu beheben, das kann schön viel kosten unter

Umständen, sagen wir, sechzig Franken. Das wäre noch billig, da hätte man uns einen Freundschaftspreis verrechnet. Aber gehen wir weiter. »Diverse Kleinteile ersetzt.« Das ist bereits eine ernste Sache. Der Fernsehtechniker mußte einige Kleinteile von unserer schönen, kostbaren Maschine wegwerfen und sie durch neue ersetzen. Da kann ich natürlich nicht gut mitreden, da ich ja nicht weiß, welche Kleinteile es waren. Man könnte da getrost fünfzig Franken aufrechnen, das wäre nur recht und billig. Nein, nicht billig im Sinne von preiswert, sondern – nun, Sie wissen schon, was ich meine.

Was danach kam, machte mich ganz und gar perplex. Da stand nämlich (und ich zitiere wörtlich): »Konvergenz, Bildgeometrie und -lage, Zeilen- und Bildfrequenz, Weißabgleich, Hochspannungsteile sowie Fokus neu abgeglichen.« Ja, das muß eine tolle Arbeit gewesen sein. Es wäre natürlich ganz nützlich, zu wissen, wieviel Zeit er mit der Konvergenz und dem Weißabgleich verbringen mußte. – Ich befürchtete, ich würde hier ganz aus dem Konzept beziehungsweise aus dem Häuschen kommen. Da konnte ich einfach nicht mehr mit, das muß man dem Fachmann überlassen, wohin kämen wir sonst? Schuster, bleib bei deinem Leisten! Jeder für sich, Gott für uns alle, und wie alle diese guten Sprüche lauten. Daß man dies alles für hundert Franken machen könnte, mit Konvergenz und Weißabgleich – da kann man nur staunen und dem Schicksal danken, daß man mir diese wahnsinnige Arbeit abgenommen hat. Nicht nur hätte ich es nie geschafft, sondern ich hätte auch alle Steckdosen bei uns kaputtgemacht, und in der Wohnung würde ewige Finsternis herrschen. Nein, nein, weg mit diesen schwarzen Gedanken, schnell die Rechnung begleichen und damit basta – bis zum nächstenmal, wenn die Konvergenz wieder flötengeht, wovor uns ein gütiges Schicksal behüten möge.

Aber ein Gedanke blieb bei mir nach der ganzen Affäre

zurück; er kehrte wieder und wieder, er ließ nicht locker: Wie wäre es denn, wenn ich das nächstemal, daß ich zum Beispiel Brahms' *d-Moll Konzert* spiele, meinen Agenten instruieren würde, im Kontrakt mit einigen Details aufzuwarten? Etwa so:

Betätigung der weißen Tasten während der Aufführung (Spieldauer 42 Minuten):	120 000 mal	à Fr. 0,10
Betätigung der schwarzen Tasten: 95 000 mal		à Fr. 0,08
Rechtes Pedal 175 mal benutzt:		Fr. 70,00
Linkes Pedal 98 mal benutzt:		Fr. 40,00

Über Kommunikation

Es wird in diesen Tagen sehr viel über Kommunikation nachgedacht. Man liest Zeitungen, kaum stellt man das Radio an, kommt Kommunikation auf einen zu in jeder Menge, durch den Fernsehapparat wird einem die ganze Welt jeden Abend gleich mehrfach in die gute Stube gebracht. Wir kommunizieren auch nicht nur, die Kommunikation, das heißt, die Medien, beherrschen uns. Alles schön und recht. Nur eines vergessen die Leute oft, daß nämlich die Menschheit seit allem Anfang (ich war nicht dabei, kann es mir aber lebhaft vorstellen) kommuniziert hat; sie hat es zumindest versucht. Vielleicht war der große Stein, den man seinem Mitmenschen an den Kopf geworfen hat, die allererste zwischenmenschliche Beziehung. Keine schöne, keine elegante, keine von der feinen Art, aber sie tat ihren Dienst. Der also Beworfene merkte sicherlich sofort, worum es ging und versuchte, sich zu schützen oder, noch besser, einen größeren Stein zurückzuschleudern.

Das ging so ziemlich lange, bis unsere Vorfahren sich besannen, daß vielleicht mit »Liebe« (damals nannte man es wohl nicht bei diesem Namen) noch mehr zu erreichen wäre. Diplomatie kannte man auch noch nicht, dafür aber kam ziemlich bald die Friedenspfeife ins Spiel – man rauchte sie im engen Kreis, nach gewonnener oder verlorener Schlacht, und die Sache ging dann einige Zeit wieder »normal"« weiter.

Worauf ich kommen möchte, ist, daß ich in meinem eigenen Leben dreierlei Möglichkeiten gefunden habe, mich mit einem anderen menschlichen Wesen zu verständigen oder notfalls auseinanderzusetzen. Um nicht zu lange um den heißen Brei zu schleichen (notabene, ich habe viele Katzen gesehen, aber noch keine einzige, die je um den heißen Brei herumgekrochen wäre), möchte ich hier gleich die drei Möglichkeiten nennen, klipp und klar: Liebe, Musik und Sprache.

Über die Liebe möchte ich kein Wort zuviel verlieren. Wir alle kennen sie, wir alle suchen sie, wir alle hoffen auf sie, wir alle freuen uns an ihr, uns alle macht sie glücklich oder unglücklich (wie Heine sagt: »Und wem es just passiert, dem bricht das Herz entzwei ...«) Ich meine hier wahrhaftig nicht nur die körperliche Liebe, das wäre viel zu eng und ist schließlich nur ein Teil des Ganzen.

Die Musik, meine eigentliche Domäne, ist für mich die allerschönste Möglichkeit, einen anderen Menschen anzusprechen, ihm etwas zu sagen, ihm etwas anzuvertrauen, ihm etwas ins Ohr zu flüstern, ihn zu bewegen, ihn zu trösten, aufzuheitern oder traurig zu machen. Das abgedroschene Klischee von der Musik als der universellen Sprache hat doch eine echte Gültigkeit, sicherlich.

In einem kleineren Artikel, den ich vor vielen Jahren, ja Jahrzehnten, als ich noch schriftstellerische Ambitionen hatte, verfaßte, sagte ich einst, daß Musik (für mich wenigstens) nur dann zustande kommt, wenn der Musizierende und der ihm Lauschende in einem Zimmer, in einem Saal, in einem Raum sind. Das schließt natürlich Schallplatte, Rundfunk, Fernsehen aus – ja, liebe Medienleute, so habe ich früher gedacht. Heute nicht mehr. Ich glaube, nein, ich weiß, Fernsehen ist der allerbeste Ersatz für den Besuch eines lebendigen Konzertes. Wir sehen und hören zugleich die Menschen, die für uns musizieren, manchmal stereo, manchmal quadrophon, heute bereits digital, ob Compact Disc, oder seltener mono (so hieß das Ding in der Steinzeit). Ja, Musik ist etwas Einmaliges, das muß ich gar nicht betonen. Ich habe mich zwar erst seit sechzig Jahren mit ihr aktiv und passiv befaßt, konnte aber noch immer nicht hinter alle ihre Schliche kommen. Ich gebe es aber nicht auf – vielleicht kann ich eines Tages einige Rätsel lösen, die mich noch immer manchmal mitten in der Nacht, wenn sie mir zufällig einfallen, beruhigen.

Und jetzt komme ich auf das dritte, direkteste und uns allen zugänglichste Kommunikationsmittel – ein besseres wurde noch nicht erfunden und wird wohl nie kommen, ich meine die Sprache: zwei Menschen, miteinander in ein Gespräch vertieft. Wie schade, wie schrecklich schade, daß in unserer schnellen, allzuschnellen Welt, in der Welt der schnellen Brüter (ich habe nie richtig erfaßt, was zum Kuckuck das heißt, wahrscheinlich weiß es jeder Vierzehnjährige, der in der Physikstunde richtig hingehört hat) wir noch immer auf eine altbewährte Methode des Sich-Verständigens zurückgreifen müssen: man *spricht* noch immer. Seit der Kindheit hatte ich das Verlangen, mich mit anderen Wesen mit dem gleichen Schicksal (nämlich, daß wir alle eines Tages sterben müssen) zu unterhalten, von ihren Nöten zu erfahren, ihnen mein Beileid auszusprechen, mit meinem Kollegen Mensch über alles zu reden, was ihn und mich interessiert, und das ist eine ganze Menge.

Ja, ich ging so weit, daß ich versuchte, in jeder Sprache, die ich »antraf« – und das waren bei der unaufhörlichen Reiserei seit beinahe einem halben Jahrhundert viele – mich ein klein wenig auszudrücken, mindestens einen Satz, etwa »Guten Tag« und »Danke schön« zu sagen. »Kiitos«, sage ich, wenn ich einem Finnen für eine kleine Gefälligkeit danken möchte, »Tack so mycket« auf Schwedisch und »domo arigato gozaimaschta« zu einem Japaner.

Vor einiger Zeit traf ich einen kleinen Koreaner auf Norderney – ein unwahrscheinlicher Ort für eine derartige Begegnung. Er war Adoptivkind einer deutschen Familie, die dort, wie meine Frau und ich, einen kurzen Urlaub machte. Es kam so, daß ich eine Mark, die ich in der Hand hielt, zufällig fallen ließ. Das Kind war schneller als ich, bückte sich und gab sie mir zurück. Ich fragte ihn, von wo er denn komme. Es war ein kleiner Junge, vielleicht acht oder neun Jahre alt. Verlegen stammelte er: »Korea«, und zum Glück fiel mir der richtige Satz ein. »Kamza hamnida«, sagte ich, und sein Gesicht begann zu strahlen, wie nur Kindergesichter strahlen können. Er wurde ein glückliches Kind – im großen Meer der deutschen Sprache sagte ihm ein Fremder »Danke schön« in seiner Muttersprache.

Aber seine Glückseligkeit wurde von der meinen noch übertroffen. Ich freute mich ungemein, ihm koreanisch Danke gesagt zu haben. Es war das mindeste, was ich als Mitmensch ihm für all die schrecklichen Dinge, die wir Erwachsenen in seinem schönen, geteilten Land angerichtet haben, als schwachen Trost entgegenreichen konnte. Es war sehr wenig und doch viel mehr als nichts. Eine winzige Kommunikation öffnete sich zwischen dem kleinen Koreaner und dem alten Ungar-Amerikaner im wunderbaren Seebadeort Norderney. Es sind diese Begegnungen, die ich immer mehr schätze – und die das Künstlerleben mir bescherte, wie wenigen auf dieser Erde.

Das Alter – eine Herausforderung

Solange ich zurückdenken kann, hatte ich Angst vor dem Altwerden. Alte Leute waren für mich Menschen besonderer Art, die man mit äußerster Vorsicht behandeln mußte. Der Gedanke, eines Tages wie sie zu werden, bedrückte mich. Doch heute, mit neunundsechzig Jahren, stelle ich fest, daß es mir nichts mehr ausmacht, alt zu sein. Es ist ganz natürlich, und nur die Glücklichen kommen in den Genuß.

Vielleicht liegen bei mir die Dinge etwas anders als bei den meisten Menschen, denn ich übe seit über sechzig Jahren den gleichen Beruf aus. Man fragt mich oft: »Ist Ihnen das ständige Reisen nicht zuviel? Möchten Sie nicht lieber ein geruhsames Leben führen?«

Keine Konzerte mehr geben? Meine Arbeit hat mir noch nie soviel Freude bereitet wie jetzt. Ich mache keinen solchen Blödsinn mehr wie vor dreißig Jahren. Damals bin ich von einem Kontinent zum anderen geflogen, ohne mir auch nur einen Tag Pause zu gönnen. Inzwischen habe ich die neunzig Konzerte pro Saison nach und nach auf etwa vierzig reduziert, und jedes Jahr sollen es ein paar weniger werden. Mit zunehmendem Alter bin ich ruhiger und vernünftiger geworden. Aber ich arbeite weiter, nach wie vor.

Altwerden kann bedeuten, daß man die Dinge mehr von einer philosophischen Warte betrachtet und gelassener wird. Es kann aber auch dazu führen, daß man voller Groll in einen Generalstreik gegen das Leben tritt. Eine über achtzigjährige Bekannte schloß sich regelrecht von ihrer Umwelt ab, indem sie sich hartnäckig weigerte, ein Hörgerät zu tragen. Sie ist eine charmante und unterhaltsame Frau und könnte nach wie vor der Mittelpunkt jeder Gesellschaft sein – wenn sie nicht so eitel wäre.

Sooft ich in Versuchung gerate, mich über mein Alter zu

ärgern, denke ich an den großen österreichischen Maler Oskar Kokoschka, der fast vierundneunzig Jahre alt geworden ist. Mit achtzig plante Kokoschka einen neuen Anbau für sein Haus. Und er führte das Projekt auch durch. Sein unerschütterlicher Glaube an die eigene Zukunft schenkte ihm noch viele Jahre lang die Freude, in einem größeren Atelier malen und arbeiten zu können.

Der weltberühmte französisch-amerikanische Dirigent Pierre Monteux hatte die gleiche Einstellung. Mit sechsundachtzig unterzeichnete er einen Fünfundzwanzigjahresvertrag als Chefdirigent mit dem Londoner Symphonieorchester, und noch vier Jahre hat er ihn erfüllt. Ähnlich zuversichtlich antwortete der einundachtzigjährige deutsche Bankier Hermann Josef Abs, als er in hohem Alter gebeten wurde, den Vatikan in einer schwierigen Geldangelegenheit zu beraten: »Ich werde kommen.« Der fünfundachtzigjährige Schweizer Verleger, Fotograf und Schriftsteller Martin Hürlimann führte bis zu seinem vierundachtzigsten Lebensjahr Reisegruppen durch Indien und China. »Ich fühle mich dabei so jung wie früher«, erzählte mir Hürlimann. »Es kommt mir nie in den Sinn, an mein Alter zu denken.«

All diese Männer haben eines gemeinsam – sie setzten sich Ziele, die weit in die Zukunft reichten. Die meisten anderen Menschen betrachten das Alter nicht als Herausforderung, sondern als eine Strafe der Natur. Mit dem Älterwerden wird man am besten fertig, indem man »sich selbst ein Denkmal setzt«. Planen und tun Sie Dinge, auf die Sie zu Lebzeiten stolz sein können und die Ihre Angehörigen und Freunde später mit Stolz auf Sie erfüllen werden. Ich versuche das durch die Musik zu erreichen, die die eigentliche Triebkraft meines Lebens ist. Ich teile meine Aufgaben sehr sorgfältig ein und dehne sie möglichst weit in die Zukunft hinein aus. Viele meiner Kollegen haben mit dreißig oder fünfunddreißig Jahren bereits alle Beethovensonaten im

Repertoire. Ich bis heute nicht. Bis jetzt habe ich mich einigen dieser Meisterwerke nicht gewachsen gefühlt und es wohlweislich vermieden, mich beispielsweise in die grandiosen Geheimnisse der Hammerklaviersonate zu vertiefen. Ich will mich diesem Höhepunkt der Klavierwerke Beethovens in meinen Siebzigerjahren widmen – ein aufregendes Vorhaben, auf das ich mich freue. Es kommt nicht auf die Ziele an, die man sich setzt, wichtig ist allein der feste Wille, sie auch zu erreichen. Ein Freund beschloß mit achtzig Jahren, nie Arme und Hände zu Hilfe zu nehmen, wenn er vom Stuhl oder Sessel aufstand. Er wollte nicht verweichlichen und es sich nicht zu bequem machen.

Bei mir weicht die unbändige Begeisterung der Jugend der genießerischen Freude des reiferen Alters. Gewisse Dinge, die mir viel bedeutet haben, sind mir plötzlich nicht mehr so wichtig, andere gewinnen allmählich an Bedeutung. Ich erlebe einen schönen Frühlingstag, einen prächtigen Sonnenuntergang in den Bergen mit den Augen eines Kenners. Ich genieße jeden Tropfen eines edlen Weins bewußter. Ich spüre langsam, daß nicht mehr unbegrenzt viel Zeit vor mir liegt. Dieses Wissen läßt alles, was ich tue, bedeutsamer erscheinen.

Ein befreundeter Psychologe sagte mir einmal, als ich den Kopf hängenließ: »Weißt du, das Größte im Leben ist das Leben selbst. Nur das zählt.«

Damals habe ich ihn nicht verstanden. Heute weiß ich, was er gemeint hat. Ich bin nicht traurig darüber, daß ich alt werde. Im Gegenteil, ich fühle mich sehr wohl und freue mich auf einen langen, glücklichen Lebensabend.

Mensch werden

In meinem Leben gab es viele Momente, in denen ich mich meines Menschseins wegen schämen mußte (Zweiter Weltkrieg, Konzentrationslager, Ungarnkrise 1956, Prager Frühling 1968, Napalbombe, Vietnamkrieg ...).

Manchmal, leider nur zu selten, ergriff mich eine große Freude. Für kurze Zeiten wurde ich plötzlich stolz, daß auch ich ein Mensch war. Wie wurde ich Mensch? Und – bin ich es denn schon?

Als Kind war ich ungemein stolz, daß ich in Obuda (Altofen), einem der ältesten Bezirke Budapests, lebte. Ich war Bürger von Obuda – und das reichte mir. Mein Lokalpatriotismus kannte keine Grenzen. Wenn unsere Fußballmannschaft siegte, meinte ich, es sei nur gerecht so. Die Mannschaft aus meinem Bezirk war ja die beste – das war ganz selbstverständlich. Ich war beinahe achtzehn Jahre alt, als es mir eines Tages schlagartig aufging, daß ich eigentlich Ungar war. Von dem kleinen Obudaer Provinzler (Einwohnerschaft unter 50 000) wurde ich von einer Stunde zur anderen Bürger einer stolzen Nation.

Ungar sein hieß für mich, dem Volk von Franz Liszt, Béla Bartók, Zoltán Kodály anzugehören, der Nation von Petöfi, Madach und Endre Ady, dem Land, das Maler wie Szinnyei-Merse hervorbrachte. Als etwas später Albert Szentgyörgyi für seine Entdeckung des C-Vitamins den Nobelpreis erhielt, jubelte ich zusammen mit zehn Millionen anderen Ungarn auf: »Endlich haben wir nun das auch geschafft.«

Kurz nach meiner Ankunft in den Vereinigten Staaten, im schwierigen Jahr 1939, wurde ich jäh, ohne Übergang, Europäer. Hier endete das Ungarntum – wie auf einen Zauberwink. Es gab nur zweierlei Menschen: die einen, die Amerikaner waren, und dann diejenigen, die es nicht waren.

Zu den letzteren gehörte ich nun auch. Die feine Differenzierung zwischen Franzosen und Finnen, Spaniern und Norwegern, Deutschen und Griechen verschwand beinahe völlig. Soweit ich es erkennen konnte, hat es sie, was die Vereinigten Staaten anbelangt, auch nie wirklich gegeben. Von einem Mitglied einer Nation von zehn Millionen Menschen avancierte ich, ohne eigenes Dazuzutun, zum Bewohner eines Kontinents: ich wurde Europäer. Dies war ein Zustand, über den man in meiner früheren Heimat als von etwas ganz Großem, ganz Besonderem, ganz Außergewöhnlichem gesprochen hatte.

In dem berühmten Gedicht von Attila Jozsef, dem leider viel zu früh verstorbenen talentiertesten ungarischen Dichter der dreißiger Jahre, das er zur Begrüßung Thomas Manns in Budapest schrieb, heißt es: »Und man sah zwischen Weißen einen Europäer.« Wir alle in Ungarn waren Weiße, aber Thomas Mann war etwas Außerordentliches. Er war Europäer ...

Im Frühjahr 1948 versammelten wir uns, meine Frau und ich, zusammen mit etwa dreihundert anderen Leuten in einem großen Saal in New York (Southern District Court of New York City), wo ein Richter der Vereinigten Staaten uns von einem Pult aus, über dem die amerikanische Fahne wehte, eine Rede hielt: »Liebe Mitbürger« – so begann er. Und so wurde ich Bürger der Vereinigten Staaten von Amerika.

Vom unbekannten, staatenlosen Europäer (die ungarische Staatsbürgerschaft verlor ich, als ich mich weigerte, Soldat zu werden) wurde ich nun US-Bürger, mit allen Privilegien und Pflichten dieses Status. Immerhin gehörte ich nun zu einem Agglomerat von Menschen in der Höhe von damals rund einhundertfünfunddreißig Millionen – ein großer Fortschritt vom kleinen Fußballfan aus Obuda ...

Als ich wieder in Europa zu reisen anfing und zu beinahe gleicher Zeit der Kalte Krieg begann, dünkte es mir allmählich, daß ich, ob ich nun Europäer oder Amerikaner war, im Grunde zum Westen gehörte, ich war ein Mensch des Westens. Die Tatsache, daß ich als Ungar geboren wurde, verschwand plötzlich ganz und gar. Ich selbst habe es vergessen und fühle mich wie ein winzig kleiner Bestandteil der westlichen Welt.

In den fünfziger Jahren, als unsere großen Weltreisen begonnen hatten (Asien, Japan, Südamerika, Südafrika, Australien) und ich immer wieder um die Sowjetunion einen großen Bogen machte (weil ich ihn machen mußte), kam mir langsam ein merkwürdiger Gedanke. Er ließ mich nicht los, ich mußte mich mit ihm auseinandersetzen.

Wenn es hart auf hart gehen würde in einer Weltkatastrophe, würde ich mich dann mit einem Sowjetmenschen noch verständigen können? Sicherlich nicht auf der politischen Ebene – der Abgrund hier war zu groß. Weder politisch, noch auf irgendeine andere Weise würden wir dieselbe Sprache sprechen. Doch es gab einen Schimmer von Hoffnung, einen winzigen zwar, aber immerhin. Auf der Ebene von Dostojewskij, Tolstoi, Tschechow, Puschkin, bei Tschaikowskij, Mussorgski, Rimskij-Korssakow, vielleicht auch bei Ilija Repin und anderen Malern der russischen Schule – da hätte sich eventuell ein Gespräch anbahnen können. Und wer weiß, ob man bei der Ausweitung dieses Gesprächs nicht die Möglichkeit gesehen hätte, eine kleine, hauchdünne Brücke zu schlagen?

Im Laufe dieser Weltreisen haben wir viele Menschen aus den verschiedensten Teilen der Welt getroffen und kennengelernt: Japaner, Inder, Malaysier, Koreaner, Indonesier, Südamerikaner und viele andere. Menschen aus allen Schichten des gesellschaftlichen Spektrums. Sie kennengelernt, uns mit ihnen befreundet, sie sogar lieben gelernt. Ich habe mir einige Wörter auf Japanisch zugelegt, die ich bei geeigneter Gelegenheit gern benutze. Das ist mehr, als ich zum Beispiel von der finnischen Sprache behaupten kann – obzwar sie, wie man sagt, mit meiner eigenen Muttersprache irgendwie verwandt ist. Und dennoch – jetzt kommt das große Dennoch: Ich habe immer irgendwie, auch mit dem allerbesten Willen meinerseits, eine unsichtbare Wand verspürt zwischen den Menschen Asiens, dieses fernen Kontinents, und mir selbst. So sehr ich es verstandesmäßig anders gewollt hätte, es wurde mir gerade in diesen Ländern mit ihren furchterregenden Menschenmassen bewußt, klarer als die Sonne, daß ich Weißer war – mit all den guten und schlechten Eigenschaften meiner Hautfarbe, mit allem, was an Kultur von meinen Vorfahren und Urahnen hervorgebracht wurde, mit allem, was ich an Urteilskraft und Vorurteilsschwäche besitze. Ich wurde jetzt ganz stolz, daß ich mich zur Kategorie der weißen Menschen zählen durfte – Ideologie, Geografie, Anthropologie, Erziehung und so weiter miteinkalkuliert.

So weit hatte ich es also gebracht – vom kleinen Büblein aus Obuda, der Budapester Vorstadt, im zweiten Jahrzehnt unseres Jahrhunderts bis zum heutigen weißen Mann. Natürlich nicht dem weißen Mann, der in der Spätnachmittagssendung des Fernsehens die Indianer mit der Pistole niederknallt. Ich spreche von dem weißen Mann, der mit all den Großen der letzten zweitausend Jahre an einem Tisch saß, der alles, was wir als schön, groß und erhaben empfinden, mit in die Wiege bekommen hat, und der an all den geistigen Schätzen, die uns während unserer Erziehung immer wieder vor Augen geführt wurden und die wir bewundern, teilhat.

Sehr wohl bin ich mir bewußt, daß es noch eine, eine einzige, höhere Stufe gibt im langen und langwierigen Prozeß des Menschwerdens. Ob ich die wohl je werde ersteigen können? Ich weiß es nicht. Aber ich möchte gerne, bevor ich das Zeitliche segne, noch etwas höher gelangen – ich will vom weißen Mann zum Menschen werden. Einfach Mensch.

Das letzte Kapitel

Am Ende eines jeden Lebens steht der Tod. Es dauert eine ziemliche Weile, bis ein Mensch sich dieser einfachsten aller Binsenwahrheiten bewußt wird. Das heißt, man weiß es immer schon, aber man will es irgendwie nicht wahrhaben. Man glaubt es nicht, daß es einen selbst betreffen könnte, beziehungsweise eines Tages betreffen wird.

Dieses Kapitel wird jedoch nicht vom Tode handeln. Ich will hier vom Leben sprechen, wie ich es erlebt habe und wie ich es täglich empfinde. Am Anfang liefen die Tage, die Jahre hin wie in einem Traum. Es war kein Nachdenken, es war kein bewußter Ablauf, es war ein großes Fließen, ein großes Dahinströmen, ein Naturereignis, dem ich, obzwar ich selbst im Mittelpunkt war, irgendwie hilflos gegenüberstand. Dann kamen einige Durstperioden, der Fluß versickerte beinahe, es war Dürre, die Wellen schlugen nicht mehr hoch. Und dann wieder kamen gelegentlich große Regenschauer, es gab Flut auf beiden Seiten des Stromes, es mußte sich retten, was sich retten konnte. Der Fluß floß weiter, bis er eines Tages älter und träger wurde, und plötzlich sah er, was vor ihm stand: das Meer. Dorthin sollte er hineinfließen, dort sollte er ewige Ruhe finden, dort würde er Teil des Unendlichen werden. Ja, aber was blieb vom Fluß dann noch übrig? War er dann noch *der*, der vor vielen Jahren so stolz seine Laufbahn begonnen hatte? Nach dem langen Weg eines Stromes stellt sich diese Frage nicht mehr in einer tragischen Form. Der Fluß, des Lebens Fluß, mündet ins Meer – ohne Traurigkeit und ohne Bedauern. Er hat seine irdische Laufbahn beendet. An seinen beiden Ufern haben sich Tausende von Menschen an heißen Sommertagen gelabt, auf seinen Wellen wiegten sich zahlreiche Schiffe, Kinder freuten sich mit ihm, und junge Leute haben sich im kühlen Strom erfrischt und ihre Kräfte erneuert.

So irgendwie fasse ich das Leben auf. Ich möchte hier nicht philosophieren – das überlasse ich klügeren Köpfen. Über mein eigenes Leben nachdenkend (und wer tut dies nicht ab und zu), muß ich feststellen, daß ich seit frühester Kindheit vor dem Altern immer Angst hatte und trotzdem das Lebensende sozusagen in all mein Tun und Schaffen »einbaute«.

Und doch, je mehr sich das Leben seinem Ende zuneigt, um so weniger Angst habe ich vor dem, was »nachher« geschehen wird. Ja, ich blicke mit einer gewissen Genugtuung zurück auf alles Geleistete und ohne Traurigkeit auf manches, das ungeleistet blieb. Oft habe ich versucht, die »Höhepunkte« meines Lebens systematisch zu sammeln und nebeneinanderzureihen. Jedes Mal ist mir dieses Vorhaben mißglückt. Nicht, daß ich keine Höhepunkte hätte finden können, im Gegenteil. Ich konnte mich in Gedanken nicht auf die wesentlichen festlegen. Mal schien mir dies wichtiger, mal jenes, und als ich dann alle zusammengestellt hatte, waren es so viele, daß ich die eigentlichen Höhepunkte nicht mehr auseinanderhalten konnte. Ich war dann ganz stolz auf das große *embarras de richesse* und hörte beglückt auf, meine »Schätze« zu zählen.

Wenn ich mich darauf besinnen wollte, was mir im Leben am meisten bedeutete – das ist eine einfache Frage mit einer einfachen Antwort.

Zwei Sachen gibt es, ohne die ich nicht hätte leben können und ohne die ich mir mein Leben nicht vorstellen könnte: meine Frau und mein Klavierspiel. Oder: mein Klavierspiel und meine Frau. Der Stellenwert ist nicht wichtig – wichtig ist, daß diese beiden mir alles bedeuten, was mir das Leben wertvoll und lebenswert macht. Mit Musik bin ich seit meiner Kindheit verbunden, mit meiner Frau seitdem ich sechsundzwanzig Jahre alt war. Ich könnte nicht leben oder weiterexistieren ohne einen dieser beiden Fixpunkte. Wenn ich bei einem irgendwie Kummer hatte, flüchtete ich zum anderen – diese Balance begleitete mich durchwegs – möge es so bleiben bis an mein Lebensende.

Lebensende – gibt es denn das?

Ich glaube nicht an ein überirdisches Leben. Ich glaube daran, daß man alles, was man will, was man erledigen möchte, was man vom Leben erwartet, *hier* erhalten muß und auch hier tun muß. Ich bin irdisch veranlagt, und vielleicht deswegen heiße ich *Foldes* – erdig, erdhaft, der Erdnahe, der Erde verbunden. Ich bewundere den Himmel, wenn ich an einem schönen Frühlingsabend zu den Sternen hinaufschaue, ich habe keine Angst vor der Hölle (ich bereitete mir manchmal selbst die Hölle auf Erden, und das reicht mir), ich bin auf der Erde zufrieden, die Erde ist meine Heimat. Dem Himmel am nächsten kam ich durch die Musik von Mozart und Schubert, der Erde am nächsten mit Beethoven – und was ich unter Hölle in der Musik verstehe, darüber möchte ich mich gar nicht erst äußern.

Meine Frau machte mir oft – und sie tut es auch heute noch – die Erde zum Himmel. Während meiner Laufbahn zum Musiker mußte ich oft Höllenqualen erleiden, und oft, allzuoft, gingen die Dinge nicht so voran, wie ich es gern gehabt hätte. Oft war ich zutiefst verzweifelt, und manchmal wünschte ich sogar, daß alles zu Ende sein möge.

Ein gütiges Schicksal hat mich vor dem Allerärgsten bewahrt, und nun an der Schwelle des Alters (Lebensabend, wie man so schön sagt), bin ich ganz zufrieden mit dem Stand der Dinge und mit dem winzigen Stück Weisheit, das ich mir in all diesen Jahren mühsam erworben habe. Oft habe ich das Leben in vollen Zügen genossen, oft habe ich über Probleme, die ich nicht lösen konnte, gegrübelt. Heute grüble ich weniger, genieße alles mehr und bewußter, jetzt, wo es nicht mehr so lange dauern wird.

Ich habe meinen Appetit auf das Leben und den Durst

nach ihm behalten. Wenn ich früher im allgemeinen hungrig und durstig war, so weiß ich heute etwas besser, wonach mich dürstet – und das ist sicherlich schon ein Fortschritt.

Meine Frau und mein Klavierspiel – sie waren mir treu ein Leben lang. Dafür bin ich Gott dem Allmächtigen aus tiefstem Herzen dankbar. Mozart, Beethoven, Schubert, auch Schumann und Brahms, ja Debussy und Bartók haben mir einiges von ihren Geheimnissen mitgeteilt, mich ein Zipfelchen ihrer Größe sehen lassen und es mir erlaubt, ihren Reichtum auf meine Art und Weise, so gut ich es konnte und so gut ich es vermochte, weiterzugeben. Das gibt meinem Leben Inhalt und Freude, das hält mich jung – mit meiner Frau schloß ich ein Bündnis fürs Leben. Wir haben uns zusammen durch das Leben geschlagen, wir erleben unseren Lebensabend zusammen, beieinander, füreinander, miteinander – das genügt mir. Tod, warte noch ein wenig, es ist so schön auf der Erde, hier bin ich zu Hause.

Coda

Es regnet wieder in Flims – ein leichter Frühsommerregen, nicht so kalt, daß er einen vom Spazierengehen abhalten würde, auch nicht so warm, daß man zum Laufen keine Lust hätte. Es ist ein Regen wie viele andere, und doch ist es ein anderer Regen, als derjenige war, bei dem ich dieses Buch zu schreiben anfing.

Der Sommer wird auch ein anderer, denn das vorige Mal hatte ich nur eine Europatournee in Sicht. Diesmal bereite ich bereits die Saison vor, in der ich siebzig Jahre alt sein werde ...

Nicht nur der Regen und der Sommer, auch ich bin ein anderer. In jeder Minute des Lebens bin ich ein anderer, als ich in der vorangegangenen, eben verflossenen, war. Das Leben kennt keine Wiederholung in genau derselben Form, wie es sich einmal ergeben hat. »Pantha rei« sagen die Griechen – und der Fluß des Lebens fließt weiter, immer weiter, unaufhörlich, unwiderruflich und unerschütterlich. Darin liegt die Größe, die Einmaligkeit – und die Gefährlichkeit des Lebens.

Dies Buch sollte ein Markstein für mich werden. Nun, da es sich seinem Ende zuneigt, empfinde ich es eher als ein Glied in einer Kette, an deren Anfang ich mich nicht bewußt erinnern kann und deren Ende ich nicht mehr erleben werde.

Darüber, was mit mir bisher geschah, was ich im Laufe vieler Jahre erlebt habe, was mich erfreute, was mir Kummer bereitete, darüber wollte ich Ihnen einiges erzählen. Ich bin kein Schriftsteller, wenn ich etwas mitteilen möchte, setze ich mich – notgedrungen – ans Klavier.

Falls Sie mehr und Endgültigeres über A. F. erfahren wollen, bitte, hören Sie ihn an, wenn er Mozart, Beethoven oder Schubert spielt.

Das Ende

»Viele sind in meinem Alter schon im Grab oder in Pension«, sagte Foldes einem Journalisten im Alter von zweiundsiebzig Jahren. »Doch nur zwei können das bei mir erreichen: der Herr mit dem weißen Bart über uns oder das Publikum, wenn es mich nicht mehr hören will.« Das Publikum wollte *ihn* hören. An der Universität von Cambridge in England erschien er einige Wochen vor seinem Tod vor einer der anspruchsvollsten Zuhörerschaften binnen acht Tagen dreimal mit überwältigendem Erfolg, in einem Konzert, einer Meisterklasse und einem Vortrag.

Zwei Tage nach seinem plötzlichen Tod hätte er in Bonn in Beethovens Geburtshaus einen Soloabend geben und anschließend einen achttägigen Meisterkurs für Teilnehmer aus aller Welt halten sollen.

Aber der Herr über uns mit dem weißen Bart hat ihn geholt – in weniger als einer Minute war er bei ihm.

Danksagung

Immer wieder, über lange Jahre hinweg, hat mein über alles geliebter Mann an diesem Buch geschrieben. Er hat darin aufgezeichnet, was ihn zeit seines Lebens bewegt, erfreut, beeindruckt, zuweilen auch bedrückt hat.

Die Vollendung des Werks wurde nur dank intensiver Hilfe unzähliger Freunde möglich. Ihnen allen möchte ich an dieser Stelle ein bleibendes Dankeschön aussprechen: Allen voran Jürg Ramspeck für das Ordnen und Anita-Luisa Hansen-Hofmann für die Reinschrift der Manuskripte. Großzügige Spenden der Göhner-Stiftung in Zürich, von Kurdirektor Garrelf Remmers (Nordsee-Heilbad Norderney), Margrit Weber, Dr. Walter Hartmann sowie Willi und Brigitte Fräger haben das Erscheinen des Buches wesentlich erleichtert. Daß ich nie den Mut sinken ließ, verdanke ich den wichtigen Ratschlägen meiner Freunde Dr. Theodor und Lotti Gut, Elisabeth und Hans Jecklin, Dr. Roger Cahn, Ossi Drechsler, Hans, Edith und Urs Zellweger, Mari und Imre Fabian und Dr. Hans-Dieter Göhre.

Meinen innigsten Dank möchte ich auch Marguerite Schlüter aussprechen: Sie hat mit bewundernswerter Hingabe das vorliegende Buch redigiert.

Lili Foldes

Verzeichnis der von Andor Foldes auf Schallplatte aufgenommenen Werke.

(cd = Wiederveröffentlichung auf Compact Disc. * = Grand Prix du Disque, Preis der Deutschen Phonoakademie. ** = Preis der Deutschen Schallplattenkritik)

ALBENIZ	
Tango Nr. 2 D-dur op. 165	DG
BACH	
Chromatische Fantasie und Fuge d-moll BWV 963	DG/cd
Präludium C-dur aus dem Wohltemperierten Klavier I	EMI
BARBER	
Excursions op. 20	DG
BARTÓK	
Aus »Mikrokosmos« Band 4, 5, 6	DG/cd*
Aus »Für Kinder« Band 1 und 2	DG
Fünf Stücke aus: »Für Kinder«	EMI
Sonatine über »Themen der Bauern von Transsylvanien«	DG/cd*
Zwei Elegien op. 8b	DG
Sechs rumänische Volkstänze	DG/cd*
Zweite Fantasie, aus »Vier Klavierstücke«	DG
Sieben Skizzen op. 9b	DG
Improvisationen über ungarische Bauernlieder op. 20	DG
Fünfzehn ungarische Bauernlieder	DG
Sonate für Klavier	DG/cd* und Vox
Drei Rondos über ungarische Volksweisen	DG
Rumänische Weihnachtslieder	DG
Suite op. 14	DG/cd*
Im Freien	DG/cd*
Neun kleine Klavierstücke	DG
Zehn leichte Klavierstücke	DG
Burlesken op. 8c	DG
Allegro barbaro	DG/cd*
Klavierkonzert No. 2 (Orchestre Lamoureux/Eugène Bigot)	Vox/Jecklin/cd**
Rhapsodie No. 1 für Klavier und Orchester (Orchestre Lamoureux/Roger Desormière)	Vox/Jecklin/cd**
BEETHOVEN	
Sonate No. 23 f-moll op. 57 (Appassionata)	DG/cd
Klavierkonzert No. 1 C-dur op. 15 (Bamberger Symphoniker/Ferdinand Leitner)	DG
Klavierkonzert No. 5 Es-dur op. 73 Berliner Philharmoniker/Ferdinand Leitner)	DG
Fantasie c-moll für Klavier, Chor und Orchester op. 80 »Chor-Fantasie« (RIAS-Kammerchor, Berliner Motettenchor, Berliner Philharmoniker/Fritz Lehmann)	DG

BRAHMS

Variationen über ein Thema von Robert Schumann op. 9	DG
Variationen über ein eigenes Thema op. 21,1	DG
Variationen über ein Thema von Paganini op. 35	DG
Vier Walzer aus op. 39 (1, 2, 3, 15)	DG/cd
Intermezzo Es-dur op. 117/1	EMI

CHOPIN

Mazurka No. 26 cis-moll op. 41/1	DG/cd
Nocturne No. 13 c-moll op. 48/1	DG/cd
Walzer cis-moll op. 64/2	EMI

COPLAND

Sonate (1939/1941)	DG

DEBUSSY

La fille aux cheveux de lin	DG/cd
Arabesques No. 1 und 2	EMI

DE FALLA

Feuertanz aus »Liebeszauber«	DG/cd

GRIEG

Slatter op. 72	Tono

KODÁLY

Marosszéker Tänze	DG
Kindertänze No. 1–5 und No. 7–12	DG
Klavierstücke op. 11, No. 1, 2, 3, 5, 6	DG
Drei Stücke aus der Háry János Suite	DG

LISZT

Sonate h-moll	DG
Petrarca-Sonett No. 123	DG
Au Lac de Wallenstadt	DG
Soirée de Vienne	DG
Valse oubliée	DG
Mephisto-Walzer	DG/cd
Klavierkonzert No. 1 Es-dur und No. 2 A-dur (Berliner Philharmoniker/Leopold Ludwig)	DG

MOZART

Sonate Es-dur K. 282	EMI/cd
Sonate a-moll K. 310	EMI/cd
Sonate C-dur K. 330	EMI/cd
Sonate A-dur K. 331	EMI
Sonate B-dur K. 333	EMI
Rondo D-dur K. 485	EMI
Rondo a-moll K. 511	EMI
Klavierkonzert No. 15 B-dur K. 450	DG

Klavierkonzert No. 25 C-dur K. 503	DG
(Berliner Philharmoniker/Leopold Ludwig)	
Klavierkonzert No. 17 G-dur K. 453	DG
Konzert für zwei Klaviere und Orchester Es-dur K. 365	DG
(Berliner Philharmoniker/Fritz Lehmann)	
2. Klavier: Carl Seemann)	
Klavierkonzert No. 21 C-dur K. 467	DG
(Berliner Philharmoniker/Paul Schmitz)	
POULENC	
Nocturne No. 4 c-moll »Bal fantôme«	DG/cd
RACHMANINOW	
Klavierkonzert No. 2 c-moll op. 18	DG
(Berliner Philharmoniker/Leopold Ludwig	
SCHUBERT	
Vier Impromptus D. 899	EMI
Six Moments Musicaux D. 780	EMI
Sonate A-dur D. 664	EMI
Sonate A-dur D. 959	EMI/cd
Sonate B-dur D. 960	EMI/cd
SCHUMANN	
Abegg-Variationen op. 1	Mercury
Papillons op. 2	EMI und Mercury
Impromptu auf ein Thema von Clara Wieck op. 5	Mercury
Toccata C-dur op. 7	Mercury
Carnaval op. 9	DG
Kinderszenen op. 15	EMI
Kreisleriana op. 16	EMI
Fantasie C-dur op. 17	DG
STRAWINSKY	
Sonate (1924)	DG
Zirkuspolka	DG
THOMSON	
Ragtime Bass	DG
ENCORES	
Werke von Brahms, Chopin, Debussy, Liszt, Gershwin, Prokofieff, Schostakowitsch (Aufnahme ca. 1940)	Continental

Andor Foldes und Norderney

Immer schon war dem heutigen Niedersächsischen Staatsbad Norderney, dem ältesten deutschen Nordseebad, ein besonderes musikalisches Flair zu eigen, dessen Ausstrahlung infolge der einstigen sommerlichen Hofhaltung des Königshauses Hannover weit über die Insel hinausreichte. Seit den ausgehenden sechziger Jahren des neunzehnten Jahrhunderts hat die Pflege der klassischen Symphonik hier Tradition, womit früh schon den Prinzipien der modernen Ganzheitskur entsprochen wurde. Viele Künstler, die auf den Norderneyer Konzertpodien debütierten, gelangten zu internationalem Ruf, und groß ist die Zahl der berühmten Solisten, die ihre Verbundenheit mit der Insel durch ihre alljährliche Wiederkehr bewiesen. Beispielhaft steht für sie der Pianist Andor Foldes, der am 10. August 1977 mit Beethovens *Erstem Klavierkonzert* sein Inseldebüt gab. »Seine geistig inspirierte Wiedergabe«, so die lokale Konzertkritik, »brachte den Flügel sogleich zum blühenden Klang, wobei sich Foldes uneingeschränkt zur romantischen Tradition bekannte«. Auf Anhieb gewann der begnadete Virtuose mit seinem reifen Können und seiner formvollendeten Interpretation die Herzen des Norderneyer Konzertpublikums, dem er seinerseits fünfzehn Jahre lang mit alljährlichen Gastspielen im Juli oder August als Solist und als Dirigent die Treue hielt. Andor Foldes liebte diese Insel und bekannte sich dazu. Um so schmerzlicher der Verlust durch seinen jähen Tod im Februar 1992. Das von ihm für den Sommer geplante Konzert wurde seinem Andenken gewidmet – auf dem Programm unter anderem Karl Maria von Webers *Oberon*-Ouvertüre und Beethovens *Sinfonie Nr. 7 in A-Dur,* so wie von ihm geplant. So erwies sich noch einmal die enge Verbundenheit des großen Pianisten mit der Insel.

NIEDERSÄCHSISCHES STAATSBAD
NORDERNEY

AKTIENGESELLSCHAFT
REEDEREI NORDEN-FRISIA